발해를 다시 본다

개정증보판

송기호 저

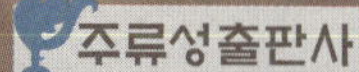
주류성출판사

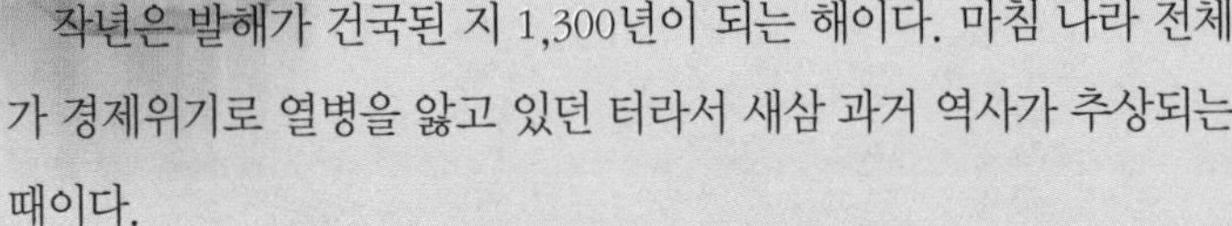

책을 내면서

작년은 발해가 건국된 지 1,300년이 되는 해이다. 마침 나라 전체가 경제위기로 열병을 앓고 있던 터라서 새삼 과거 역사가 추상되는 때이다.

엘리베이터 옆에 붙어 있는 발해란 이름의 학원 광고가 아침저녁으로 내 눈길을 끈다. 숭실대학교 앞에는 발해란 말을 붙인 상호가 두 군데나 있다. 가끔 차를 몰고 지나가다 보면 크고 붉게 쓰인 간판이 주의를 끌곤 한다. 며칠 전에는 이삿짐 트럭을 보니 '5세기 고구려'란 회사 이름이 붙어 있었다. 또한, 우리 대학 학생들이 '발해 네트웍 프로젝트'란 것을 들고서 내게 찾아 오기도 하였다. 그만큼 강대하였던 과거가 그리운가 보다.

역사 전공자라서 내게만 눈에 들어오는 것은 아닐 것이다. 지금의 답답한 심정을 과거 역사에서 풀어보려는 우리 국민 공통의 심리를 드러낸 것이다. 그래서 지난 2월에 숭실대학교에서 학술회의가 열린 것을 기회로 삼아 '발해 호프'란 간판이 크게 걸린 모습을 낮과 밤으로 나누어 촬영해두었다. 이 시대를 기록하기 위해서였다.

이처럼 역사는 과거에 흘러가 버린 것이 아니라 우리 생활 속에 살아 남아 있다. 우리가 살고 있는 이 땅이 아니라 저 멀리 만주에 터전을 잡았던 발해, 그리고 1천여 년의 세월을 사이에 두고 있는 발해, 이렇게 멀게만 느껴지는 발해 역사도 실은 우리의 삶 속에 녹아 있다. 그런 면에서 발해는 '과거 속의 발해'이면서 '현재 속의 발해'이기도 하다.

이 책에 실린 글들은 그 동안 써왔던 것을 모은 것이다. 잡지에 실었던 것도 있고, 강의 교재로 썼던 것도 있고, 학술회의에서 발표한 것도 있다. 어떤 것은 가볍게 쓴 것이 있고, 어떤 것은 다소 딱딱하게 쓴 것도 있다. 따라서 문투가 고르지 않은 점을 미리 밝혀둔다.

또 제 각각 쓰인 글을 모으다 보니 내용이 다소 중복되는 부분이 있다. 다른 사람의 책을 읽을 때에 반복되는 부분이 나타나면 짜증이 나곤 했는데, 내 자신이 그런 누를 끼치게 되었다. 되도록 중복을 피하고자 많은 부분을 잘라내고 재편집하였지만, 문장 흐름상 살릴 수밖에 없는 부분은 그대로 두었으니 독자의 양해를 구한다.

1993년에 답사기를 모아서 『발해를 찾아서』란 책을 낸 적이 있다. 서울신문에 연재했던 글을 모은 것이었다. 당시에 유적을 답사하고 글을 쓰는 계기를 마련해주신 분이 서울신문 국장을 지내시고 지금은 일산에 은거해 계시는 황규호 선생이다.

선생과의 인연은 18년 전으로 올라간다. 1981년 11월과 이듬해 2월에 서울신문과 서울대 고고학과가 주관하여 실시한 '서해도서 학술조사'에 대학원생으로 참가하여, 백령도, 대청도, 연평도 등의 서해 5도를 돌아다닌 적이 있다. 이 때에 황규호 선생께서 신문사측, 최몽룡 선생께서 학교측을 대표하였다. 그 인연으로 1984년 2월에는 정효공주 무덤의 벽화를 서울신문에 대대적으로 소개하기도 하였다.

1990년 8월에 선생과 다시 만나게 되었다. 서울신문에서 발해 유적 답사를 기획하였고, 선생의 추천으로 나도 여기에 참여하게 되어 마침내 꿈에도 그리던 발해 유적을 처음으로 밟아보는 감격을 안을 수 있었다. 이것이 『발해를 찾아서』의 첫 출발이었다.

이 책도 실은 선생의 제의로 만들어졌다. 지난 5월에 주류성 최병식 사장과 함께 내 연구실을 찾아와 발해에 관한 글들을 편집해달라는 부탁을 받았다. 그러나 일반독자들을 위한 글이 국내에 별로 없을 것이라는 생각에 어려울 것 같다고 말하면서도, 일단 거절할 수 없어서 고려해보겠다는 말을 건넸다. 그 약속이 부담이 되어 학기가 끝난 뒤에 여기저기 대상을 선정하다 보니 예상대로 책으로 엮기에는 체계가 잡히지 않았다. 그럴 테면 차라리 내 글들을 모아보는 것이 좋겠다는 생각이 들었다. 갑자기 이 책을 내게 된 경위가 여기에 있다.

1990년부터 틈틈이 발표하였던 글들을 편집하다 보니, 체계적이지 못하고 미진한 부분이 한 둘이 아니지만, 일단 이를 계기로 한 번 정리해보는 것도 의미가 있을 것이라는 생각이 든다. 다른 한편으로, 독자들이 발해 역사 자체뿐 아니라 발해로부터 파생된 여러 현실 문제를 음미해볼 수 있는 계기가 되었으면 좋겠다는 생각도 든다.

책을 낼 수 있게 해주신 최병식(崔秉植) 사장과 황규호(黃圭鎬) 선생께 깊은 감사를 드린다. 그간 지면을 할애하여 여기에 싣게 된 글을 발표할 수 있게 해주었던 많은 분들께도 감사를 표한다. 아울러 러시아 유적을 답사할 수 있도록 모든 지원을 해주신 고합그룹 장치혁(張致赫) 회장님, 일본의 발해 관련 유적을 답사할 수 있는 기회를 마련해 주었던 규슈대학의 하마다 고사쿠(浜田耕策) 교수께도 깊은 은혜를 입었다. 책을 정성스레 꾸려주신 PRaide의 이준, 최나영님께도 감사함을 전한다.

발해 건국 1300주년을 기념하며 이 책을 낸다.

1999년 7월 4일
남북공동성명 기념일에
북한의 발해유적 답사를 빌어본다.

송기호 삼가 씀

개정증보판을 내면서

이 책을 처음 펴낸 것이 1999년이니 벌써 10년이 다 되어간다. 마침 작년에 인기를 끌었던 대조영 드라마의 덕택으로 발해에 대한 관심이 높아졌고, 그에 따라 이 책의 수요도 다소 있었다고 한다. 이에 부응하여 이번에 최병식 사장의 배려로 새롭게 개정증보판을 내게 되었다.

그 동안에 발표한 글 가운데 이 책에 실릴 만한 것을 추려서 12편을 추가하게 되었다. 아울러 본문에 삽입된 흑백 사진들을 시대 흐름에 맞추어 컬러로 교체하였다.

새로 추가할 글 가운데 처음 세 편(24-26장)은 중앙일보에서 주관하여 2000년 9월에 압록강 하구에서 두만강 하구까지 답사했던 경험을 쓴 것이고, 그 다음 25장은 사계절 출판사의 생활사박물관 작업을 위해서 2001년 10월에 발해 유적을 다시 찾았을 때의 경험을 쓴 것이다. 그리고 28장과 29장은 중국의 동북공정과 관련한 글들이고, 30장은 지금까지 필자가 발해사를 연구해온 경험담을 한 번 정리해본 것이다. 나머지 다섯 편은 부여사와 민족 형성에 관한 글이지만, 발해사 이해에 참고가 될 것이라 생각하여 부록처럼 마지막에 배치하였다.

조만간 중국이 발해 유적을 유네스코에 등록 신청을 할 것으로 예상된다. 그 때 쯤에 새로 발굴되었다고 하는 발해 왕비 묘지명들도 새로 공개될 것이다. 정혜공주, 정효공주 묘지가 새로 소개되었을 때에 발해사 연구에 큰 진전이 있었듯이, 그렇게 되면 발해사 연구도 다시 한 번 새로운 경지에 접어들 것으로 여겨진다. 물론 발해 유적을 중국이 독점적으로 등록하려 한다는 논란도 일 것이 분명하다.

그런 점에서 대조영 드라마에 보였던 애정을 발해사 자체에 쏟아주었으면 하는 바램이다. 그 어느 때보다도 독자 여러분의 관심이 필요한 시점이다.

2008년 1월 새해 아침

송기호 삼가 씀

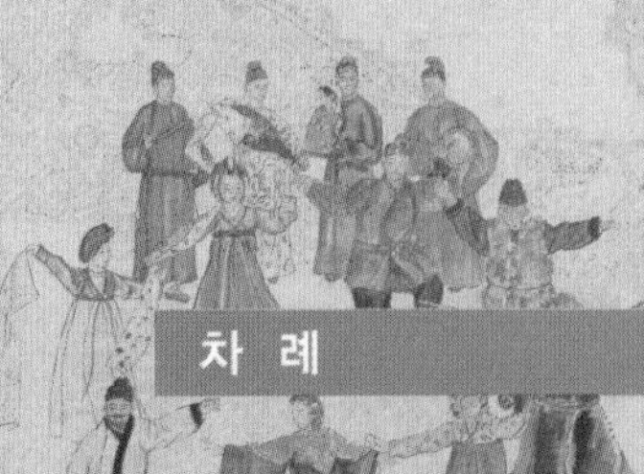

차 례

참고자료 목록

발해는 우리 모두의 역사 속에 분명히 살아있으면서도 우리 사회에서
외면당해 왔다. 이 책에서는 발해의 광대한 영토와 문화·사회·종교적인 모든 면을 보여주고
있다. 발해사의 문제점은 물론이며, 그동안 통일신라시대로 규정지어 온
역사적 성격을 앞으로는 남북국시대로 표기함으로써, 발해가 한국사 속에서
제몫의 자리매김을 해야 한다고 강조하고 있다.

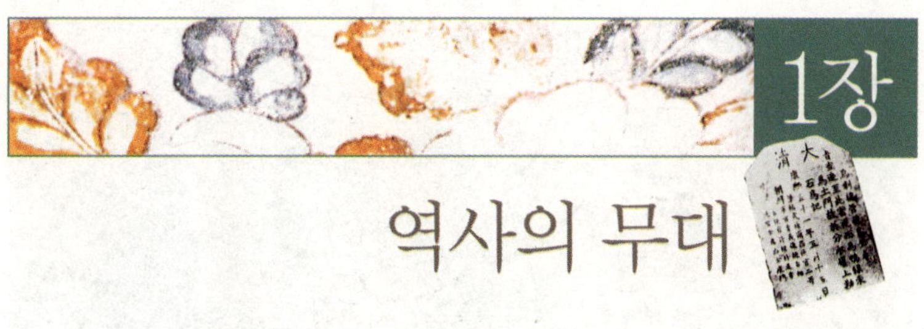

역사의 무대

지금은 중국 영토와 러시아 영토로 갈라져 있지만, 원래 만주와 연해주는 동일한 문화권에 속하는 지역이었다. 이곳이 두 지역으로 갈라지게 된 것은 1860년에 러시아가 중국과 북경조약(北京條約)을 체결하여 연해주를 차지하면서부터였다. 과거에 중·소 국경 분쟁이 일어났던 곳으로도 유명한 우수리 강을 경계로 만주와 연해주가 갈라져 있지만, 최근까지도 국경이 확정되지 않아서 양국 사이에 '국경결정합동위원회'가 구성되어 연해주의 우수리스크 지역, 하싼 지역, 한카 지역 3곳에 대한 국경선 협상이 계속되었다.

그런가 하면, 한국과 중국 사이에는 간도(間島)와 백두산 천지의 영유권 문제가 심심찮게 거론되는 지역이기도 하다.

만주 땅은 남북 길이 1,600여km, 동서 너비 1,400여km로 전체 면적

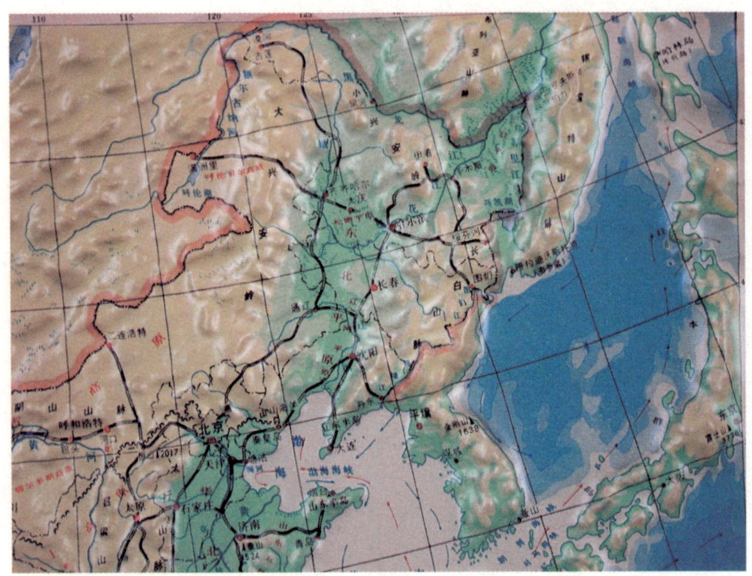

만주의 지형

이 1,241,400㎢이고, 연해주 땅은 남북 길이 900km에 전체 면적이 164,700㎢에 이른다. 두 지역을 합치면 한반도 전체의 6배가 넘는 광대한 영토가 된다.

이렇게 드넓은 영토이지만 인구는 우리 나라의 1.7배 정도에 불과하다. 만주에는 1억 여명이 살고 있는데, 이 중에는 만주족, 조선족을 비롯하여 헤젠족[赫哲族], 몽골족[蒙古族], 다우르족[達斡爾族], 에벤크족[鄂溫克族], 오로촌족[鄂倫春族] 등의 소수민족들이 포함되어 있다. 연해주에는 220여만 명이 살고 있으며, 여기에는 주로 산림지대에 거주하는 우데게이(Удэгей), 나나이(Нанай), 따즈이(Тазы)라는 소수민족들이 포함되어 있다.

한국사의 무대

이제는 중국과 러시아의 영토로 떨어져 나가버렸지만, 과거에는 우리 역사와 불가분의 관계를 맺고 있었다. 우리 민족의 역사 무대였던 곳이다.

한반도와 밀접한 청동기문화가 꽃 피웠고, 역사 시대에 들어와 고조선, 부여, 고구려, 발해의 터전이었으며, 금세기 들어와서는 독립운동의 근거지였다. 독립운동을 하던 당시에 우리는 두만강 건너의 땅을 북간도(北間島), 압록강 건너의 땅을 서간도(西間島)라고 불렀으며, 이 두 지역과 연해주(沿海州)를 합쳐서 해도간(海島間)이라고도 불렀다.

중국을 여행하는 한국인이면 누구나 백두산과 연변을 다녀와야만 된다는 일종의 강박 관념을 가지게 되는 것은 이곳이 어쩌면 우리 민족의 마음의 고향이기 때문인지도 모르겠다. 그렇기 때문에 더더욱 우리 나라

연길 서시장

학자들이 만주를 답사하는 것을 중국 당국에서 감시하면서 접근을 막고 있기도 하다.

중국에서는 고조선이 청천강 이남에 있었다고 하여 만주에서 밀어내 버렸고, 부여 및 고구려, 발해는 만주에서 일어났으니 자기들의 역사에 속한다고 주장한다. 러시아에서도 발해는 자기 역사에 속한다고 주장한다.

중국학자들은 종래에 고구려 역사가 한국사에 속한다고 하더니, 조금 뒤에는 만주에서 활동하던 초기 역사는 중국사에 속하고 평양으로 천도한 뒤에는 한국사에 속한다고 주장하였다. 그리고 지금에 와서는 고구려 역사 전체가 중국사에 속한다고 주장한다. 따라서 수 · 당나라와 고구려가 싸운 것은 국제 전쟁이 아니라 내전(內戰)에 속할 뿐이라고 한다.

발해사는 이런 사정을 가장 단적으로 보여준다. 발해 유적이 중국, 한국, 러시아 영토 안에 분산되어 있기 때문에 자연히 역사의 귀속 문제도 복잡하게 얽혀 있다. 중국과 러시아에서는 발해를 말갈족이 세운 나라로 규정하고 있고, 남 · 북한에서는 고구려 유민들이 세운 나라로 규정하고 있다.

중국에서는 말갈족의 후예가 만주족으로서 지금은 중국 민족의 일원이 되었으니 발해는 자신의 역사라고 주장한다. 그런가 하면 러시아에서는 그 후예가 지금은 러시아 민족의 일원이 된 연해주 소수민족이라고 하여 역시 자기네 역사로 주장한다.

제각각 자신의 역사로 발해 역사를 끌어들이고 있으니, 이것은 서로 현재의 영토적 연고권과 직결시켜 생각하고 있기 때문이다. 마치 우리가 발해사를 연구하는 것이 중국이나 연해주의 영토를 빼앗으려는 듯이 오해를 하고 있다. 물론 현지에 가서 "만주는 우리 땅" 또는 "연해주는 우리 땅"이라고 큰소리 쳐대는 사람들의 잘못도 있다.

한편, 청나라 강희제가 1677년 자신들의 발상지인 만주 땅에 유조변(柳

條邊 : 버드나무 울타리)을 쌓아 봉금 지역(封禁地域)을 설정하고 다른 민족의 접근을 막았다. 그러다가 러시아가 점차 진출해오자 비로소 국경에 대한 개념이 생기게 되어, 마침내 1712년 조선과 청나라 사이에 "… 서쪽으로는 압록강, 동쪽으로는 토문강을 경계로 삼고, 그 분수령에 비석을 세워 기록한다(西爲鴨綠, 東爲土門, 故於分水嶺上, 勒石爲記.)"고 새긴 정계비(定界碑)를 세우게 된다.

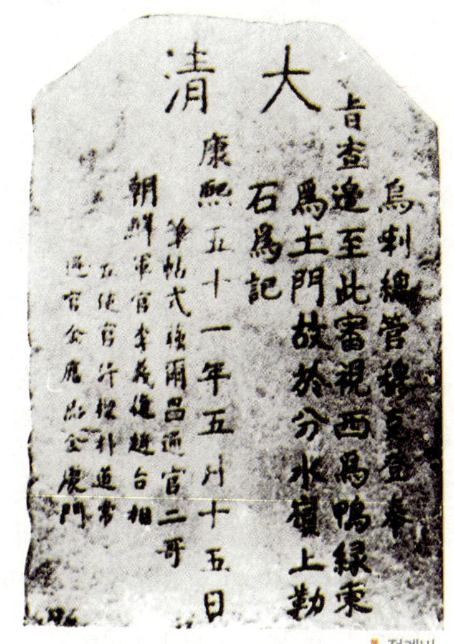

정계비

그러나 토문강이 송화강 지류인지 두만강인지를 둘러싸고 분쟁이 발생하여 1880년대에 국경 회담이 열렸지만 문제가 해결되지 않았다. 이에 따라 두만강과 송화강 사이에 있는 간도(지금의 연변)가 어느 나라 땅인지 명확하지 않은 상태로 남게 되었다.

보호조약 이후인 1907년에 일제는 통감부간도임시파출소를 용정에 두어 간도는 조선의 영토라고 주장하였지만, 1909년에 청나라와 간도협약을 맺어 영유권을 청나라에 넘기고 안봉선(安奉線) 철도와 무순(撫順) 탄광의 이권을 얻어냈다. 또 1931년 만주사변 때에 누군가 정계비를 없애버려 지금까지도 영토 분쟁의 불씨가 되어 있다.

최근에 서울대학교에 있는 규장각에서 발견된 문서들을 통하여 일련의 한 · 일관계 협약들이 무효임이 밝혀졌다. 이를 토대로 한다면, 그 뒤에 맺은 간도협약도 원인 무효가 되어 앞으로 이 문제를 둘러싸고 논란이 일 것으로 생각된다.

만주란 용어

여기서 하나 언급할 것이 있다. 그것은 이 지역에 대한 용어 문제이다. 우리는 흔히 만주(滿洲) 또는 동북지방(東北地方)이라고 일컫고 있다. 그러나 중국인들은 만주라는 말을 잘 사용하지 않는다. 이 지역을 부를 때는 '동북지방'이라 하고, 만주족을 지칭할 때는 줄여서 '만족(滿族)'이라고 한다. 그리고 일본인들이 세웠던 만주국은 굳이 '괴뢰만주(僞滿)'라고 부른다.

이러한 데에는 역사적 이유가 있다. 과거에 일본인들이 만주국을 세우면서 만주는 중국 역사와 별개의 지역이라는 것을 내세워 강점을 합리화하였기 때문이다. 따라서 중국의 한 부분으로서 '중국의 동북쪽 지방'이란 의미를 담고 있는 '동북지방'이란 말을 선호하고 있다.

이제 중국과 교류가 트이면서 중국인들이 사용하는 '동북지방'이란 말을 무의식적으로 받아들여 쓰곤 하는데, 이러한 용어가 우리 입장에서 적절한 것인지 한번쯤 되돌아보아야 한다. 우리 영토에서 보면 만주지방은 결코 동북지방일 수 없고 북부지방이 되어야 한다. 그 대신에 함경도 지역이 동북지방이 될 수 있다. 그러나 북부지방이란 용어는 한반도 안에서 북쪽지방인지 한반도 밖으로 북쪽지방인지 불분명하므로, 금세기에 민족 문제가 복잡하게 꼬이기 이전부터 사용하였던 '만주'란 용어를 사용하는 것이 좋을 것 같다.

연변지방을 지칭하는 간도(間島)라는 말도 이와 유사하다. 이 말의 유래에 대해서는 여러 가지 설이 있지만, 그 중에서 가장 유력한 것은 한인들이 두만강에 개간해 놓았던 사잇섬을 부르던 명칭이 두만강 건너 전체를 가리키는 말로 확대되었다는 설이다. 이 말은 우리 한국인에게는 친숙한 용어이지만, 중국인에게는 생소한 말이다. 중국인은 이 명칭 자체가 일제 침략의 상징어로 여겨서 사용하기를 꺼리고 있다.

이처럼 용어 하나 하나에도 복잡한 문제들이 얽혀 있는 거대한 땅이 우리 머리 위에 놓여 있다.

한국사의 미아

환상의 발해

우리 나라 사람에게 발해사라 하면 '발해사' 그 자체가 아니라 '발해사!' 또는 '발해사?'로 이해된다. 느낌표가 붙은 경우는 '아, 가야할 북녘 땅!' 처럼 언젠가 우리가 찾아가야 할 만주 땅이라는 낭만성이 깃들여 있는 경우인데, 최근(1990) 북방정책의 열기가 고조됨에 따라 그 감회가 더 커졌다.

물음표가 붙은 경우는 발해사에 대한 막연한 느낌 때문이다. 사실 국민학교 시절부터 대학교 교양 한국사 시간까지 발해사가 우리 나라 역사라고 누누이 배워왔건만, 막상 일반 사회에 나가서 남는 것이라고는 별로 없는 게 사실이다. 기껏해야 발해는 통일신라시대에 만주에 있었던 대제국이었고, 대조영이 그 나라를 세웠다는 정도를 기억할 것이다.

발해 건국 1300주년 기념 전시회 개막식

그러면 왜 발해사를 이런 식으로 이해하고 있는 것일까? 거기에는 두 가지 이유를 들 수 있다.

첫째는 자료의 부족이다. 발해가 거란에 멸망당한 뒤 그 유민들이 강제로 요동반도에 이주되고, 수도였던 동경성은 불에 타버려, 발해인들이 자기의 역사를 후세에 전해줄 길이 없었다. 더구나 한 왕조가 망하면 다음에 들어서는 왕조가 그 역사를 정리해주는 것이 관례인데, 발해의 경우는 그렇지 못하였다. 만주 동부 지역은 발해가 망한 뒤 황량한 벌판으로 남아 있다가 한참 뒤에야 새로운 왕조가 등장하였다.

이에 따라 발해인들이 남긴 기록이라고는 1949년, 1980년에 발견된 두 공주의 묘지(墓誌)가 있을 뿐이다. 그 밖에는 발해와 교류가 있었던 중국, 일본 그리고 우리 나라에 단편적인 자료들만 남아 있어, 발해사 연구의 기본 자료들이 되고 있다.

자연히 발해사 실체를 파악하기란 매우 어려운 과제일 수밖에 없다. 그리하여 발해에 '잃어버린 왕국'(일본학자 도리야마 기이치 鳥山喜一의 책 제목), '수수께끼 속의 발해사'(이용범 선생의 글), '환상의 발해'(일본 NHK TV의 특집 프로그램 제목) 등의 별명을 붙이곤 하여 왔다.

둘째는 우리 나라에서 발해사에 대해 본격적으로 연구하지 않았다는 점이다. 자료의 부족보다는 이것이 더 큰 원인이다. 남아 있는 자료가 적다고 해서 발해가 우리 나라 역사라고만 되뇌고 앉아 있을 수는 없기 때문이다.

발해는 현재의 만주 동부 지역에 중심을 두면서, 남쪽으로 한반도 북부지역까지 미치고, 북쪽으로 흑룡강(러시아의 아무르강)에 미쳤으며, 서쪽으로 요동까지 미쳤다. 또 동쪽은 동해안에까지 이르렀다. 지금으로 따지면, 발해의 영토는 중국의 만주, 러시아의 연해주, 북한의 대부분 지역에 걸쳐 있었던 대제국이었다. 이리하여 중국 당나라 역사서인 『신당서(新唐書)』에는 발해 전성기에 영토가 사방 5천 리에 달했다고 하였다.

따라서 발해사는 한국사뿐만 아니라 중국사, 러시아 극동사에도 포함될 수 있게 된다. 그러면서도 중국, 러시아, 한국의 어느 나라에도 중심부의 역사가 아닌 변방사이다. 그렇기 때문에 막상 어느 한 나라만이 독점적으로 자기 역사에만 속한다고 주장할 수도 없는 형편이다. 이런 점에서 발해란 나라는 참으로 특이한 성격을 가졌다.

우리는 현지를 직접 가볼 수 없는 현실 여건 때문에 연구 조건이 가장 좋지 않았다. 그러기에 그 동안 연구를 제대로 진행하지 못한 채 발해가 우리 나라 역사라고만 가르쳐 왔을 뿐이다.

이 두 가지 이유로 발해사에 대한 막연한 감각만이 우리 뇌리 속에 남게 되었다.

다국적 연구

그러면 북한이나 주변의 각 나라들의 연구 사정은 어떠한가?

우선, 발해 유적과 유물이 제일 많이 남아 있는 중국을 보자. 만주 현지에서는 발해 유적과 유물들이 상당수 조사되고 있어 발해사 연구에 중요한 자료들을 제공해 왔다.

중요한 것으로, 해방 직후인 1949년 발해 제3대왕 문왕(文王)의 둘째 딸인 정혜공주(貞惠公主) 무덤과 묘지가 발견되었고, 1980년에는 넷째 딸인 정효공주(貞孝公主) 무덤과 벽화, 묘지가 발견되었다. 또 1971년에 조사한 한 고분에서는 화려한 순금제 장식품들이 발견되어 당시 중국이 발해를 '해동성국'(海東盛國 : 동방의 번성한 나라)이라 불렸던 이유를 조금이나마 이해할 수 있게 하였다.

그 외에도 성터, 절터, 무덤 등의 중요한 자료들이 많이 발견되었다. 특히 1980년대 들어와 중국의 개방·개혁 정책에 힘입어 연구가 더욱 활기를 띠었으니, 요령성·길림성·흑룡강성에서 각종 학술 잡지들이

■ 각국에서 간행된 최근의 발해사 연구서들

우후죽순처럼 창간되어 많은 소식을 알려준 데에서도 확인된다.

풍부한 고고 조사에 힘입어 중요한 연구 성과를 많이 거두었지만, 중국에서는 발해사를 말갈족(靺鞨族)의 역사로 파악하면서 중국사의 일부로 규정하고 있다는 점이 문제이다. 한족(漢族)을 주체로 하면서 여러 소수민족으로 구성된 국가로 중국이란 나라를 정의하고, 그러한 소수민족의 하나로서 말갈족(현재의 만주족의 조상)을 포함시키고 있는 데에 원인이 있다.

따라서 중국인 학자들은 발해사를 오로지 말갈족의 발전 과정에서 파악하고 있다. 그럼으로써 발해 유적과 유물에 나타난 고구려 계승성은 무시하고, 발해 문화의 주류를 당나라 문화나 토착 말갈족 문화에서 찾고 있다. 결과적으로 발해 문화의 한 면만을 보고 있을 뿐이지 전체 모습을 보지 못하고 있다.

북한에서의 발해사 연구는 1960년대 들어와 본격화되었다. 이 때에는 문헌 연구를 중심으로 하면서 당시까지 중국 지역에서 조사된 발해 유적과 유물을 활용하고 있었는데, 지금에 이르러서는 상황이 달라졌다. 북한과 중국이 같은 공산권이기 때문에 학술교류가 활발할 것으로 예상하겠지만, 사실은 그렇지 못하다.

중국이 자기 중심으로 모든 역사를 해석하는 중화사상에 젖어 있다면, 반대로 북한은 또 달리 자기 중심으로 역사를 해석하는 주체사상에 젖어 있어 역사 해석에서 양쪽의 입장이 맞부딪치는 경우가 허다하다. 이에 따라 상호 교류의 길이 막히자 북한은 1980년대에 들어서 북한 지역에 남아 있는 발해 유적과 유물에 관심을 기울였고, 그 결과 적지 않은 성과를 거두었다.

현재까지 여러 학자가 발해사 연구 논문을 발표하고 있지만, 북한 역사학계의 원로인 박시형(朴時亨)과 주영헌(朱榮憲)이 핵심적인 역할을 하였다. 박시형은 문헌연구를 중심으로 하였고, 주영헌은 고고학 연구를 중심으로 하였는데, 이들의 연구는 발해가 고구려를 계승하였다는 사실을 밝히는 데에 거의 집중되어 있다. 이것은 주체사상이 강화된 1970년대 이후에 더욱 심하게 나타나 발해 문화의 성격을 논할 때에도 오직 고구려 문화만을 계승하였다고 하여 다른 문화 요소들을 의도적으로 도외시하고 있다.

러시아 연해주 지역에서도 이미 19세기 말부터 발해 유적들이 발견되었다. 그 중에는 아브리코스 절터, 코프이토 절터가 있는가 하면 우수리스크 성터, 크라스키노 성터를 비롯한 여러 성터들이 있고, 그 밖에도 무덤, 항만 유적지 등이 있다.

러시아도 역시 발해사를 말갈족의 역사로 보는 점에서 중국과 동일하다. 그러나 자세히 내막을 들여다보면 반드시 그런 것은 아니다. 러시아는 말갈족을 중국 민족의 일부로 파악하는 것이 아니고, 러시아 극동 소수민족의 하나로 파악함으로써 바로 자기네 역사의 일부로 판단하고 있다.

그러면서도 발해 문화를 설명할 때에는 고구려 요소와 더불어 내륙

코프이토 절터. 가운데 동산 위에 있음

아시아로부터 전래된 돌궐족, 위구르족, 네스토리우스교(景敎, 기독교의 일파)의 영향도 지적하고 있어 중국이나 북한의 해석보다는 유연한 면을 보여준다.

일본도 자기 역사와 관련하여 발해사를 연구하고 있다. 발해가 본격적으로 연구되기 시작한 것은 일제시대인데, 이 때는 일본의 대륙 침략과 연계되어 진행되었다. 따라서 발해 문화를 이해할 때에도 만주 식민 통치 논리와 연결시키게 되었다. 즉 미개한 말갈족과 문화 국가인 당나라 및 고구려를 대비시켜 발해 역사를 설명함으로써, 문명 국가인 일본이 미개 민족인 만주족을 개화시킨다는 식민통치 논리를 뒷받침하였다.

1970년대에 새로운 연구자들이 등장하면서 주로 일본과 발해와의 대외관계에 연구가 집중되었다. 당시 일본과 당나라와의 교류에서 중개역할을 수행하였던 나라가 발해였기 때문이다.

이렇게 볼 때에 발해사는 최근에 이르러 활발히 연구되고 있다. 현재(1990)까지 각 나라에서 발표된 발해사 연구 논문수를 수합해 보면 700여 편(1999년 현재 1900편 정도)이 되는데, 대부분이 근래에 발표되었다. 그러면서도 각 나라는 저마다의 국가적 입장이 투영됨으로써 발해사의 총체적 실체를 객관적으로 밝히는 데에 그 나름대로의 문제점을 안고 있다.

통일신라의 부록

우리 나라에서는 실학 시대의 연구 열기가 식은 채 세월을 보냈다. 일제시대에 민족의식의 앙양 차원에서 발해를 언급할 뿐이었고, 단지 장도빈(張道斌)만이 연해주 망명을 계기로 실증적인 연구를 수행하였을 뿐이다. 본격적인 연구 논문은 1970년대 들어와 발표되기 시작하였는데, 이 때에 많은 업적을 남긴 분이 작년(1989)에 작고한 이용범(李龍範) 선생이다.

그렇지만 이 시기에는 공산권의 조사결과를 참고하지 못하는 시대적

한계성을 지니고 있었다. 최근 몇 년 전만 하더라도 중국 현지에서 발간되는 고고학 잡지들마저 불온간행물로 취급되어 개인적으로 자료를 입수하기 어려웠다. 그러기에 고고학적인 최신 자료들을 바탕으로 한 연구는 근래에야 가능하게 되었다.

현재 발해사를 중점적으로 연구하고 있는 국내 연구자는 두세 명에 불과하다. 통일신라를 연구하는 학자수에 비하면 현격한 숫적 열세를 나타내고 있다. 따라서 아직은 연구 시작 단계에 불과하다. 이런 형편이니 그 동안 일반인들에게 발해사의 실체를 제대로 전할 수 있었겠는가?

그간에 발해사는 한국사에서 제자리를 찾지 못하고 마치 한국사의 부록 취급을 받아왔고, 이런 의미에서 발해사를 '한국사의 미아'라고 불러본 것이다. 그 결과, 우리의 뇌리 속에는 발해사가 우리 역사라고 강변하는 측면이 있는가 하면, 어차피 접근할 수 없기 때문에 연구할 수도 없고 그것이 별로 중요하지도 않다는 체념도 함께 자리잡고 있다.

그러한 예를 두 가지 들어보자. 통상적으로 고구려, 백제, 신라가 세력 다툼을 벌이던 시기를 '삼국시대'라고 하고, 고려가 있었던 시기를 '고려시대'라고 하며, 그 중간 시기를 '통일신라시대'라고 부른다. 그런데 삼국이 있었기 때문에 삼국시대라고 한다면 당연히 신라와 발해가 있었던 시기는 두 나라를 포괄하는 시대명을 붙여야 하는데, 사실은 통일신라사 안에서 발해사를 서술해왔다. 이렇게 되면 발해사는 독립된 역사가 아니라 통일신라 역사의 부록에 불과하다.

그러면서도 발해사는 우리 나라 역사라고 누누이 주장하고 있으니 상호 모순이 아닌가. 이 문제를 해결하고자 '남북국시대(南北國時代)'라는 명칭을 사용하자는 주장을 강하게 제기하였다. 그리고 올해(1990) 쓰여진 고등학교 교과서부터 이 견해가 반영되었으니 반가운 일이 아닐 수 없다. 그러나 아직도 통일신라시대란 명칭을 사용하자는 분위기가 있는 것도

■ 2005년에 처음 생긴 국립중앙박물관 발해실

사실이다.

또 하나는 국립중앙박물관의 유물 진열 문제이다. 이곳의 진열실 연표에는 발해가 들어 있으나 발해유물 진열실은 어디에도 없다. 물론 진열할 만한 유물이 없기 때문이다. 그러나 우리 나라 박물관의 중심지라는 상징성도 중요한 것이다.

이곳은 외국인 학자들이 자주 드나들고, 어린 청소년들이 견학을 오는 곳이다. 따라서 비록 자그마한 것이지만 서울대박물관에 소장된 유물을 대여하고, 최근의 발해 유적이나 유물 사진을 걸어두면 조그마한 진열실을 하나 꾸밀 수 있지 않을까 한다. 또 통일을 기다리며 잘 복제된 유물을 전시해도 좋을 것이다. 진품이 아니라고 해서 마다해서는 안될 것이다. 발해사가 우리 역사라는 것을 내외국인에게 가시적으로 보여주는 것이 더 중요하기 때문이다.

이렇게 가능한 것을 먼저 해결해가면서 학문적인 성과는 조금 여유를 두고 기다릴 필요가 있다. 역사 연구는 경제 정책처럼 물량을 투입한다고 해서 곧바로 중요한 성과를 거둘 수 있는 것이 아니다.

어느 사물이건 간에 그것을 그 자체로서 연구 검토하고 난 뒤에 그 성격을 규명하는 것이 순리인 만큼, 앞으로 발해사가 우리 역사라는 것을 증명하려는 조급성을 일단 제쳐 두어야 한다. 발해사를 그 자체로서 파악한다는 마음가짐을 가지고 접근하여 발해사의 객관적 실체를 제대로 파악할 필요가 있다.

거기서 마침내 우리 역사에 속할 수 있다는 결론을 얻어낼 때에 더욱 설득력이 있는 주장이 될 것이다. 또, 그럴 때에만 다른 나라에서 보이는 시각의 편향성을 극복할 수 있고, 미아가 되었던 발해를 되찾아 올 수 있을 것이다.

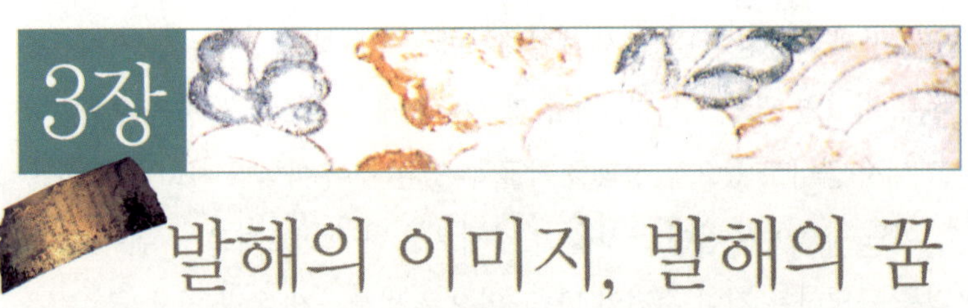

발해의 이미지, 발해의 꿈

작년(1997) 가을에 러시아로부터 한 장의 초청장을 받고 내심 당혹감을 금치 못한 적이 있다. 발해 건국 1300주년을 맞이하여 국제학술회의를 개최할 예정이니 참가를 해달라는 부탁이었다. 우리는 아직도 마음의 준비를 하지 못하였을 때에 러시아에서는 이미 학술회의를 준비하고 있었다.

그 학술회의가 금년(1998) 9월 21일부터 25일까지 블라디보스토크에 있는 극동대학에서 개최되었다. 참가하겠다던 북한학자들이 오지 않아서 아쉬움이 많았지만, 중국, 러시아, 일본, 독일, 한국의 연구자들이 한 자리에 모여 의견을 개진할 수 있었던 좋은 기회였다.

회의가 끝나고 귀국하는 날 공항에서 우연히 술 하나가 눈에 뜨였다. 러시아어로 쓰인 '발해의 별' 이란 인삼주였다. 우수리스크에 있는 회사

극동대학 발해사학술회의(1998. 9)

에서 만든 것으로, 포장 박스 겉에는 발해 건국 1300주년 기념이란 문구
와 함께 발해 역사가 설명되어 있었다. 당연히 술 한 병을 손에 들고 귀
국길에 올랐다. 회의 중에는 러시아 학자들로부터 발해란 이름의 카페가
시내에 생겼다는 얘기도 전해 들었다.

왜 러시아인들이 이렇게 발해에 대해서 관심을 가지는 것일까? 러시
아인들이 연해주까지 밀고 와서 두만강을 사이에 두고 우리 땅과 마주
보게 되었지만, 그들은 기본적으로 유럽인이요 그들 역사는 유럽 역사가
아닌가? 그런데도 발해사에 대한 관심은 이와 같이 지극하기만 하다.

일본에 북방 유라시아 지역을 연구하는 학회가 있다. 그들의 회보를
보니 역시 발해 건국 1300주년을 기회로 '환일본해(環日本海) 교류'의 부활
을 주창하면서 몇 가지 사업을 제안하였다. 발해 시대에 일본으로 떠나
던 배들이 정박해 있던 크라스키노 마을과 일본의 한 도시 사이에 자매
결연을 맺고, 발해 배를 복원하여 일본 니이가타로부터 크라스키노까지

동해 바다를 건너는 계획을 수립하였는가 하면, 두만강 개발 계획에 발해 프로젝트를 넣도록 하는 구상도 들어 있었다.

발해 역사를 한국 역사라고만 배운 많은 한국인들은 러시아와 일본의 이러한 태도에 언뜻 수긍이 가지 않을는지 모른다. 그러나 우리의 주장이나 바램과는 달리 기실 발해사는 극동의 중국, 러시아, 일본, 한국의 공유물이 되어가고 있다.

발해사라고 하면 일반인들의 머리 속에 떠오르는 것은 대조영의 이름, 그리고 만주 지방에 있었던 나라라는 사실이 고작일 듯하다. 그만큼 발해는 알려지지 않은 나라이다. 그러나 역사적 사실을 잘 모른다고 해서 우리에게 멀리 있는 역사도 아니다. 과거에 우리도 강한 나라를 가졌다는 하나의 표상으로서, 그리고 이미지로서 가슴 속에 남아 있는 듯하다. 요즈음 경제 위기를 겪으면서 과거 찬란했던 역사에 대한 희구가 더

▌숭실대 앞의 발해 상호

욱 강렬해졌음을 느낀다. 발해나 고구려, 진시황이나 칭기스칸이란 이름들이 소설이나 상호 간판 등에 부쩍 많이 등장하고 있다. 발해도 그 가운데 한 자리를 차지하고 있는 것이다.

발해의 이미지

그러면 발해는 어떠한 나라였는가? 이제 그들의 이미지를 하나하나 떠올려 보겠다.

발해는 황제의 나라였다. 문왕의 넷째 딸이었던 정효공주 무덤이 1980년에 발견되었는데, 여기서 발견된 묘지명에 공주의 아버지를 '황상(皇上)'이라 불렀다. 공주가 792년 6월 9일에 사망하자 "황상께서 조회를 열지 않고 크게 슬퍼하면서 잠자리에도 들지 않고 음악도 연주하지 못하도록 하였다"고 하였다. 여기서 황상이란 말은 신하가 직접 황제를 부를 때에 썼던 말이므로, 문왕을 황제로도 불렀던 사실이 드러난다.

이것은 772년에 문왕이 일본에 편지를 보내면서 스스로 '하늘의 자손(天孫)'이라고 하여 일본의 반발을 샀던 일과도 통한다. 하늘의 자손이란 황제만이 사용할 수 있는 통치 이데올로기이다. 중국의 최고 통치자를 천자라 하고, 일본의 최고 통치자를 천황이라 한 것은 모두 이 때문이다. 이러한 이데올로기를 발해도 사용하였으니, 일본 조정에서 가만히 있지 않았던 것이다.

이러한 천손 의식은 원래 고구려에서 유래되었다. 몇 년 전에 북한에서 고구려 왕을 역시 천손이라 부른 기록이 발견되었다. 고구려는 건국 시절부터 하늘의 자손임을 일컬었고, 광개토왕 시절에는 백제와 신라를 자신보다 한 단계 아래 국가로 취급하면서 자기 나라가 동방의 중심임을 자부하였다. 이러한 고구려의 자부심이 발해에도 이어진 것이다.

그뿐만 아니다. 발해 왕의 명령을 조(詔)라 하였는데, 이것은 황제의 명

■ '천손'이 쓰인 오매리 절골 출토 금동판(○가 천손)

령을 의미한다. 조서란 황제의 명령서요, 교서란 왕의 명령서이다. 대통령이 연초에 발표하는 연두교서도 여기에 비긴다면 왕급에 해당되는 것이다. 신라가 교서란 용어를 사용하였던 반면에, 발해는 조서란 용어를 사용하였다. 이것도 발해 왕이 황제급이었음을 보여준다.

특히 발해는 통치자의 통치 이념을 반영하는 연호(年號)를 2대 왕부터 꾸준히 사용하였다. 무왕은 인안이란 연호를 사용하였고, 문왕은 대흥 및 보력, 성왕은 중흥, 선왕은 건흥, 11대 왕은 함화란 연호를 사용하였다. 우리 역사에서 독자적인 연호를 이렇게 오랫동안 꾸준히 사용했던 예가 따로 없다. 그것은 원칙적으로 황제만이 연호를 사용할 수 있고, 제후국은 이를 받아서 사용하게 되어 있기 때문이다. 그러기에 신라가 삼국을 통일하기 전에 독자적인 연호를 사용하다가 당 태종의 책망을 듣고 이를 중단한 일도 있다.

이 밖에도 몇 가지 예들을 더 들 수 있지만, 이것만으로도 발해가 황제만이 가능하였던 여러 제도를 채택하였음이 분명히 드러난다. 그렇다고 대내외적으로 항상 황제국가임을 내세웠던 것은 아니다. 때로는 왕국으로서 당나라에 조공을 바치고 책봉을 받았으며, 왕이 사망한 뒤에는 황제 칭호가 아니라 왕 칭호인 문왕, 선왕 등의 이름을 올렸다. 그러므로 때로는 왕국으로, 때로는 황제국으로 행세하는 이중적인 체제를 유지하였던 나라였다. 고려 왕조가 황제적인 제도를 많이 채택하면서 발해처럼 이중적인 형태를 띠었던 것도 발해의 영향이 아니었는가 생각된다. 그러나 조선시대에 들어와 사대와 의리를 중요시 여기는 성리학이 자리잡으면서 그러한 이중체제는 우리 역사에서 사라지게 되었다.

발해는 모피의 나라였다. 발해는 당나라와 일본에 사신을 자주 파견하여 무역을 하였다. 아마 신라에도 사신을 자주 파견한 것 같으나 기록이 전해지지 않는다. 당나라에는 담비·호랑이·표범·곰 등의 가죽, 인삼·우황·사향·꿀 등의 약재와 함께 마른 문어, 매, 말, 양, 구리 등을 수출하였다. 일본에도 담비·호랑이·표범 등의 가죽과 인삼, 꿀 등을 수출하였다. 그리고 토끼, 해태, 된장, 사슴, 돼지, 말, 포(布), 명주, 철, 쌀, 붕어, 오얏, 배 등이 발해의 특산물로 외국에까지 알려졌다.

발해 특산물을 일별해보면 가공품보다는 농업, 목축, 어업을 통해서 얻은 1차 산품이 주류를 이룬다. 특히 모피가 눈에 많이 뜨인다. 지금도 만주에서 나는 담비가 중국에서 국가보호동물로 지정되어 있고, 자색 담비는 인삼·녹용과 함께 만주의 3대 보배로 꼽히고 있다.

담비와 관련된 에피소드 하나가 일본 기록에 전하는데, 920년 5월에 일본에 사신으로 갔던 배구(裵璆)가 담비 가죽으로 만든 갖옷 한 벌을 입고서 으스대자, 일본의 시게아키라 신노가 오리털로 만든 수레를 타고 검은 담비로 만든 갖옷을 무려 8벌을 껴입고 조회에 참석하여 발해 사신의 코를 납작하게 만들었다고 한다. 이 때가 음력 5월이었으니 일본의 날씨로 따진다면 무척이나 후덥지근하였을 터인데 가죽 옷 8벌을 껴입었으

담비, 흑룡강성박물관

니 대단한 광경이었을 것이다. 그만큼 일본 조정에서는 사치품의 하나로 담비가 애용되었고, 이것은 주로 발해로부터 수입된 것이었다.

이처럼 발해는 모피의 산지로 유명하였다. 러시아 학자는 이를 토대로 시베리아에서 발해를 거쳐 일본으로 연결되는 모피 교역로를 상정하고, 이를 '담비의 길'이라고 명명하였다. 발해에는 외국과 왕래하였던 5개의 간선도로가 있었는데, 이 외에도 시베리아와 연결되는 교통로가 따로 있었을 것이라고 하여 이름 지은 것이다. 이러한 교통로가 정말 있었는지는 알 수 없지만, 발해 산업에서 담비 가죽이 차지하는 비중을 짐작할 수 있다.

발해는 기개의 나라이기도 하였다. 무왕이 감히 당나라를 공격하여 그들과 대적하였던 나라였다. "발해 사람 세 명이면 호랑이 한 마리를 당해낸다"는 말이 외국에 알려질 정도로 용맹스러웠다. 이러한 용맹성은 활쏘기, 타구, 격구 등의 놀이를 통하여 길렀다. 타구와 격구는 맨 땅에서, 아니면 말을 타고서 공을 몰아 상대편 골문에 넣는 운동경기이다. 이 운동경기는 동아시아에서 널리 유행하였는데, 일본에 사신으로 갔던 왕문구(王文矩)가 822년 정월에 일본 왕 앞에서 이 경기를 시연하자, 왕이 상품을 걸어 내기를 하고 신하들과 시도 지었다.

그러나 발해 사람들이 항상 용맹스러웠던 것은 아니다. 가정에서는 부인에게 꼼짝 못하는 일면도 있었다. 발해의 부인들은 모두 사납고 투기가 심하고, 남편이 바람을 피우는지 감시하였다. 그러기에 발해 주변에 있던 "거란, 여진에는 모두 몸 파는 여자가 있고, 일반 사람들이 첩이나 몸종을 거느리고 있었으나, 오직 발해에는 없다"고 하였다.

발해는 또한 불교의 나라였다. 발해 절터는 대부분이 통치 중심지에 몰려 있는 점으로 보아, 지배층을 중심으로 불교가 유포되어 있었을 것이다. 절터에서는 흙으로 빚은 10cm 내외의 작은 불상이 많이 발견되었는데, 서울대학교 박물관에 전시되어 있는 불상 얼굴들을 자세히 들여다보면 잔잔한 미소를 입가에 머금고 있어 자신도 저절로 미소를 띠게 된다. 이러한 불상 양식은 고구려 전통을 이어받은 것이어서, 발해 불교가 고구려로부터 전해 내려온 것임을 금방 알아낼 수 있다. 더구나 절터에서 발견되는 연꽃잎 막새기와는 누가 보아도 고구려 양식을 따른 것임을 수긍하게 된다. 이렇게 발해의 종교 문화는 고구려 유산을 물려받았다.

해동성국을 이룬 발해 왕국은 이처럼 황제의 나라요,

▼ 코르사코프카 절터 출토 봉황문 막새기와

▼▼ 지금은 많이 변형되어 전해지는 발해 불상

모피의 나라요, 기개의 나라요, 불교의 나라였다. 여기에 하나 더 한다면
큰 영토를 지닌 대제국의 나라였다.

발해를 꿈꾸며

이제 어렴풋이나마 머리 속에 떠오르는 발해의 상을 간직하고 다시 1300
년 뒤의 현실로 돌아와 보자. 그러면 발해 땅에는 지금 중국과 러시아,
북한이 버티고 있다.

발해가 영토를 가장 크게 넓혔던 9세기에 동쪽으로 러시아 연해주까
지, 북쪽으로 송화강 유역까지, 서쪽으로 요동반도까지, 남쪽으로 대동
강과 원산만까지 세력이 미쳤다. 이 땅이 얼마나 큰 것인지 감이 잡히지
않아서 시험삼아 면적을 환산해보았다. 그랬더니 한반도 전체 면적의 2
~3배 정도이고, 통일신라의 4~5배, 고구려의 1.5~2배가 되었다. 명실
상부하게 우리 역사상 가장 너른 영토를 가졌던 나라였다. 그러니 강국
에 대한 이미지로 우리 머리 속에 남아 있는 것은 당연한 일이다.

영토가 현재의 중국과 러시아에 걸쳐 있다 보니, 지금 그곳에서도 발
해사가 연구되고 있다. 더구나 발해의 중심지가 길림성 동부 지역과 흑
룡강성 남부 지역에 있었으므로, 중요한 유적들이 모두 이곳에 몰려 있
다. 지금의 연변 조선족들이 살고 있는 곳이 바로 발해 시대의 중심지였
다. 자연히 유적을 발굴할 수 있는 이점을 살려서 중국이 발해 고고학의
주도권을 쥘 수밖에 없다.

문제는 그러한 주도권을 쥐고 발해 역사를 그들의 역사로 편입시키려
하면서 한국 학자들에게는 현장 접근을 허락하지 않고 있다는 점이다.
얼마전 재외 동포 특례법안이 구상되자 가장 먼저 이의를 제기한 나라가
중국이다. 티베트족, 회족, 몽골족, 위구르족의 소수민족 분리독립운동
으로 신경이 곤두 세워져 있는 나라인 만큼 조선족의 동향에도 민감하지

■ 화폐에 그려진 중국의 소수민족(조선족은 오른쪽 맨 아래에 있음)

않을 수 없다.

더구나 그들의 소수민족에 대한 우려는 역사 연구에까지 투영되어 나타난다. 지금 중국 영토인 만주 땅에 사는 사람들은 모두 중국인이요, 만주 땅에서 일어난 역사는 모두 중국 역사라는 것이다. 그러다 보니 발해 역사는 한국사가 아닌 중국사요, 만주에서 일어난 고구려사도 중국사라고 주장한다.

그러한 중국과 국경을 접하고 있는 러시아도 발해사를 바라보는 시각에는 별 차이가 없다. 1860년대 이래 연해주를 차지하고 있는 그들도 연해주 땅이 러시아 땅이니 발해사도 러시아 소수민족의 역사요, 러시아의 역사라는 것이다.

서두에서 얘기한 러시아의 관심이 어떻게 나오게 되었는가를 이젠 짐작할 수 있으리라 여겨진다. 그들이 한국사로서 발해 건국을 축하한 것이 아니라 러시아 역사로서 그리 한 것이다.

그러면 일본은 어떤가. 발해는 일본과 사신을 자주 교환하였다. 그렇기 때문에 일본 역사 기록에 발해와 관련된 사실이 많이 남아 있다. 일본이 신라와 대립하였을 때에 발해를 통하여 당나라를 드나들었다. 발해가 일본 대외교섭의 매개자 역할을 하였던 것이다. 지금도 동해 바다 건너 일본 해안에는 발해 사신과 관련된 유적들이 많이 있다. 특히 노토 반도에 있는 후쿠라 항구는 발해 사신이 자주 도착하였던 곳으로, 이곳에는 난파된 발해 사신을 위해서 배를 만들던 조선소 자리도 전해지고 있다.

이렇게 동해 바다를 통하여 발해, 당나라와 문물을 교류하였던 역사적 사실을 상기시키면서 지금 '환일본해 교류' 의 부활을 주창하고 있다. 러시아가 개방되면서 동해바다가 극동 국가들의 교역로로서 한층 부각되었다. 그러기에 일본에서는 '환일본해' 에 대한 관심이 몇 년 전부터 고조되어 왔다.

그러면 우리는 어떤가. 발해 역사가 우리 역사라고 주장하면서도 우리에게는 관심 밖으로 내던져져 있다. 고작 서태지의 노래 하나뿐 아닌가? 그리고 작년(1997) 12월 31일에 블라디보스토크 항구를 떠나 일본에 상륙하려다가 1월 24일에 숨진 발해탐사대의 희생뿐 아닌가?

우리에게는 그보다 할 일이 더 많다. 발해를 오늘에 되살리는 일들이 곳곳에서 기다리고 있다. 몇 년 전부터 추진되어 온 두만강 삼각지대 개발이 지금은 다소 주춤해진 것 같지만, 아마 경제 위기가 지나가면 다시금 관심사로 떠오를 것이다. 그런데 일본학회에서는 여기에 발해 프로젝트를 첨가하자고 벌써부터 제안을 하고 있다. 경제 개발 구역인 두만강 삼각지대 안에는 중요한 고구려, 발해 유적이 들어 있다. 그러한 곳에 경제개발만 구상하게 된다면 유적은 자칫 사라질지 모른다.

한반도에너지 개
발기구가 신포시에
지어주고 있는 원자
력 발전소 부근에도
선사시대 및 발해시
대의 유적들이 많이
있다. 이왕에 발전소
를 지어줄 것이라면
이 일대에 대한 유적
조사를 함께 진행하
여 남북한 학자들이

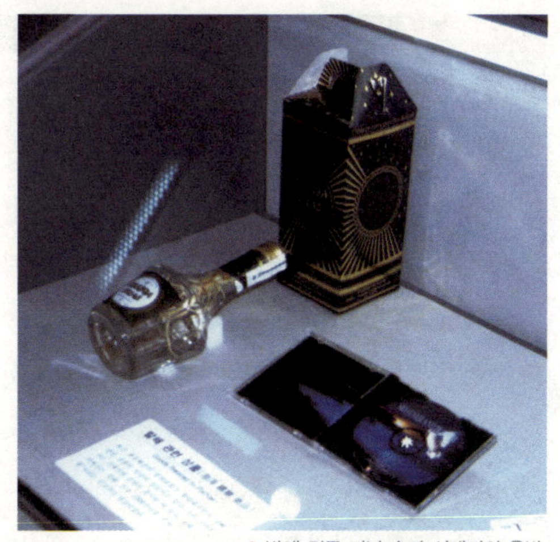

발해 건국 기념 술과 서태지의 음반

공동으로 조사할 수 있는 기회를 만들었더라면 더욱 좋았을 것이라는 아
쉬움이 남는다.

이렇게 우리 역사이면서 우리의 역량을 쏟아내지 못하는 현실이 안타
깝다. 특히 남북 분단은 이를 항상 가로막고 있다. 그러기에 서태지가
'발해를 꿈꾸며'에서

언젠가 작은 나의 땅에 경계선이 사라지는 날,

많은 사람들의 마음속에 희망들을 가득 담겠지,

난 지금 평화와 사랑을 바래요

라고 노래하였다. 그는 남북 통일로 다시금 '해동성국'을 만들어보자
는 미래에 대한 꿈으로 발해 역사를 승화시키고 있는 것이다.

천황이 삼가 발해국왕에게 위문한다. …

지금 보내온 국서를 살펴보니, 갑자기 문투를 고쳐서 날짜 아래에 신하로서의 관품과 성명을 기록하지 않고, 국서 말미에는 헛되이 '천손(天孫)' 이란 참람된 칭호를 늘어놓았다. 멀리서 왕의 뜻을 헤아려 보지만 어찌 이렇다 하겠는가? 또 가까이 일의 형편을 생각해보아도 착오인 것 같다.

그런 까닭으로 담당 관리에게 명하여 사신맞이 의례를 중지시켰는데, 사신 일만복(壹萬福) 등이 이전 잘못을 깊이 뉘우치고 왕을 대신하여 사과를 하였다. 짐이 멀리서 온 것을 궁휼이 여겨서 그 뉘우침을 받아들였으니, 왕은 이 뜻을 잘 살펴서 영원히 좋은 뜻만 품기 바란다.

또 고씨의 시대(고구려)에는 전란이 끊이지 않아서 우리 조정의 위세를 빌리기 위해 그들이 두 나라를 형과 동생으로 불렀다. 그런데 지금 왕은 아무런 이유도 없이 장인과 사위(또는 외숙과 생질)를 칭하니 예법에 어긋난다. 나중에 파견되는 사신들은 다시는 그러지 말라. …

… 이 때문에 □□ 혜랑(慧郎)이 원각대왕(圓覺大王)을 받들기 위해 삼가 이 탑을 만들었다. 겉으로 5층을 새기니 상륜(相輪)이 서로 부응한다. 원하건대 왕의 영령이 도솔천(兜率天)으로 올라가 미륵(彌勒)을 뵙고, 천손(天孫)이 함께 만나며, 모든 생명이 경사스러움을 입으소서. 이에 송(頌)하기를,

성스러운 지혜는 진리에 부합하고,

뭇 생명에 오묘함을 부응하였으니,

모습과 말씀이 세상에 빛나,

□가 자라고 도(道)가 이루어졌도다.

미혹(迷惑)…,

생사의 형(形)을 받아 태어났으되,

정신에 □하고 본성을 깨친,

즉 성스러운 밝음에 올랐도다.

□화(□和) 3년 세차(歲次) 병인(丙寅) 2월 26일 □술(□戌) 초하루에 기록한다.

4장
건국자 대조영

만주의 제왕

남북으로 길쭉이 뻗은 한반도. 이보다 무려 6배가 넘는 만주 땅이 머리 위를 덮고 있다. 만주와 연해주의 지도를 펴 보라. 저 북쪽으로 대흥안령 산맥과 소흥안령 산맥이 사람 인(人)자 모양으로 모자를 씌우고, 그 사이로 눈강이 남쪽으로 흘러내린다. 남쪽에 불쑥 솟은 백두산, 그곳을 여행하면 누구나에게나 장관으로 비춰지는 장백폭포, 이로부터 흘러내린 물줄기가 송화강을 이루어 북쪽으로 흐르다가 눈강을 삼켜 버리고는 동쪽으로 꺾어져 만주를 남북으로 갈라놓는다. 그리고는 세계 10대 강인 흑룡강(아무르 강)으로 들어가 동해 바다로 사라지고 만다.

이 거대한 대지를 차지하였던 우리 나라의 제왕들. 그 누구보다도 광개토왕이 머리를 스친다. 18세에 왕이 되어 39세에 사망하였으니, 혈기

대흥안령 산맥(2007. 8)

왕성한 나이에 만주와 한반도를 자신의 말발굽 아래에 두었던 임금이다. 얼마나 영토를 넓혔기에 그가 사망한 뒤에 '영토를 널리 연 임금' 이란 의미로 광개토왕이라 하였겠는가. 동서양을 막론하고 그처럼 2~30대의 나이에 인류 역사에 뚜렷한 족적을 남긴 인물들이 종종 보인다.

시대와 장소는 다르지만 알렉산더 대왕이 20세에 즉위하여 33세에 사망하기까지 멀리 인도까지 동방 원정을 단행하여 거대한 헬레니즘 세계를 구축한 적이 있으니, 광개토왕은 과연 한국의 알렉산더 대왕이었다. 삼국통일 과정에서 신라와의 힘겨루기에 지고 말았지만, 이런 인물들이 있었기에 고구려는 우리 뇌리 속에 항상 강렬한 이미지로 떠오른다.

그러나 이보다 더 큰 나라가 있었다. 기억 속에 어렴풋이 남아있는 이름일지도 모르는 발해가 그것이다. 과거에 북간도로 불리던 두만강 건너에서 활약하였던 나라가 발해였다. 조선족의 중심지인 지금의 연변이 그곳이다. 반면에 압록강 건너 서간도에서 일어났던 나라가 고구려이다.

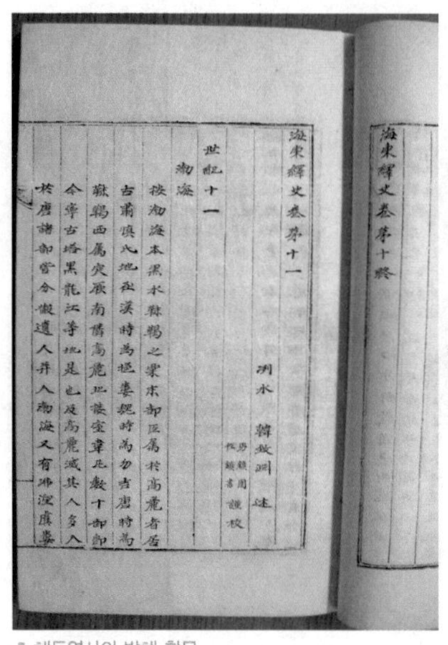

▌ 해동역사의 발해 항목

고구려가 만주에서 중부 지역을 차지하였다고 한다면, 발해는 만주의 동부와 중부, 그리고 연해주 땅을 차지하였다.

임진왜란과 병자호란을 겪은 뒤, 조선시대 지식인들 사이에 도대체 우리가 업신여기던 오랑캐들에게 왜 이렇게 당하고 말았는가 하고 심각한 성찰이 일어났다. 그러다 역사를 돌이켜보니 만주를 호령하던 고구려가 눈에 들어왔다. 아하, 우리가 고구려 땅을 잃어버려 나약한 나라가 되었구나 하고 깨달아, 조선을 부강하게 하려면 고구려 땅을 되찾아야겠다는 생각이 퍼뜩 들었다. 이 때만 해도 발해는 우리 역사로 보지 않았기 때문이다.

그런데 조금 뒤에 보니 발해는 고구려 사람들이, 그것도 고구려 땅에 세운 나라가 아닌가. 이 때부터 조선이 강해지려면 발해 땅을 수복해야겠다는 생각을 가지게 되었으니, 유득공이나 이종휘와 같은 실학자들이 발해를 연구한 데에는 다 이런 이유가 있었다. 그리하여 발해도 또한 우리에게 강력한 나라를 회상시켜 주는 존재가 되었다.

이러한 나라였지만 지금은 잃어버린 역사가 되어 있는 발해는 과연 누가 세웠는가. 발해 역사는 언뜻 떠오르지 않더라도 대조영이나 동모산이란 말은 희미하게나마 기억에 남아 있을 것이다. 그는 누구였던가. 지금도 학자들 사이에 첨예한 대립이 벌어지고 있는 논쟁점의 하나이다. 우리는 고구려 장수였다고 쓰고 있지만, 중국학자나 러시아 학자들은 말갈족 출신이라고 주장한다. 발해 땅이 지금은 러시아 땅이 되어 버린 연해주에까지 뻗쳐 있었으니, 서양 사람들이 여기까지 들어와 자기 역사라고 주장하고 있는 해프닝도 엿보인다.

이렇게 발해사의 첫 단추부터 제대로 끼울 수 없을 정도로 기록이 남아 있지 않다. 그렇지 않았다면 아이들이 읽는 위인전에 벌써 한 자리를 차지하고 있을 것이다. 그에 관한 수수께끼를 나름대로 풀어보려고 대조영에 관한 기록들을 꼼꼼히 검토해 본 적이 있었다. 그 때의 기억을 살려 이제 대조영을 역사 속에 되살려 내보도록 하겠다. 어쩌면 대조영 없는 대조영 이야기가 될지도 모른다. 사료가 워낙 없어서 조그만 바늘구멍을 통하여 세상을 모두 들여다보는 격이 될는지 모르겠지만, 이제 그의 생애를 추적해 보겠다.

건국자의 혈통

대조영은 말갈족(靺鞨族)의 혈통을 이어받은 인물로 생각된다. 신라시대 명문장가인 최치원은 "발해의 원류를 따져 보면 본래 속말말갈족의 무리였으니, 처음에 혹처럼 아주 조그만 집단이었다가 마침내 번성하게 되었다"고 서술하였다.

말갈족은 만주에 살던 종족 집단이었다. 이들의 명칭은 6세기

대조영 KBS드라마(2006~2007)

만주어가 병기된 환인현 청사(1993)

중반부터 나타나기 시작하여 발해가 멸망한 10세기 초반까지 이어진다. 그 이전에는 숙신, 읍루, 물길이란 종족 집단들이 차례로 등장하는데, 물길족에 이어서 등장한 말갈족은 발해 멸망 후에 거란 치하로 들어가면서 여진족이라 불리게 된다. 이 여진족이 세운 나라가 금나라이고, 나중에 만주족으로 변신하면서 다시 세운 나라가 청나라이다.

고구려 건국지인 오녀산성이 올려다 보이는 길림성 환인현에 가면, 환인현 청사 입구에 중국어와 함께 이상하게 꼬부라진 글자가 쓰여 있는 것을 볼 수 있다. 만주족이 사용하던 글자이다. 우리에게는 고구려의 발상지이지만, 만주족에게는 그들의 발상지로서 현재 만주족자치현으로 되어 있다. 그런데, 옛날에 일본 사람들이 만주국이라는 괴뢰정권을 세워 만주 땅을 빼앗으려 하였던 기억을 없애려고 지금 중국인들은 만주족이라 부르지 않고 줄여서 만족이라 부르고 있다. 그래서 만족자치현이라 부른다.

다시 시간을 거슬러 말갈로 돌아가 보자. 말갈족들은 만주의 중부와

속말말갈 지역에 두었던 발해 속주. 길림시를 배경으로 동단산이 서 있고, 왼쪽 평지가 속주가 있었던 남성자고성 자리이다.

동부, 그리고 러시아 연해주에 걸쳐 있었던 종족이었다. 이렇게 널리 퍼져 있었으니, 아마 여러 이질적인 집단들로 구성되어 있었을 것이다. 그 가운데 백두산 가까이에 살았던 집단은 장백산에서 이름을 따와 백산말갈로 불렸고, 저 북쪽 멀리 러시아 하바로프스크 일대의 아무르 강가에 살던 집단은 흑수말갈이라 불렸다. 아무르란 말은 원래 몽골어로 평화란 뜻을 가지고 있다. 오히려 몽골 사람들은 이를 하라무렌, 즉 검은 강이라 부른다. 중국에서도 흑룡강이라 하는데, 흑색의 부식토가 물에 씻겨 흐르기 때문에 하늘에서 보면 물굽이가 마치 검은 용이 꿈틀거리는 것처럼 보인다고 하여 붙여진 이름이다. 발해 당시에도 이를 흑수라고 불렀다. 그러기에 이 강가에 살던 종족을 흑수말갈이라 하였다.

　대조영(大祚榮)은 여러 말갈족 가운데 속말말갈 출신이었다. 속말이란 말도 속말수(粟末水)에서 유래된 것이다. 속말수란 지금의 송화강 상류이다. 이들 종족은 지금의 길림시 일대에 살았다. 1993년과 1997년에 대학원생들과 함께 이 도시를 답사한 적이 있다. 과거 고구려의 최북단 전진기지가 있던 곳이기 때문이다. 유원지로 변해 있는 용담산에 오르면 고구려 사람들이 쌓았던 성벽이 보이고, 지하 창고와 함께 성 안에 용담이란 저수지가 있다.

성벽에 올라서면 길림시가 훤히 내려다보이는데, 부여가 처음에 수도로 정했던 동단산이 송화강가에 오똑 서 있고, 저 멀리 가물거리는 곳에는 한반도 청동기 문화와도 밀접한 서단산 유적이 있다. 근래에는 이곳에서 멀지 않은 곳에서 부여 사람들이 잠들고 있는 무덤들이 대량으로 발굴되었다.

이와 같이 우리 역사의 한 무대를 이루었던 곳에서 속말말갈족들이 남긴 무덤들도 최근에 발굴되기 시작하였다. 이들은 여기서 세력을 키우다가 일부 세력이 때로는 고구려에, 때로는 중국에 흘러 들어갔다. 수나라에 들어간 사람 중에 돌지계(突地稽)가 있는데, 그의 아들이 이근행(李謹行)이었다. 삼국통일이 끝난 뒤 당나라가 고구려와 백제 땅을 독차지하려 획책하자 삼국민들이 똘똘 뭉쳐서 저항하였으니, 이 때 당나라에서 파견된 장수 가운데 그가 들어 있다.

이와 반대로 고구려로 흘러 들어온 집단이 바로 대조영 집안이다. 당나라 역사서에 "본래 속말말갈로서 고구려에 붙은 자"라고 하였는가 하면, 원래의 고구려 종족이 아닌 "고구려 별종"이라고 적혀 있다. 언제인지는 알 수 없지만, 그의 아버지 걸걸중상(乞乞仲象) 때 들어온 것 같다.

말갈족들은 고구려에서나 중국에서나 환영을 받았다. 이들은 용감하고 날랬기 때문에 군사적 효용성이 아주 높았다. 그 당시의 용병이었던 셈이다. 중국에서 돌지계와 그의 아들 이근행이 크게 활약하였듯이, 고구려에 들어온 대조영 집안도 우대되었다. 고구려 역사를 돌이켜 보면 그 군대 속에 말갈군이 따로 편성되어 있는 것이 보인다.

대조영은 '고구려 장수'였다고 기록되어 있다. 그리고 '아주 용감하

캐나다 밴쿠버에 기항한 대조영함(2006. 10)

였고 용병술에 능하였다' 고 평가하였다. 그만큼 그의 집단도 군사적으로 유용하였다. 말갈족들이 얼마나 용맹했는가는 고구려와 당나라의 전쟁에서 벌어진 사건에서 잘 알 수 있다. 645년에 당나라 태종이 저 유명한 안시성을 공격할 적에, 고구려 장수 고혜진(高惠眞)이 전투를 벌일 때마다 말갈 병사를 앞에 내세워 괴롭히곤 하였다.

마침내 역부족으로 당나라 군대에 항복하게 되자, 고구려 사람들은 당나라로 끌고 가거나 평양으로 돌려보냈던 반면에 말갈족 3,300명은 모두 생매장해 죽여 버렸다. 당나라 군대를 얼마나 괴롭혔던지 분풀이를 톡톡히 하였던 것이다.

동모산에 서기까지

대조영의 운명도 고구려와 함께 하였다. 668년 평양이 함락되고 나서도 반란이 계속 일어나자 이듬해에 반란의 가능성이 있는 자들 38,200호를 추려서 당나라 남쪽과 서쪽 변두리로 끌고 가버렸다. 서역을 개척한

저 유명한 고선지(高仙芝) 장군은 바로 이런 고구려 유민 출신이다. 8세기 중반 이후에 당나라 산동반도를 중심으로 독자적인 지방세력을 구축하였던 이정기(李正己) 집안도 역시 그 출신이다. 얼마전에 한참 관심을 일으켰던 태국 북부의 치앙마이에 살고 있는 라후족이 고구려 사람들일지 모른다는 주장도 다 이런 역사적 사실 때문이지만, 현재로서는 따로 증명할 길이 없다.

대조영과 그의 아버지 걸걸중상도 예외가 아니어서 당나라로 끌려가요서 지방의 대릉하 강가에 있는 영주(營州, 지금의 朝陽)에 정착할 수 있었다. 영주는 북방의 여러 종족들을 통제하던 군사도시였다. 자연히 말갈족만 아니라 거란족을 비롯한 수많은 종족들이 뒤섞여 살던 범종족적 국제 도시였다. 8세기에 안녹산(安祿山)도 이곳의 책임자로 있었다.

이곳에서 중국인들의 설움을 받으며 울분을 달래던 소수민족들이 마침내 반기를 들었다. 고구려가 망한 지 30년 가까이 지난 696년 5월이었다. 여기에 불을 댕긴 것은 거란족이었다. 이진충과 그의 처남인 손만영이 현지 책임자를 죽이고 분기를 발산하자 대조영 집단도 동조하였고, 마침내 반군은 크게 세력을 키워 중원을 공격해 들어갔다. 그러자 여걸 측천무후(則天武后)가 이들을 대대적으로 공격하도록 명령하였다.

이 때 당나라 조정에서는 '중국에 충성을 다하라' 고 붙여 준 진충(盡忠)이란 이름 대신에 '완전히 죽여버리겠다' 는 뜻인 진멸(盡滅)로, '만세토록 영화로워라' 는 만영(萬榮)은 '만 번 참수하겠다' 는 만참(萬斬)으로 바꾸어 버린 에피소드도 있다.

대대적인 공세로 세가 불리해지자 걸걸중상과 그의 아들 대조영은 자신의 무리를 이끌고 걸사비우(乞四比羽)가 이끄는 집단과 함께 요하를 건너 북쪽으로 피신해 왔다. 과거에 자신들이 활동하였던 고구려 땅으로 돌아와 세력을 키워 나아갔고, 당나라에서는 이들을 무마하고자 작위를 내려 주었으나, 강경론이 우세하였던지 이를 거부해 버렸다. 분기탱천한 측천무후는 항복한 거란 장수를 보내 이들을 토벌시켰다.

중국에서는 으레 그러하듯이 이민족이 반란을 일으키면 다른 이민족을 시켜서 치도록 하여 서로 이간질시키고 자신들은 절대로 손해보지 않으려 한다. 이를 이이제이(以夷制夷) 정책이라 하는데, 요새 말로 하면 일종의 분열정책이다. 선거 전에 야당을 분열시켜 놓으면 항상 여당이 승리하는 것과도 비길 수 있으리라.

이근행을 시켜 삼국민들의 저항을 분쇄시키려 한 것도 그러하고, 여기서 거란 장수를 시켜 거란 잔당과 대조영을 공격하게 한 것도 그러하다. 8세기 전반에 발해가 당나라를 공격했을 때에 발해에서 망명해온 대문예와 함께 신라를 끌어들여 반격하게 한 것도 그런 전략에서 나온 것이다.

당나라 군대의 공격에 힘이 달린 나머지, 대조영은 안되겠다 싶어서 지금의 요령성과 길림성의 경계에 있던 천문령 고개를 넘어 피신하였다.

천문령 전투(상상화)

이 무렵 아버지가 병으로 사망하고, 동행하였던 걸사비우는 당나라 군대에 죽임을 당하자 대조영이 마침내 두 집단을 모두 장악하여 지도자에 올랐다. 그는 고개를 넘어 계속 뒤따라오던 당나라 군대를 역습하여 크게 깨뜨려 저지하였다. 그렇지만 아무래도 당나라 군대가 다시 달려들 듯 싶자 그는 무리를 이끌고 멀리 동쪽 산림지대로 숨어 들어가 동모산에 성을 쌓고 나라를 세웠다.

영주에서 출발하여 요동지방에 잠시 머문 뒤에 동모산에 정착하기까지 2천 리의 여정이었다. 지금으로 치면 1천km의 거리이니 서울에서 부산을 두 번 왕복하고도 남는 거리다. 더구나 당시에는 도로가 제대로 있을 리 만무하니, 그 고생은 어찌 필설로 다 표현할 수 있었겠는가.

이 때가 698년으로 나라 이름을 진국(振國) 또는 진국(震國)이라 하였다. 앞의 국호는 '세력을 한 번 크게 떨쳐 보겠다'는 의지의 표현이고, 뒤는 '동방의 나라'라는 의미이다. 진이란 글자가 주역에서 동방을 가리키기

때문이다. 내 생각으로는 앞의 이름이 원래 것인 듯하다.

한중 수교가 되기 전인 지난 1991년에 동모산에 올라가 보았다. 새로운 동아시아의 패자가 용트림했던 곳을 한국인으로는 처음으로 방문하였다. 발해사 전공자로서 그 발상지를 최초로 밟은 감격은 굳이 얘기하지 않겠다. 그 뒤에는 한국인들이 이곳을 올라가지 못하도록 경찰이 입구를 지키고 있다고 한다. 한 신문사에서 이곳에 갔더니 멀리서만 보게 하고 사진도 못 찍게 하더라는 말을 전해 들었다. 나도 당시에 일본인 행세를 하면서 방문하였던 기억이 새삼 떠올랐다.

야트막한 산이지만 성벽이 잘 남아 있었다. 생활하기 불편한 산 위에다 첫 보금자리를 잡은 사실은 당나라 군대나 주변의 종족들이 공격해 올 것에 두려움을 느끼고 있었던 감정을 읽을 수 있는 대목이다. 그만큼 처음에는 수세적일 수밖에 없었다. 신라에도 사신을 보내고 돌궐에도 사람을 보내서 손을 맞잡고 혹시 다시 올지 모르는 당나라 군대에 대비하였다.

동모산 원경(2001. 10)

　그렇게 숨을 돌리고 나서는 주변 세력을 점차 정복해 나아갔고, 마침내 당나라로부터도 반란군 잔당이 아닌 독립된 세력으로 인정을 받게 되었다. 여러 차례의 시도 끝에 15년의 세월이 흐른 713년에 정상적인 국교가 이루어졌다. 이로써 발해는 926년에 거란족에 멸망당할 때까지 230년 가까이 극동의 패자가 되었다.

　대조영은 719년에 사망하고, 그의 아들 대무예로 왕위가 이어졌다. 수나라가 고구려를 공격하다 제 풀에 망하고, 당나라라는 거대한 제국이 마침내 고구려를 집어삼키던 격동기의 7세기 후반에 자신의 생을 불태웠던 대조영이 마침내 이 세상을 떠났다.

　말갈족이면서 고구려로 들어와 장수를 지냈던 그는 과연 누구였나. 앞에서도 지적하였듯이 발해사 연구자들 사이에 가장 중요한 논쟁점이다. 그것은 개인 차원에서 끝나는 것이 아니라 그가 고구려인이었다면 그가 세운 발해사는 한국사에 속하고, 그가 말갈인이었다면 중국사나 러시아사에 속한다는 단순 논리 때문이다.

그러나 정복 전쟁이 활발히 벌어져 종족간에 이합집산이 수시로 일어난 고대사회에서 그러한 것은 무의미하다. 이곳 저곳으로 옮겨 다닌 중간자적인 존재도 수없이 많았던 시절이다. 정복전쟁을 많이 벌였던 고구려를 보더라도, 그 안에는 원래의 고구려인뿐 아니라 말갈족을 비롯한 여러 종족들이 뒤섞여 있었던 다종족국가였다. 그런 곳에서는 누구의 피를 이어받았는가 하는 것만 따져서는 안 된다.

당나라 현종과 양귀비의 총애를 받았으나 나중에는 반기를 들었던 저 유명한 안녹산. 어머니는 돌궐족 출신이고, 아버지는 중앙아시아에 본거지를 두고 있던 소그드인이었다. 이런 출신 배경 때문에 소수민족 말을 여섯 가지나 할 수 있었고, 영주에서 북방의 여러 종족들을 다스리는 책임자로 임명되었다. 앞서 말한 이근행은 말갈 혈통을 지닌 인물이었다. 그렇더라도 이들은 모두 중국인이 아닌가.

주민등록증이나 여권이 없던 시절에 그가 어느 종족이요, 어느 국민인가를 판정하는 것은 지난하다. 호적이라도 남아 있었으면 쉬웠을 터인데, 그도 기대하기 어렵다. 대조영은 그러한 것이 하나도 남아 있지 않은 인물이다. 그러면서 말갈 본거지에서 고구려로 갔다가 당나라로 끌려갔고 다시 만주로 피신해 와서 나라를 세운 인물이다.

그는 과연 누구일까. 나는 그를 '말갈계 고구려인'으로 부르고 싶다. 말갈의 혈통을 이어받았지만, 고구려 장수를 역임한 것으로 보아 고구려에 어느 정도 동화된 인물로 생각되기 때문이다. 그가 나라를 세울 때에 고구려 계통의 고(高)씨들이 신하의 주축을 이루었던 것이나, 나중에 일본에 사신을 보낼 때 스스로 고구려를 계승하였다고 주장한 것도 다 이를 방증해준다.

고구려인의 나라

생각을 조금 달리 해보면, 대조영이 어느 출신이냐는 근거에 따라 발해사 전체의 성격이 달라질 것이라는 생각은 참 단순한 논리이다. 한 사람의 운명에 국가의 운명이 온통 매달려 있다는 의미에서 그것은 영웅사관에 불과하다. 비근한 예가 될지는 모르겠지만 이 논리를 현대로 끌어들이면, 후지모리 대통령이 일본계 인물이라고 해서 페루가 일본계 국가가 될 수는 없다. 이보다 더 중요한 사실은 발해 국가를 이끌어 갔던 집단, 다시 말해서 국정을 운영해 나아갔던 사람들이 누구였고, 그들이 어떠한 의지로 나라를 이끌어 갔는가가 중요하다.

현재 알려져 있는 발해인은 유민까지 합쳐서 모두 380명이다. 왕족인 대씨가 117명으로 가장 많고, 그 다음으로 고씨가 63명이고, 왕씨가 30명, 장씨가 20명, 양씨가 8명, 오씨가 13명, 이씨가 21명, 하씨가 4명 등이다. 대조영이 어느 계통의 인물인지 논란이 있으니 잠시 제쳐두고, 신하들만을 분석하면 고씨가 전체에서 47.5%를 차지하고 있다. 중국에도

■ 발해 성씨 비율

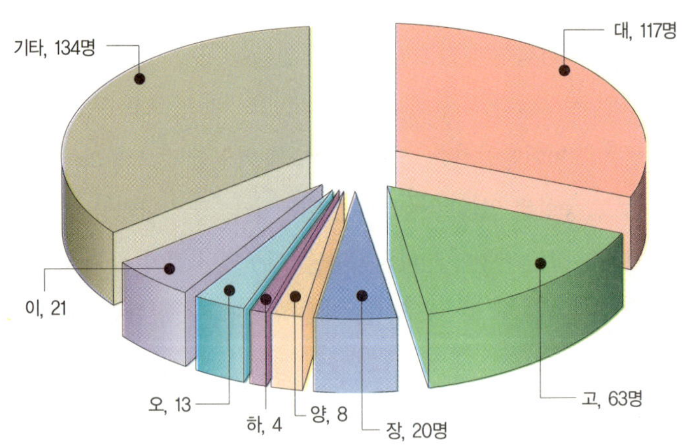

유력한 가문을 이룬 고씨들이 있지만, 발해 고씨는 이들과 거리가 멀고 거의가 고구려 고주몽의 자손들이다.

따라서 국정 운영을 담당했던 사람들의 절반 가까이가 고구려인이었다. 그러기에 일본 역사 기록에 "그 나라는 말갈이 많고 고구려인이 적지만, 고구려인들이 모두 이들을 지배하고 있다"고 되어 있고, 최치원은 "옛날의 고구려가 지금의 발해가 되었다"고 하지 않았는가. 발해는 소수의 고구려인들이 다수의 말갈족들을 지배하는 이중적인 종족 구성을 이루고 있었다.

고구려인들이 지배층의 주축을 이루었을 뿐 아니라, 대외적으로도 고구려계 국가임을 스스로 표명하였다. 일례를 들면, 6대 강왕이 일본에 보낸 외교 서신에서 "교화를 따르는 부지런한 마음은 고씨에게서 이어받은 것이다"고 하여 일본에 사신을 파견하는 것은 고구려 때를 계승한 것이라고 하였다. 일본에서는 발해 사신이 오면 일본에 귀화한 고구려 계통의 인물을 내세워 접대시켰다. 반면에 스스로 말갈국가를 지향하였던 흔적은 전혀 보이지 않는다.

대조영이 누구였는지를 굳이 따지지 않더라도 이러한 사실만으로도 발해는 고구려의 부흥국가였다. 광개토왕릉비에는 고구려가 백제나 신라를 한 단계 아래로 낮춰 본 것이 일목요연하게 보인다. 백제를 '백잔(百殘)'이라 깔보았는가 하면, 신라 왕을 '매금(寐錦)'이라고 격하시켰다. 삼국이 치열한 각축전을 벌였던 충주 지방에서 발견된 중원 고구려비에도 신라 왕을 한참 낮추어 보았다. 그러면서 고구려 왕은 왕중왕인 대왕이라 자처하였다. 그러한 자존심으로 수나라, 당나라의 침략을 줄기차게 막아낼 수 있었다.

고구려의 기상을 이어받은 발해는 만주에서 일어나 만주에서 멸망한 유일한 나라이다. 마침 8세기에는 지구 온도가 상승하여 온난한 기후였

■ 백두산 화산폭발설을 다룬 국내 잡지

기에 북쪽 추운 지대에서도 나라를 유지할 수 있었다. 이들은 만주에 웅거하여 주변의 말갈족들을 거의 모두 정복한 뒤에 그들 위에 군림하는 황제로 자처하였다.

유일하게 처음부터 끝까지 독자적인 연호를 사용한 나라도 발해이다. 광개토왕이 영락이란 연호를 사용하였으나 고구려에서는 연호가 간헐적으로만 사용되었다. 신라에서는 삼국통일 이전에 독자적인 연호를 쓰다가 도중에 당나라의 꾸지람을 듣고는 중국의 연호를 받아다 쓰게 되었다. 연호를 독자적으로 쓴다는 것은 황제만이 할 수 있는 특권이었기 때문이다. 지금 일본의 연호는 '헤이세이' 이고, 그 이전은 '쇼와' 였다. 이것은 자신의 군주가 천황 즉 황제라고 주장하기 때문에 독자적으로 쓰고 있는 것이다. 그러한 연호를 발해는 시종일관 꾸준히 사용한 독자성이 강한 나라였다.

이렇게 발해는 만주 동부에 중심을 두고 저 멀리 북쪽으로 아무르 강가까지, 남쪽으로 한반도 북부까지 호령하였던 강대국이었다. 발해 사람 세 명이 모이면 호랑이 한 마리를 당해낼 수 있다는 소문이 퍼질 정도로 용맹성이 뛰어난 사람들이었다. 조선 후기 실학자들이 발해 땅을 잃어버린 것을 두고 애통해 하였던 심정을 이해할 만하다.

그러한 강대국이 왜 멸망하였을까. 기록은 제대로 남아 있지 않지만, 내분 때문이었던 것으로 보인다. "발해인들이 서로 마음이 갈라진 틈을 이용하여 공격하니, 싸우지 않고도 이길 수 있었다"고 거란 재상이 지적한 바 있다. 커다란 적은 외부에 있는 것이 아니라 항상 내부에 있었다.

기록이 없다 보니 어떤 사람들은 발해가 화산 폭발 때문에 멸망했다고도 한다. 일본 북해도와 연해주의 유적에는 발해시대 층위 바로 위에서 화산재들이 검출되고 있다. 이로써 발해 말기인 10세기 초쯤에 백두산 화산이 분출되었던 것이 확인되었다.

사람들이 여기에 관심을 가지고 종종 물어오곤 한다. 그렇지만 발해 수도는 백두산에서 300km 북쪽에 떨어져 있고, 굳이 이 때문에 망하였다면 거란 태조가 그토록 힘을 기울여 발해를 공격했을 리가 없을 것이라는 대답을 해주곤 한다. 모르는 대상에 대해서 종종 신비화를 시키는 것은 어제 오늘의 일이 아니다. 그러나 신비화를 하면 할수록 진실로부터는 더욱더 멀어지게 마련이다.

발해 유민들은 거란족이 세운 요나라, 여진족이 세운 금나라의 통치를 받았다. 멸망한 지 200여년이 지난 시기까지 발해인으로 불린 사람들이 역사 기록에 등장한다. 그러나 이들은 점차 중국으로 흡수되어 들어가 버려 지금은 종적을 찾을 길 없다.

그런데 때때로 이민족의 통치에 불만을 품은 유민들이 반기를 들곤 하였다. 그러다 실패하면 고려로 밀려 들어왔다. 물론 멸망 직후에도 많은 사람들이 들어왔다. 이들이 바로 우리 민족의 한 부분을 이루었다. 그러나 그 많은 사람들도 흔적을 찾을 길 없다. 내 조상이 원래 고구려 땅에 살던 사람이었는지, 백제 땅에 살던 사람이었는지, 아니면 신라 땅에 살던 사람이었는지, 경주 김씨나 김해 김씨와 같은 몇몇 예외를 제외하고는 아무도 모른다. 그만큼 단일 민족으로 융합이 잘 되어 있다. 그 용광로 속에 발해인도 녹아들었다.

그런데 한 성씨가 있다. 태씨(太氏)들이 그들이다. 세자였던 대광현을

경산 송백리 태씨 마을(2002. 1)

비롯한 왕족들이 고려로 들어왔고, 이들이 태씨 성으로 불리게 되었다. 대나 태나 모두 크다는 뜻이다. 그래서 옛날 문헌에는 두 글자를 뒤섞어 쓰고 있다.

태씨에는 영순 태씨, 협계 태씨, 남원 태씨들이 있다. 만일에 이들이 발해로부터 자기 역사자료를 가져왔다면 발해는 이토록 잃어버린 왕국으로 남아 있지는 않을 것이다. 조선시대 유득공(柳得恭)은 유민들에게라도 일일이 물어 보았으면 발해 역사를 알 수 있지 않았겠느냐고 한탄하였다.

거란이 발해를 멸망시킨 2년 뒤에 발해 사람들을 대량으로 강제 이주시키고 수도를 불살라 버렸다. 남아 있던 기록마저 한 줌의 재로 돌아간 순간이었다. 그로부터 무려 1천 년간 침묵의 순간으로 남아 있었다.

금세기 초반에 서서히 발해 유적이 잠을 깨기 시작하였다. 발굴이란 신학문이 발해에도 찾아든 것이다. 만주에서 시작되어 지금은 연해주,

북한에서도 삽질 소리가 요란하다. 문헌은 없지만 그들이 남긴 유적은 땅 속에 남아 있다. 언젠가는 수수께끼를 밝혀줄 수 있는 대조영의 무덤도 그 어딘가에서 찾을 수 있을 것이다.

국가를 창건한 시조의 무덤이 어디에 있는지도 모르는 역사가 발해사이다. 그러나 이제 잠을 깨기 시작한 그곳에 우리의 발길도 점점 빨라지고 있다. 물론 발길에 채이는 돌부리도 많이 깔려 있는 곳이다.

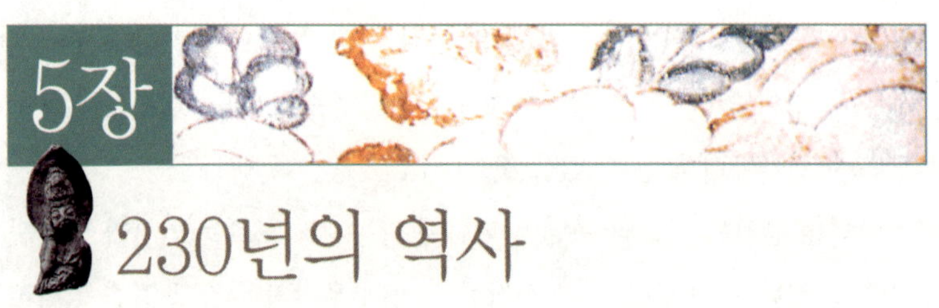

5장
230년의 역사

발해는 고구려가 멸망한 지 30년 뒤인 698년에 건국되어 926년에 멸망
당하기까지 230년 가까이 남쪽의 신라와 남북국(南北國)을 이루었다. 국호
는 처음에 진국(振國, 또는 震國)이라 하였으나, 713년 당나라로부터 발해군왕
(渤海郡王)으로 책봉되면서 발해로 고쳐 불렀다.

일본의 역사서, 목간(木簡), 고문서를 통하여 발해가 도중에 고려(高麗)라
는 칭호도 사용하였음을 알 수 있으니, 발해의 고구려 계승의식을 보여
준다. 그러나 중국 역사서에서는 발해말갈(渤海靺鞨) 또는 말갈발해(靺鞨渤海)
로 비하시켜 불렀다.

발해에는 모두 15명의 왕이 있었을 것으로 추정된다. 건국자인 고왕(高
王) 대조영(大祚榮)으로부터 13대왕 대현석(大玄錫)까지는 『신당서』 발해전에
기록되어 있다. 대현석 이후에 대위해(大瑋瑎)와 마지막 왕 대인선(大諲譔)이

통치한 것은 확인할 수 있으나, 그 사이에 실제로 몇 명의 왕이 즉위하였는지는 알 수가 없다. 그래서 15명의 왕이 통치하였다고 얘기하고는 있지만, 단정할 수는 없다.

230년 가까운 발해 역사는 크게 다음과 같이 시기를 구분해볼 수 있다.

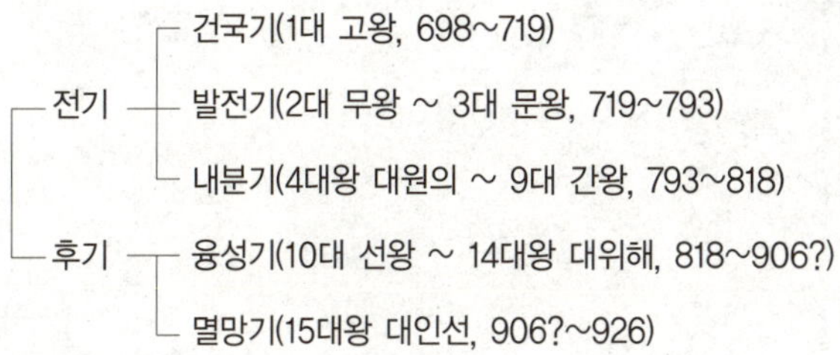

1대 고왕 대조영이 나라의 기틀을 연 뒤에 2대 무왕 대무예가 왕위를 이어받아 정복활동을 벌여 영토를 크게 넓혔다. 발해 시대의 정복군주였던 것이다. 무왕이란 시호도 이래서 붙여졌다.

무왕의 정복에 위기를 느낀 흑수말갈(흑수는 중국의 흑룡강, 러시아의 아무르강)이 당나라에 가서 붙자, 마침내 발해는 당나라와도 틈이 벌어졌다. 이리하여 732년 9월에 발해가 군대를 보내서 해로와 육로로 감히 당

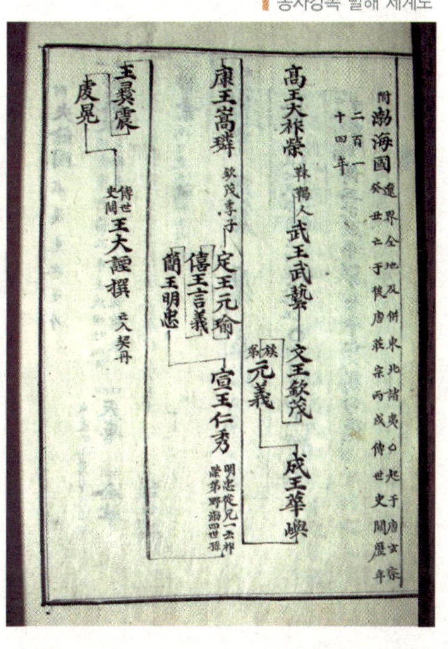

▌동사강목 발해 세계도

▮ 중경현덕부가 있던 서고성(고지마 요시타카 논문)

나라를 공격하였다. 이처럼 능동적으로 외국을 공략한 것은 우리 역사에서 유례를 찾아보기 힘들다.

당나라는 이 공격을 막아낼 속셈으로 신라를 끌어들여 발해 남쪽을 치도록 하였다. 전통적인 이이제이 방법을 구사한 것이다. 이렇게 해서 흑수말갈과의 대립이 마침내는 당나라·신라와 전쟁을 벌이는 지경으로까지 확대되었다. 그러나 이듬해에 이 전쟁은 서로 별 성과 없이 마무리되었다.

무왕이 정복전쟁을 벌이면서 사방으로 힘을 뻗쳤다고 한다면, 그의 뒤를 이어 737년에 즉위한 3대 문왕 대흠무는 내부로 힘을 결집시켜 여러 제도를 정비해 나아갔다. 문왕이란 시호도 이러한 그의 업적 때문에 붙여졌다.

그는 발해 전체 역사의 거의 $\frac{1}{4}$에 해당하는 57년간 나라를 다스리면

서, 당나라 문물제도를 받아들여 통치제도를 마련하였고, 유학과 불교도
진작시켰다. 그 결과 국력이 신장되고 왕권이 강화되었으니, 자신을 불
교의 이상적인 통치자인 전륜성왕(轉輪聖王)에 비겼고, 일본에 대해서는 스
스로 '하늘의 자손[天孫]' 임을 과시하였다. 발해 건국에 속이 상해 있던 당
나라가 비로소 하나의 독립국가로 인정해준 것도 이 왕 때의 일이다.

　793년에 문왕이 사망한 뒤로는 818년에 10대 선왕이 즉위할 때까지 25
년 동안 6명의 왕이 교체되었다. 이 기간에 귀족과 왕족 사이에 내분이
일어나면서 왕이 자주 교체되었다. 그러다가 계보가 다른 선왕이 즉위하
면서 다시 왕권이 강화되어 중흥을 이루기 시작하였고, 이로부터 14대
왕까지 융성을 구가하였다. 당나라에서는 이를 가리켜 '바다 동쪽의 융
성한 나라' 라고 하여 해동성국이라 불렀다.

　그러나 아이러니컬하게도 융성했던 이 무렵의 역사적 사실은 오히려
찾아보기 어렵다. 9세기 중반부터의 기록이 제대로 남아 있지 않기 때문
이다. 잘 알다시피 발해는 이민족인 거란족에게 멸망당하였다. 동양에서
는 전통적으로 새로운 왕조가 일어나면 그 이전의 왕조 역사를 정리해주

정효공주묘 벽화

는 것이 관례였다. 그렇기 때문에 고려시대에 『삼국사기』를 지었고, 조선시대에 『고려사』를 지어 주었다. 그러나 거란족은 발해를 멸망시킨 뒤에 발해 도성을 불사르고 백성들마저 요동반도로 강제로 이주시켜 버렸다. 이민족에게 멸망당한 비운을 단단히 맛보았던 것이다. 고려인들이 발해 역사를 대신 기술해주지 않은 아쉬움이 우리에게는 더더욱 크게 다가온다.

발해가 우리에게 강국이란 이미지로서만 남고 역사적 사실은 제대로 모르는 수수께끼와 같은 왕국으로 된 이유가 다 여기에 있다. 그러니 중요한 자료는 중국 쪽에만 의존할 수밖에 없게 되었으나, 당나라가 혼란기에 빠진 9세기 중반부터의 기록은 그마저 그들에게서 기대를 할 수 없게 되었다. 이에 따라 9세기에 발해가 해동성국을 이루었다고 하지만, 그에 걸맞은 역사적 실상은 찾아보기 어렵게 되었다.

■ 거란족의 본거지 시라무랜허(2001. 8)

　10세기 초가 되면 당나라의 혼란을 틈타 거란족이 발해 서쪽에서 세력을 크게 키우게 된다. 이들은 더 살기 좋은 중원으로 들어가기 위해 중국과 부단히 전쟁을 벌였는데, 이 과정에서 그들의 배후에 있는 발해가 항상 부담이 되었다. 혹시나 중원의 왕조와 연합하여 배후에서 공격하면 꼼짝할 수 없기 때문이었다. 그리하여 마침내 거란 태조가 군사를 직접 이끌고 발해를 공격하여 926년 정월에 항복을 받아냈다.

　거란은 이곳에 ‘동쪽의 거란국’ 이란 뜻으로 동단국(東丹國)을 세웠다가, 2년 뒤인 928년에 발해 유민들을 요동지방으로 강제 이주시켰다. 그 뒤로 발해 유민들은 금나라 초기까지 200여 년간 주로 요동지방에 자취를 남기다가 서서히 중국 속으로 흡수되어 들어가 버렸다. 일부는 요나라, 금나라의 지배층으로 들어가 활동했는가 하면, 일부는 이들에 저항하면서 후발해국(後渤海國, 926~?), 정안국(定安國, ?~980년대?), 오사국(烏舍國), 흥료국(興遼國, 1029~1030), 대발해국(大渤海國, 1116) 등을 세워 과거의 영화를 되살리고자 하였다. 그러나 이들의 노력은 번번이 좌절되고 말았다. 또 다른 일부는 멸망 직후부터 고려로 망명하였고, 그 뒤로도 부흥운동이 좌절될 때마다 고려로 망명해 들어왔다.

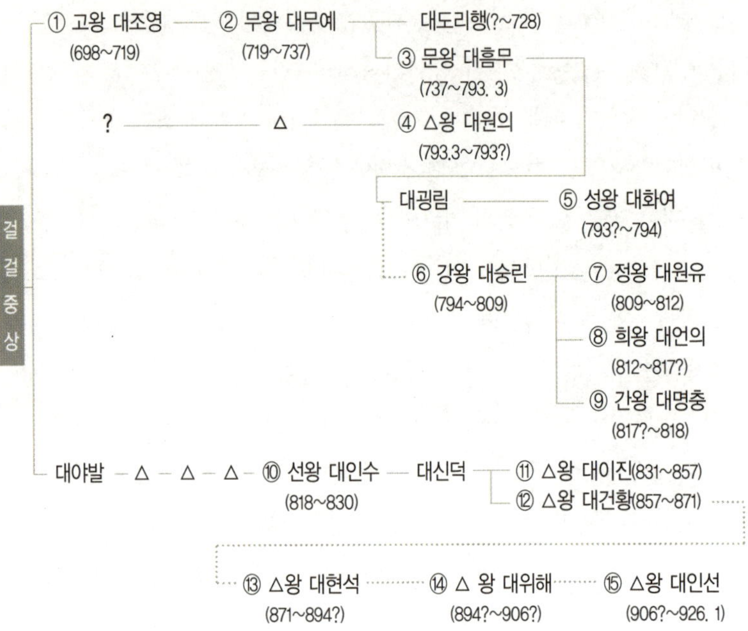

⋯⋯⋯ : 왕계가 확실하지 않은 경우

? : 즉위년이 확실하지 않은 경우

서기	발해 기년	사건 내용
698	고왕 원년	대조영이 동모산으로 옮겨 진국을 세움.
713	16년	당의 사신 최흔이 발해에 도착하여 대조영을 발해군왕으로, 아들 대무예를 계루군왕으로 책봉함. 이로부터 국호를 발해라 함.
719	22년 무왕 인안 원년	고왕이 사망하고 아들 대무예가 즉위함.
726	8년	대문예와 임아에게 흑수말갈을 치도록 함. 대문예가 왕과의 불화로 당으로 망명함.
727	9년	고인의를 일본에 사신으로 보냄(1차). 이로부터 왕래가 시작되어 이후 발해에서 34회, 동단국에서 1회, 일본에서 13회 사신을 파견함.
728. 4	10년	맏아들 대도리행이 당에서 사망함.
732. 9	14년	발해가 장문휴를 보내서 당 등주를 공격함. 따로 육로로 마도산(馬都山) 방향으로 공격해 들어감.
733	15년	당의 요청으로 신라가 발해의 남쪽을 공격하였으나 성과 없이 물러남.
무왕대 ?		구국에서 현주로 천도함.
737	19년 문왕 대흥 원년	무왕이 사망하고 아들 대흠무가 즉위함.
738	2년	당에서 『당례』, 『삼국지』, 『진서』, 『삼십육국춘추』를 필사해옴.
739	3년	서요덕을 일본에 사신으로 보냄(2차). 이 때 그의 직책이 약홀주 도독이었는데, 약홀주는 목저주·현도주와 함께 62주를 설치하기 이전의 고구려식 명칭임.
756년 초	20년	전 해 11월에 일어난 안녹산의 난을 피해서 현주에서 상경으로 천도함.
758	22년	양승경을 일본에 사신으로 보냄(4차). 이 때 그의 직책이 행(行)목저주 자사였음.
759	23년	고남신을 일본에 사신으로 보냄(5차). 이 때 그의 직책이 현도주 자사였음.

서 기	발해 기년	사 건 내 용
759. 1~ 778. 12	23년~보력 5년	이 기간에 일본에서 발해를 고려라 칭하기도 함.
762	26년	당에서 왕을 발해군왕에서 발해국왕으로 진봉함. 이로부터 명목적이지만 발해군에서 발해국으로 승격됨.
764	28년	당의 사신 한조채가 발해에서 신라로 감.
771	35년	일만복을 일본에 사신으로 보냄(7차). 이 때 가져간 국서에서 천손을 자칭하고 양국을 구생관계로 규정하려 함.
774	문왕 보력 원년	유신의 일환으로 대흥에서 보력으로 개원함. 나중에 대흥으로 되돌아감.
776	3년	사도몽을 일본에 사신으로 보냄(9차). 이 때 그가 남해부 토호포에서 출발하였다고 하여 처음으로 5경의 이름이 나타남.
777. 4	4년	정혜공주(737~777)가 사망함. 780년 11월에 장례지냄.
780년대 후반		동경에서 상경으로 천도함.
790. 3	대흥(?)54년	신라가 백어를 발해에 사신으로 파견함.
792. 6	대흥 56년	정효공주(757~792)가 사망함. 그 해 11월에 장례지냄. 묘지문에 황상이란 칭호가 보이고, 문왕의 존호가 대흥보력효감금륜성법대왕임이 확인됨.
793. 3	57년	문왕이 사망하고 족제인 대원의가 즉위함.
793?	대원의 원년 성왕 중흥 원년	대원의가 1년만에 국인에게 피살되고 대굉림의 아들인 대화여가 즉위함. 즉위 후에 동경에서 상경으로 천도함.
794	강왕 정력 원년	성왕이 사망하자 문왕의 작은 아들인 대숭린이 즉위함.
795	2년	여정림을 일본에 사신으로 보냄(13차). 이 때의 국서에서 강왕이 "겨우 목숨을 부지하다가 왕위에 올랐다"고 언급함.
798	5년	일본에서 6년에 한 번씩 사신을 파견하라고 통고함. 대창태를 일본에 사신으로 보냄(14차). 이 때의 국서에서 강왕이 "교화를 따르는 부지런한 마음은 고씨에게서 그 발자취를 찾을 수 있다"고 말함.

서 기	발해 기년	사 건 내 용
799	6년	발해의 요청을 받아들여 연한에 구애되지 말고 아무때나 사신을 파견해도 좋다고 통고함.
809	16년 정왕 영덕 원년	강왕이 사망하자 아들 대원유가 즉위함.
812	4년 희왕 주작 원년	정왕이 사망하자 동생 대언의가 즉위함. 이 해 9월에 신라가 숭정을 발해에 사신으로 파견함.
815	4년	전 해에 일본에 파견되었던 왕효렴(17차)이 귀국함. 이 때 일본에서 보낸 국서에 왕효렴이 "세월이 흐르고 임금도 바뀌어 전 번의 일을 알 수 없다"고 대답한 사실이 적혀 있음.
817?	6년? 간왕 태시 원년	희왕이 사망하자 동생 대명충이 즉위함.
818년초	선왕 건흥 원년	간왕이 1년만에 사망하자 종부이며 대야발의 4세손인 대인수가 즉위함.
818~820		신라 방면과 요동 방면을 공략함.
824	7년	일본이 12년(一紀)에 한 번씩 사신을 파견하라고 함.
828	11년	일본이 발해 사신과의 사사로운 교역을 금지시킴.
830	13년	선왕이 사망하자 손자인 대이진이 즉위함.
831	대이진 함화 원년	즉위한 이듬해를 함화 원년으로 삼음.
832	2년	당의 사신 왕종우가 귀국하여 발해에 좌우신책군, 좌우삼군, 120사를 둔 사실을 그림으로 그려서 보고함.
834. 윤5월	4년	과거에 허왕부의 참군·기도위였던 조문휴의 어머니 이씨가 불상을 조성함.
9월		당의 사신 장건장이 발해에 도착하여 이듬해 돌아감.
841. 윤9월	11년	하복연을 일본에 사신으로 보냄(24차). 이 때 보낸 중대성첩의 사본이 일본에 남아 있음. 이 글에서 발해와 일본을 각기 요양(遼陽)과 일역(日域)으로 대비함
849. 5	19년	왕문구(20차)가 일본에서 귀국할 때에 받아온 국서에서도 발해와 일본을 각기 요양과 일역으로 대비함.

서 기	발해 기년	사 건 내 용
840년대 후반 이후		발해인들이 당 빈공과에 급제하기 시작함.
857	27년 대건황 원년	대이진이 사망하고 동생 대건황이 즉위함.
859	3년	발해 사신 오효신(26차)이 일본에 장경선명력을 전하여, 일본에서 1684년까지 사용됨.
861. 4	5년	발해 사신 이거정(27차)이 일본에 불정존승다라니경을 전하여, 현재 이시야마테라(石山寺)에 남아 있음.
871	15년	대건황이 사망하고 대현석이 즉위함.
872	대현석 2년	오소도가 당 빈공과에서 급제함. 이 때 신라 이동보다 위에 이름이 붙음.
892	12년	고원고가 당 빈공과에 급제함.
895	대위해 2년?	이 해에 당에서 대위해에게 칙서를 내린 사실이 있으므로 그 이전에 왕위에 오른 사실을 확인할 수 있음.
897. 7	4년?	당에 하정사로 간 왕자 대봉예가 신라보다 윗자리에 앉기를 요청하였으나 당이 허락하지 않음.
906	13년?	오광찬이 당 빈공과에 급제함. 이 때 신라 최언위보다 이름이 아래에 붙음.
907	대인선 2년?	이 해에 대인선의 존재가 확인되므로 그 이전에 왕위에 오른 사실을 확인할 수 있음.
908	3년?	일본의 오에아사츠나가 발해 사신 배구(33차)에게 지어준 글에서 발해 사신을 ‘요수(遼水)의 손님’으로 표현함
911년 직후		발해가 신라 등의 나라들과 비밀리에 연계를 맺음.
925. 9	20년?	장군 신덕 등 500명이 고려로 들어옴. 이 때부터 발해인의 고려 망명이 시작됨.
926. 1	21년?	발해가 거란에 멸망당함.

6장

대제국의 영토

영토의 측면에서 발해사를 바라볼 때에 두 가지 특징을 발견할 수 있다. 하나는 발해가 한국 역사상 가장 북쪽에 위치하였던 나라였고, 만주에서 흥기하여 만주에서 멸망한 나라였다는 점이다. 만주에서 일어난 나라들 가운데 요·금·청나라는 모두 중원으로 들어갔고, 고구려는 한반도로 중심을 옮겼다.

발해 당시에는 당나라·통일신라와 같은 강대국이 버티고 있었으니, 만주나 중국 북방에서 일어난 다른 국가들처럼 남쪽으로 이동해 내려오기가 어려웠을 것이다. 그렇다면 경제적 조건이 좋지 않은 북방에서 200여 년이란 장기간에 걸쳐 거대한 국가를 운영해갈 수 있었던 원동력은 무엇이었을까 궁금하지 않을 수 없다. 일부 연구자들이 지적하듯이, 발해 시대에는 지구의 온난기(溫暖期)에 해당되어 농경이나 목축이 가능한

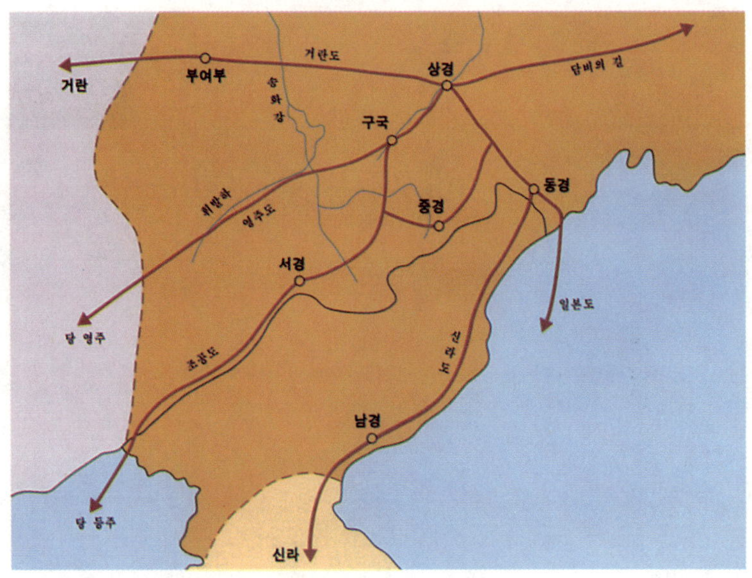

■ 발해의 교통로

북방한계선이 북상하였다는 점을 고려할 필요가 있다.

16세기 무렵부터 19세기까지 지구의 온도가 내려감에 따라 농업 생산에 심대한 타격을 주었고, 급기야는 동서양을 막론하고 잦은 재난과 질병, 폭동, 혁명이 공통적으로 발생한 사실은 많이 알려져 있고, 근래에는 국내에서도 이에 대해 관심을 기울이고 있다. 반면에 8~9세기에 지구의 온도가 상대적으로 상승함에 따라 중국의 성당(盛唐)문화, 통일신라와 발해의 문화, 나라(奈良)시대의 덴표(天平)문화 등이 꽃을 피울 수 있는 여건이 마련되었던 사실은 제대로 알려져 있지 않다.

또 온난기에는 지금의 하얼빈-장춘 일대의 평야가 저습지대로 변하여 사람이 거주하기에 적합하지 않았다고 한다. 이것은 왜 발해가 평야 지대를 놓아두고 길림성 동부의 산간지대에서 건국되었는가를 이해할 수 있게 해준다.

발해 상경성의 궁성 부분(복원도)

또 다른 특징은 발해가 한국 역사상 가장 넓은 영토를 가졌던 나라였다는 점이다. 사실 발해가 크게 영역을 확장하여 대제국을 이루었다고는 하지만, 과연 얼마나 넓었는지 구체적인 설명이 없이 추상적인 서술에 그치고 있다는 느낌이 든다. 따라서 도대체 얼마나 큰 영토였는지를 구체적으로 계산해보도록 하겠다.

영토 확장

발해 강역의 변천도 대체로 발해 역사의 전개 과정과 대응된다. 건국 및 발전기, 융성기에 영역이 확장되었고, 내분기와 멸망기에는 영역이 축소되거나 상실되었다. 그런 면에서 발해의 영역 확장은 왕이 주도권을 쥐면서 강력히 추진하였던 것으로 보인다.

이제 영역의 확장 과정을 개략적으로 살펴보겠다. 건국 및 발전기는

장문휴의 원정(상상화)

영토가 가장 급격히 팽창하던 시기였다. 고왕 시대에 영토가 어느 정도 확장되었는지 구체적인 기록은 없지만, 돌궐(突厥)이 당나라 세력을 중간에서 방어해주고 있었으므로 별다른 견제세력 없이 주변을 손쉽게 정복해 나아갔을 것이다.

무왕이 즉위한 뒤로 영토를 크게 확장해 나아갔고, 이 무렵에 발해 영토의 기본 틀이 마련되었다. 727년에 일본에 보낸 국서(國書)에서 "무예는 욕되게 여러 나라를 주관하고 외람되게 여러 번국(藩國)을 아우르게 되어, 고구려의 옛 터전을 수복하고 부여의 풍속을 소유하게 되었습니다"고 전하였다. 이 문구를 음미해보면, 그가 정복 활동을 활발히 벌였고, 특히 고구려와 부여의 땅을 상당수 차지하게 되었음을 알 수 있다. 그러므로 무왕 시기에 고구려 땅이었던 서남쪽과 남쪽 방면, 부여 땅이었던 서쪽 방면으로 이미 진출하였을 것이다.

732년 9월에 무왕이 장문휴(張文休) 군대를 보내서 바닷길을 통하여 당

나라 등주(登州)를 공략하였고, 다른 한편으로 거란과 제휴하여 육로를 통하여 당나라를 공격하였다. 이것은 서남쪽으로 압록강 수로를 이미 확보하고 있었음을 의미하며, 서쪽으로도 거란 부근까지 진출하였을 가능성을 보여준다. 그런 면에서 고구려와 부여 지역으로의 진출 사실을 간접적으로 증명할 수 있다.

그뿐 아니라 말갈 지역으로도 이미 진출해 있었다. 그의 시대에 "영토를 크게 넓히자 동북쪽의 오랑캐들이 두려워 하여 신하가 되었다"고 하였다. 동북쪽의 오랑캐가 어느 집단을 가리키는지 명확하지 않지만, 726년의 흑수말갈 공격 사건은 발해가 이미 이들과 접경하고 있었음을 보여준다. 이 무렵에는 아직 상경으로 천도하기 이전이었는 데에도, 숙신(肅愼) 땅이었던 상경 일대가 이미 발해 영토로 편입되어 있었다.

역시 대동강과 원산만 방면으로도 진출하였다. 735년에 당나라가 신라에 보낸 칙서를 보면, 신라가 발해에 대비하여 패강(浿江, 즉 대동강)에 방어기지를 설치하고자 요청하였고, 당나라가 이를 승인하고 있다. 이를 보면 발해가 한반도의 서북쪽으로 이미 진출해 있었다. 732년에 발해가 당나라를 공격하자 당나라가 신라를 끌어들여 발해의 남쪽을 공격하도록 하였던 것도 양국의 국경이 서로 붙어 있었거나, 적어도 서로 가까운 곳에서 마주 보고 있었음을 의미한다.

동해안에서 신라(新羅)와 더불어 이하(泥河)를 경계로 접경하였던 시기도 정확히 알 수는 없으나, 721년 7월에 신라가 하슬라도(何瑟羅道, 즉 강릉)의 장정을 동원하여 북쪽 경계에 장성(長城)을 쌓은 사실은 이미 이 무렵에 발해가 이곳으로 진출하였음을 암시해준다.

이처럼 무왕은 사방으로 영토를 확장하여 발해의 기본 판도를 확정하였다. 그렇지만, 그가 사망하고 737년에 문왕이 즉위하고 난 직후까지도 말갈족에 대한 정복은 계속되었다. 이리하여 8세기 중반에 철리부(鐵利部), 불열부(拂涅部), 월희부(越喜部), 우루부(虞婁部) 등이 발해에 편입되었다. 이로 보아서 문왕 전반기에 오늘날의 연해주 일대까지도 발해로 들어왔다. 이렇게 해서 문왕 전반기까지 주변 지역에 대한 정복이 일단락 되었다.

그런데 8세기 말의 내분기에 들어서 일부 영토가 떨어져 나갔다. 강왕이 일본에 보낸 국서를 보면, 그가 즉위한 뒤에 "영토가 처음과 같이 되었다"고 하여 그의 즉위 이전에 일부 영토를 상실하였음을 암시하고 있다. 이러한 사정은 문왕 시대에 복속되었던 우루말갈(虞婁靺鞨)과 월희말갈(越喜靺鞨)이 802년에 다시 당나라에 독자적으로 조공하였던 사실에서도 확인된다.

그러다가 선왕이 즉위하면서 재차 영역을 확장하였으니, 월희말갈을 복속시키고 흑수말갈을 통제하였으며, 남쪽으로 요동지방과 한반도 서북부 쪽으로도 다시 진출해 나아갔다. 이리하여 마침내 선왕 시대에 발해의 대외 정복활동이 마무리되고, 9세기 전반에 최대 판도를 이루었다.

그 후의 변동 사항은 알 수 없으나, 영토의 범위에는 크게 변화가 없었을 것이다. 그러다가 10세기 초에 들어서 거란이 요동을 빼앗고, 내부적으로 지배를 하던 보로국(寶露國)이나 달고(達姑)와 같은 집단들이 이탈하는 현상이 나타나면서 영토를 점차 상실해갔을 것이다.

결국, 건국 및 발전기는 영토 확장기, 내분기는 영토 위축기, 융성기는 영토 재확장기, 멸망기는 영토 상실기로 잡아볼 수 있다.

최대 넓이는?

그러면 발해의 최대 판도를 살펴보겠다. 이에 대해서 『신당서』 발해전에, "남쪽은 이하(泥河)를 경계로 신라와 나란히 하였고, 동쪽은 바다에 이르렀으며, 서쪽으로 거란과 접하였다"는 말을 되새겨볼 필요가 있다.

우선 남쪽으로 이하를 경계로 신라와 접경하였다고 하였다. 이 이하는 신라의 동북쪽 경계인 천정군(泉井郡)과 발해의 남경(南京) 사이의 어딘가에 있었음이 분명하다. 그 사이에 이하로 불릴 만한 강으로는 현재의 금야강(金野江, 즉 龍興江)이 유력하다.

비록 서남쪽 경계에 대해서는 언급이 없지만 대동강(大同江)이 경계선을 이루었음이 확실하다. 735년에 당나라가 패강 이남을 신라에게 양여한 사실을 들어서, 패강 이북이 당나라 땅이었다고 주장하기도 한다. 그렇지만 이 때에 보낸 칙서를 들여다 보면, 패강 이북인 평안도 지방에 발해 세력이 이미 뻗쳐 있었음이 확인된다.

동쪽으로 바다까지 이어졌다고 하였으므로 함경도는 물론이고 연해주의 대부분을 차지하였다. 그러나 연해주에서 발해의 영역이 어디까지 미쳤는가에 대해서는 최근에 러시아 학자들이 다른 견해를 제시하고 있다. 과거에는 연해주 대부분이 발해 영역에 포함되었다고 하였으나, 지금은 니콜라예브카 성터가 있는 파르티잔스크 구역까지만 영역이 미쳤

던 것으로 보고 있다. 그러나 이 견해는 범위를 너무 축소시킨 것이 아닌가 생각된다.

북쪽에 대한 경계는 언급이 없으나, 동북쪽으로 흑수말갈과 경계를 이루었으므로 대체로 흑룡강과 송화강이 만나는 지점까지 미쳤을 것이다. 여기서부터 서쪽으로 송화강을 따라 북쪽 경계선을 그을 수 있다.

서쪽은 거란과 접하였다. 따라서 눈강(嫩江)과 송화강이 합류하는 지점에서 요하로 이어지는 선을 경계로 하였을 것이다. 그런데 서남쪽으로 요동에서 과연 어디까지 발해 영역이 미쳤는지에 대해서도 의견이 다르다. 『신당서』 지리지를 보면, 적어도 신성(新城)이 있던 무순(撫順)의 동쪽으로부터 압록강의 박작구(泊汋口)까지 잇는 선을 경계로 하였음을 알 수 있다. 그러나 이것은 8세기 말까지의 사정을 보여준다. 9세기에 들어와 발해는 요양을 포함하여 요동반도쪽으로 확장하였음이 분명하다. 그렇지만, 요동반도의 끝 부분까지 미쳤는지는 현재로서 단언할 수 없다.

이상으로 최대 판도의 대체적인 범위를 설정하여 보았다. 이 판도에는 숙신, 예맥, 고구려, 부여의 땅과 더불어 읍루(挹婁, 즉 虞婁), 솔빈(率賓), 불열, 철리, 월희, 백산, 속말, 백돌(伯咄), 안거골(安居骨) 등의 말갈 땅이 들어 있다.

이제 발해 강역의 최대 크기가 얼마나 되는지를 살펴볼 차례이다. 『구당서』와 『유취국사』에는 발해 영역이 사방 2천 리에 이른다고 하였고, 『신당서』에서는 사방 5천 리에 이른다고 하였다. 그러면 이 두 기록은 시간의 흐름에 따른 차이를 보여주는 것인가, 아니면 5천 리는 2천 리의 잘못인가. 이를 알아보기 위해서는 각국의 영역에 대해서 서술한 다음 표를 참조할 필요가 있다.

<표 1> 각국의 영토 크기

	부여	고구려	백제	신라	발해
후한서	사방2천리	사방2천리			
삼국지	사방2천리	사방2천리			
진서	사방2천리				
양서		사방2천리			
위서		동서2천리 남북1천여리			
주서			동서450리 남북900여리		
수서		동서2천리 남북1천여리	동서450리 남북900여리		
남사		사방2천리			
북사			동서450리 남북900여리		
구당서		동서3100리 남북2천리		동서1천리 남북2천리	사방2천리
신당서				가로1천리 세로3천리	사방5천리

발해 영토가 사방 2천 리였다고 하면, 고구려의 최대 판도보다 작고, 신라의 최대 판도보다 약간 넓게 된다. 그러나 발해 판도는 고구려보다 넓었던 것으로 보아야 할 것이다. 따라서 발해의 최대 판도는 사방 5천 리로 이해하는 것이 옳다. 이를 면적으로 환산해보면 발해 영토는 신라보다 8.3배 넓었고, 고구려보다는 4배 정도 넓은 것이 된다.

이제 이것이 옳은지 검증하기 위해서 면적을 구체적으로 산출해보겠다. 발해 영토는 오늘날로 치면 함경도와 평안도의 남쪽 극히 일부를 제외하고 거의 모두를 차지하고 있었다. 연해주 일대는 최대로 치면 거의 전부를 차지하였고, 러시아 학자들의 견해를 따진다면 최소한 $\frac{1}{3}$ 을 차지하였다.

중국에서는 요령성, 길림성, 흑룡강성에 걸쳐 있었다. 각 부분을 대략적으로 따져보면 요령성은 최대 $\frac{1}{2}$, 최소 $\frac{1}{3}$ 정도를 차지하였고, 길림성은 $\frac{4}{5}$ 정도를 차지하였으며, 흑룡강성은 $\frac{1}{3}$ 정도를 차지하였다. 이를 토대로 영역을 환산하면, 다음 도표와 같다.

〈표 2〉 발해의 영토 계산표

	면 적	발해 영토
요령성	145,700 ㎢	최소 약 49,000 ㎢($\frac{1}{3}$)
		최대 약 73,000 ㎢($\frac{1}{2}$)
길림성	187,000 ㎢	약 150,000 ㎢($\frac{4}{5}$)
흑룡강성	463,000 ㎢	약 154,000 ㎢($\frac{1}{3}$)
연해주	165,900 ㎢	최소 약 53,000 ㎢($\frac{1}{3}$)
		최대 약 165,900 ㎢
함경도	52,342 ㎢	약 50,000 ㎢
평안도	43,387 ㎢	약 40,000 ㎢

〈표2〉를 토대로 발해 전체 영역을 계산하면, 최소 496,000 ㎢이고, 최대 632,900 ㎢가 된다. 대략적으로 계산한 것이므로 최소 50만 ㎢, 최대 63만 ㎢로 잡아볼 수 있다. 한반도 전체 면적이 221,487 ㎢이므로 발해 영역은 한반도의 2.2배에서 2.8배에 달한다.

한반도 전체 면적에서 발해 영역을 뺀 나머지 부분이 통일신라 영토가 되므로, 발해 영역은 통일신라의 3.8배에서 4.9배에 달하였다. 이것은 앞에서 서로 비교한 8.3배보다는 작다. 사실 8배 이상이 된다는 것은 조금 과장된 감이 있으므로, 후자가 사실에 더 가까울 것으로 생각된다. 따라서 발해는 통일신라보다 대략 4배에서 5배 정도 넓었던 나라로 보는 편이 타당할 것이다.

통일신라 영역과 발해 영역을 문헌 기록과 실제 넓이로써 대비시키면 문헌 기록이 2배 정도 과장된 셈이다. 따라서 반을 줄여 계산하면, 발해는 고구려보다 2배 정도 큰 영토를 지녔다고 할 수 있다. 이를 실제 면적으로 비교하면 다음과 같다.

고구려 전성기의 판도는 연구자들마다 경계선이 조금씩 다르다. 대체로 남쪽 경계를 아산만에서 경상북도 영덕을 잇는 선으로 정하고, 서쪽으로 요하, 북쪽으로 북류 송화강 서쪽 및 눈강 남쪽, 동쪽으로 두만강 건너 길림성 남부 지역을 경계로 삼았던 것으로 보고자 한다. 따라서 길림성의 $\frac{2}{3}$와 요령성의 $\frac{1}{2}$을 포괄하고, 함경도·평안도·황해도·강원도·경기도 전체를 포괄하고, 충청북도의 $\frac{1}{2}$과 경상북도의 $\frac{1}{4}$을 포괄하였던 것으로 잡아볼 수 있다. 이를 똑같은 방법으로 〈표 3〉과 같이 산출하면 346,423 ㎢가 되어 대략 35만 ㎢가 된다. 발해 영역을 이와 비교하면, 최소 1.4배 최대 1.8배쯤 된다. 따라서 발해 영역은 고구려보다 1.5배 내지 2배 정도 넓었던 것으로 추정해볼 수 있다.

〈표 3〉 고구려의 영토 계산표

	면 적	고구려 영토
요령성	145,700 ㎢	72,850 ㎢($\frac{1}{2}$)
길림성	187,000 ㎢	124,667 ㎢($\frac{2}{3}$)
함경도	52,342 ㎢	52,342 ㎢
평안도	43,387 ㎢	43,387 ㎢
황해도	16,744 ㎢	16,744 ㎢
강원도	16,897 ㎢	16,897 ㎢
경기도	10,959 ㎢	10,959 ㎢
충청북도	7,436 ㎢	3,718 ㎢($\frac{1}{2}$)
경상북도	19,436 ㎢	4,859 ㎢($\frac{1}{4}$)

결론적으로 발해는 통일신라보다 대략 4~5배 정도 넓었고, 고구려보다는 1.5~2배 정도 넓었던 나라였다. 그런 의미에서 발해는 한국 역사상 가장 영토가 넓었던 나라로서 손색이 없다고 할 것이다.

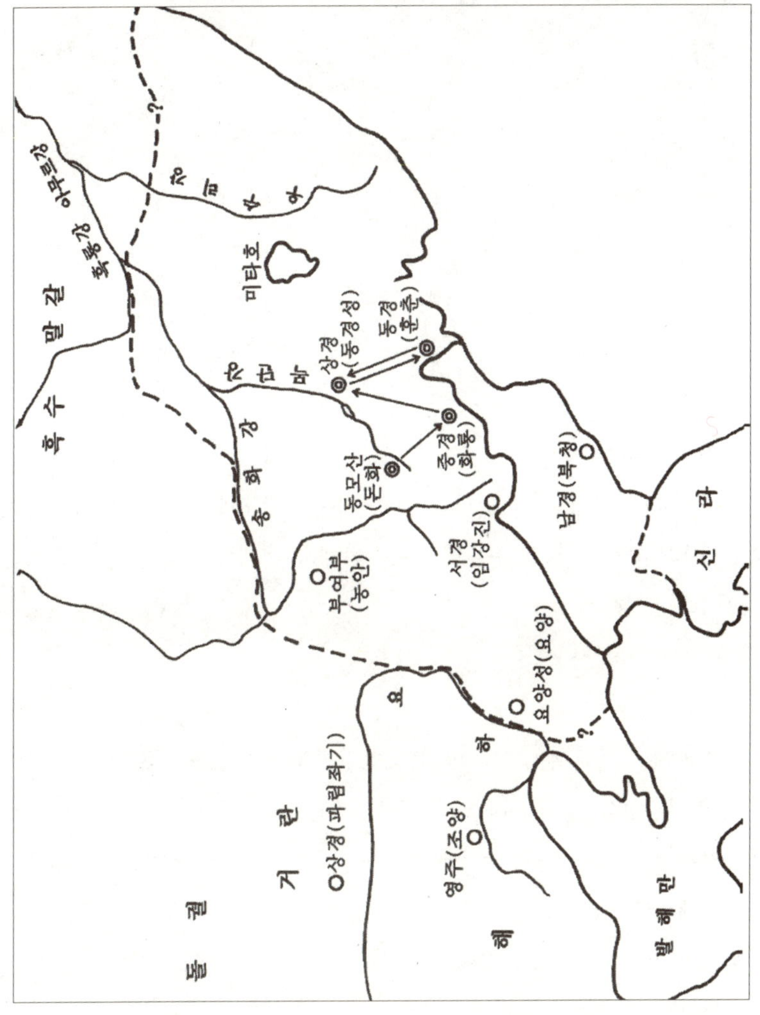

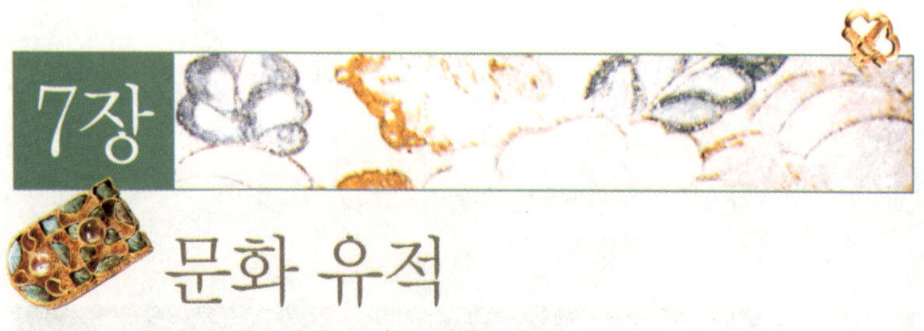

7장

문화 유적

　발해의 문화 유적으로는 절터, 성터, 무덤이 대표적이고, 이 유적들로부터 다수의 유물이 출토되었다. 이들은 발해인들이 어떻게 살았고, 어떠한 문화를 영위해갔는가를 이해하는 데에 아주 필수적인 자료이다.

절터와 불상

　발해에는 불교 신앙이 광범위하게 유포되어 있었으므로, 사원도 많이 조성되었다. 발해 시대의 절터로는 40곳 이상이 확인되었다. 첫 도읍지가 있던 곳에 1곳, 상경에 10여 곳, 중경에 고산(高産) 절터 등 13곳, 동경에 마적달(馬滴達) 절터 등 9곳, 남경에 오매리(梧梅里) 절터 등 2곳, 연해주 지역에 아브리코스 절터·코프이토 절터 등 5곳이 있다.

발해 절터는 통치의 중심지였던 5경에 집중되어 있다. 이것은 불교가 지배자들의 신앙이었음을 보여준다. 사원 중에는 왕실이나 귀족의 무덤에 딸린 절도 있으니, 용해(龍海) 절터는 정효공주(貞孝公主) 무덤 아래에 있고, 마적달 절터도 마적달 무덤 부근에 있다.

탑자리도 여러 군데에서 발견되었다. 잘 알려진 것으로는 정효공주 무덤 탑, 마적달 탑, 영광탑이 있다. 이 중에서 영광탑만이 온전하게 남아 있다. 상경성 2호 절터에는 현무암으로 만든 높이 6m의 거대한 석등이 지금도 원래의 위치에 서 있다. 특히 옥개석과 화사석에는 목조 건축 양식이 잘 표현되어 있어서 발해의 건물 형태를 엿볼 수 있게 해주고, 상·하대석에 새겨진 연꽃은 부조가 강하여 발해인의 힘찬 기상을 느끼게 해준다. 하대석의 측면에는 안상(眼象)이 뚜렷하게 부조되어 있다.

발해 석등(2001. 10)

성터

발해 성터에 대해서는 1933년에 동경성(상경) 유적을 발굴하면서 체계적인 학술 조사가 시작되었다. 그 뒤로 발해 것으로 추정되는 성이나 보루들이 상당수가 조사되었으니, 만주 지역에서 80곳 이상, 북한에서 20

여 곳, 연해주에서 23곳 정도가 되어 전체 숫자가 120곳을 넘는다.

발해는 전국에 5경·15부·62주를 두어 다스렸고, 이러한 소재지마다 성을 쌓아 통치의 거점으로 삼았다. 따라서 이 기준에 따라 발해 성들을 도성·부성·주성으로 분류할 수 있다.

도성에는 성산자산성(城山子山城), 상경성(上京城, 과거의 東京城), 서고성(西古城), 팔련성(八連城) 등이 있다. 성산자산성은 중국 길림성 돈화시에 있는 초기 도읍지로서, 대조영이 동모산에 성을 쌓고 도읍을 정했던 곳이 바로 이곳이다.

상경성은 중국 흑룡강성 영안시 발해진에 있다. 756년 초에 문왕이 이곳에 도읍을 정한 뒤로 가장 오랫동안 수도가 되었다. 서고성은 길림성 화룡현에 있는데, 8세기 전반기에 일시적으로 도읍을 삼았던 곳이고, 팔련성은 길림성 훈춘시에 있는데, 8세기 후반기에 10여 년 간 도읍으로 정했던 곳이다.

화전 소밀성(2005. 7)

이 중에서 제일 대표적인 곳이 상경성이다. 이 성은 당나라 장안성을 본떠서 외성, 궁성, 황성으로 구성되어 있다. 외성의 총 둘레는 16km가 넘고, 10개의 성문이 있다. 외성 안에는 11개의 도로가 종횡으로 연결되어 있어서 도시 전체가 바둑판 모양을 이루었다. 관청이 있던 황성과 궁궐이 있던 궁성은 성의 북쪽 가운데에 자리잡고 있다.

부성으로 지목되는 것으로는 청해토성(靑海土城), 소밀성(蘇密城) 등이 있다. 남경 남해부가 있었던 청해토성은 함경남도 북청군에 있다. 소밀성은 길림성 화전시에 있고, 장령부의 소재지로 여겨진다.

주성으로는 크라스키노 성터, 남성자고성(南城子古城), 남호두고성(南湖頭古城) 등이 거론되고 있다. 연해주 하싼 구역에 있는 크라스키노 성은 동경 관할의 염주(鹽州) 소재지이다. 남성자고성은 독주주(獨奏州)의 하나인 속주(涑州)의 소재지로 추정되고, 남호두고성은 상경에 속하였던 호주(湖州)의 소재지로 거론되고 있다.

▌길림 남성자고성(오른쪽에 발굴지가 보임. 2001. 10)

무덤

　발해 고분들은 광범위한 곳에서 발견되지만, 중국 길림성 돈화시를 비롯하여 상경성, 서고성, 팔련성 주변에서 집중적으로 나타난다. 중국에서는 57개 고분군에서 1,700여 기가 확인되고, 이 가운데 600기 가깝게 발굴되었다. 북한에서는 1980년대 이후에 함경도 일대에서 발해 고분들을 집중적으로 조사하여, 21개 고분군에서 1,600여 기를 확인하고 100여 기를 발굴하였다. 또 연해주에서도 2개 고분군에서 5기가 발굴되었다.

　발해 무덤에는 흙무덤, 돌무덤, 벽돌무덤 등이 있다. 흙무덤은 발해 건국 이전부터 말갈족들이 만들었던 무덤 양식으로 발해 초기까지 지속되었다. 돌무덤은 석실묘(石室墓), 석곽묘(石槨墓), 석관묘(石棺墓)로 나눌 수 있는데, 석실봉토묘(石室封土墓)가 발해 고분의 주류를 이룬다. 이러한 석실봉토묘는 고구려 후기의 양식을 거의 그대로 계승하고 있다. 이런 것으로 정혜공주 무덤이 대표적이다.

정효공주 무덤 앞에서의 필자(2001. 10)

벽돌무덤은 당나라로부터 영향을 받은 것으로서 발해 중기 이후에 왕실에서 일부 받아들여졌지만, 그 숫자는 많지 않다. 이러한 것으로 정효공주 무덤, 마적달 무덤이 대표적이다. 특히 정효공주 무덤은, 벽은 벽돌로 쌓았으면서 천정은 돌로 평행고임을 하여 당나라 양식과 고구려 양식이 결합된 양상을 보여준다. 이밖에 상경 부근의 삼릉둔 1호묘는 돌을 벽돌처럼 깎아서 축조하였다.

매장방식으로 1인장, 2인 합장, 다인 합장이 모두 보인다. 2인 합장은 부부합장의 경우가 대부분이다. 다인 합장은 발해 매장습속에서 특색을 이루는데, 한 무덤에 많게는 17인까지 묻혀 있다. 배장자(陪葬者)에는 주인공과 혈연관계에 있었던 가족뿐 아니라, 그에 딸린 부곡, 노비 등이 포함되어 있을 것이다.

발해에는 무덤 위에 건물을 짓던 풍습도 있었다. 삼릉둔 1호묘와 하남둔(河南屯) 고분에서는 봉토에서 주춧돌이 발견되었고, 육정산 고분군과

삼룡1호 내부구조

용두산 고분군에서는 봉토에서 기와들이 다수 노출되었다.

무덤 건물은 불교가 성행하면서 탑으로 대체되었으니, 정효공주 무덤과 마적달 무덤은 승려의 무덤이 아닌 데에도 그 위에 벽돌로 만든 탑이 세워져 있었다.

유물

이제 발해 유물들을 살펴보자. 발해 시대에 사용되었던 그릇으로는 도기와 자기가 있다. 도기에는 유약을 바른 것과 바르지 않은 것이 있는데, 발해인들이 주로 사용한 것은 유약을 바르지 않은 도기이다.

초기에 만들어진 도기는 바탕흙이 거칠고 모래가 많이 섞여 있으며, 홍갈색·회갈색·황갈색이 많고 색깔이 고르지 못하다. 중·후기에 만들어진 도기에는 바탕흙에 모래가 섞인 것이 줄어들고 물레를 사용한 것이 많아지며 회색이 주류를 이룬다.

유약을 바른 도기도 이 때에 출현한다. 유약으로 삼채(三彩)를 즐겨 사용하였다. 이러한 것으로 1988년에 화룡 북대 고분군 7호 무덤에서 출토된 삼채 병과 삼채 사발이 있

다. 자기는 수량이 아주 적지만 우리 나라에서 가장 일찍 등장한 것이다.

발해 도기에는 대체로 세 가지 전통이 엿보인다. 첫째는 말갈 전통을 담고 있는 것으로서 입술이 두 겹이고 몸통이 긴 단지가 대표적이다. 이러한 계통의 단지에는 일반적으로 톱날 같은 덧띠가 돌려져 있다. 둘째는 고구려 풍격을 지닌 것으로서 상경성에서 발견된 입이 나팔처럼 벌어지고 몸통에 가로띠 손잡이가 달린 단지가 여기에 속한다. 마지막으로 화룡

북대 무덤에서 발견된 삼채 그릇들은 당삼채(唐三彩)를 본받은 것이다.

다음으로 기와와 벽돌이다. 기와에는 유약을 바른 것과 바르지 않은 것이 있다. 유약은 녹유(綠釉)를 바른 것이 대부분이고 자색(紫色) 유약을 바른 것도 있다.

수키와에는 막새기와[瓦當]가 대표적이다. 수막새의 문양에는 연꽃잎 무늬가 주종을 이룬다는 점에서 고구려·계승성을 강하게 나타낸다. 그렇지만 세부적인 면에서는 고구려 막새 기와에서 보이지 않는 문양들도 나타난다. 연꽃잎은 대체로 양식화되어 있는데 잎사귀 숫자는 4개에서 8개 사이로서 6개 짜리가 기본을 이룬다.

치미(鴟尾), 귀면와(鬼面瓦)는 귀신을 쫓는 벽사의 의미를 지니고 있으면서 장식적 효과를 더해주는 기와이다. 이들은 귀신을 쫓으려는 사나운 모습을 잘 표현하고 있지만, 안압지에서 출토된 통일신라 귀면와보다는 덜 세련되고 덜 양식화된 모습을 보여준다. 귀면와는 원래 용의 얼굴을 표현한 것이라 하여 근래에는 용면와로 부른다.

▌상경성 출토 기둥밑 장식 기와

　기둥밑 장식 기와[柱礎裝飾瓦]는 발해에서 독특하게 발견된다. 기둥과 주춧돌이 만나는 부분에 이것을 씌워 기둥을 장식하면서 비가 들이쳐 기둥이 썩는 것을 방지하였다. 이 기와는 커다란 고리 형태인데, 몇 개의 조각으로 나누어 조립하는 방식으로 되어 있다. 겉에 연꽃잎을 새기기도 하였고, 녹유를 바른 것이 많다.

　발해 기와에는 문자를 찍거나 새긴 것이 다수 발견되어 주목된다. 이들은 주로 상경성·팔련성·서고성에서 다량으로 출토되어 발해 문화의 한 특색을 이룬다. 종래에는 이들을 발해의 고유 문자로 보는 견해가 있었으나, 그렇게 보기는 어렵다.

　발해인들은 무덤이나 건축에 사용하기 위해서 여러 가지 벽돌을 만들었다. 특히 바닥에 깔기 위해서 만든 방형·장방형 벽돌에는 보상화 무늬·인동 무늬가 화려하게 장식된 것이 있는데, 통일신라에서 발견되는 것들과 아주 유사하지만 세련미는 다소 떨어진다.

　금속 공예품으로는 쇠로 만든 것이 제일 많다. 여기에는 그릇·가

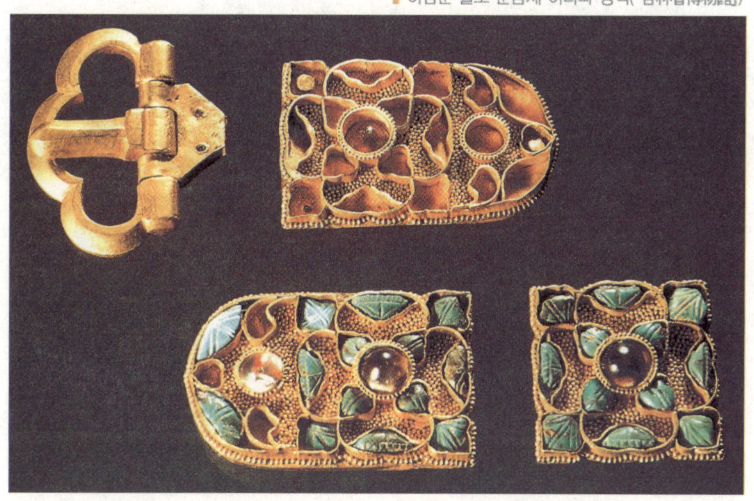

■ 하남둔 출토 순금제 허리띠 장식(『吉林省博物館』)

정혜공주 무덤 출토 돌사자상

위·자물쇠·삽·낫 등과 같은 일상 용품들, 투구·창·화살촉 등과 같은 무기들, 풍탁(風鐸)과 같이 절에서 사용되던 것들이 있다. 구리로 만든 제품에는 불상·거울·못·팔찌 등이 있는데, 도금한 것도 많다. 순금으로 만든 것에는 허리띠·귀걸이 등이 있다.

금속 공예품으로 특징적인 것이 허리띠이다. 허리띠는 여러 곳에서 출토되었는데, 화룡 하남둔에서는 순금제 허리띠와 귀걸이·팔찌·꽃 장식 등이 발견되었고, 화룡 북대 2·9·28호 무덤 등에서 비교적 완전한 형태의 청동 허리띠가 발견되었다. 특히 하남둔에서 발견된 순금 세공품은 금 알갱이를 촘촘하게 붙인 누금(鏤金) 수법이 뛰어나다.

이밖에도 연해주 크라스키노 성터 부근에서 발견된 청동용(靑銅俑), 상경성과 연해주 우수리스크에서 출토된 청동제 기마인물상(騎馬人物像), 상경성 토대자(土台子)에서 발견된 사리함도 대표적인 금속공예품으로 손꼽을 수 있다.

조각품으로는 돌사자를 들 수 있다. 대표적인 것은 정혜공주 무덤의 연도에서 출토된 것이다. 화강암으로 만든 것으로 두 마리가 출토되었다. 당나라의 돌사자보다 크기는 작지만 강한 힘을 표현한 조각 수법이 돋보인다. 정혜공주와 정효공주 묘지석은 모두 화강암으로 만든 것으로서 위가 뾰족하고 아래가 네모진 규형(圭形)이다. 앞 면에는 해서체로 묘지문이 음각되어 있다.

8장

유학과 한문학

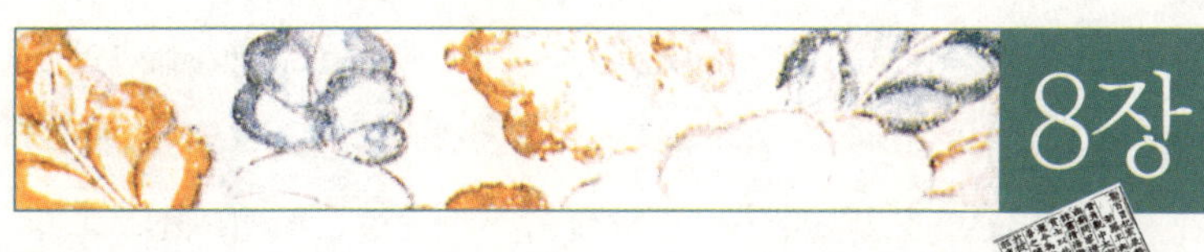

 발해는 당나라와 가장 활발한 교섭을 벌였다. 이렇게 중국에 빈번하게 왕래한 것은 정치적 목적이나 경제적 목적을 달성하기 위한 것이었다. 그렇지만 이에 못지 않게 커다란 비중을 차지하고 있었던 것이 선진 문화의 수입이었다. 중국 문화를 수입하던 창구로는 장기간 현지에 머물렀던 유학생, 숙위(宿衛) 왕족들을 주로 이용하였을 것이지만, 일시적으로 파견되었던 사신들도 여기에 한몫을 하였다.

 문헌에는 학생을 파견한 기록이 세 군데가 보인다. 첫째는 714년에 발해 학생 6인과 신라 학생 7인이 국자감(國子監)에 입학하였다는 기록이다. 이로부터 100여 년을 뛰어 넘어 830년대에 학생을 파견한 기록이 다시 보인다. 당나라에 갔던 발해 사신 고보영(高寶英)이 833년 정월에 학생들을 교체할 수 있도록 당나라 조정에 요청하여 허락을 받았다고 한다. 이 때에 앞서 파견되어 있던 이거정(李居正)·주승조(朱承朝)·고수해(高壽海) 3인을, 새로 보낸 해초경(解楚卿)·조효명(趙孝明)·유보준(劉寶俊) 3인으로 교체하였다. 셋째는 837년 3월의 기사이다. 발해 왕자 대준명(大俊明)이 사신으로 당나라에 갔을 때에 16명의 학생이 동행하였는데, 6명의 학생만 입학을 허락받고 10명은 되돌려 보내졌다고 한다.

당나라 빈공과(賓貢科)에 급제한 발해인들도 역시 국자감에 입학하였던 학생들임에 틀림없다. 당나라는 9세기에 들어와 외국에서 유학 온 학생들을 위해서 특별히 빈공과란 과거시험을 개설하였다. 여기에 합격한 발해인은 10명에 가까운 것으로 추산되는데, 이름이 알려진 것은 세 사람이다. 872년에 급제한 오소도(烏昭度), 892년에 급제한 고원고(高元固), 906년에 급제한 오소도의 아들 오광찬(烏光贊)이 그들이다.

이러한 학생의 파견은 발해 문화를 꽃 피우는 밑거름이 되었으니, 이

■ 신당서 발해전의 해동성국 기록

乾隆四年校刊　書卷二百十九　十六

改年太始立一歲死諡簡王從父仁秀立改其四世祖野勃祚榮弟也仁秀頗能討伐海北諸部開大境宇有功詔檢校司空襲王元和中凡十六朝獻長慶四寶曆凡再大和四年仁秀死諡宣王子新德蚤死孫彝震立改年咸和明年詔襲爵終文宗世來朝十二昌凡四彝震死弟虔晃立死玄錫立咸通時三朝獻初其王數遣諸生詣京師太學習識古今制度至是遂為海東盛國地有五京十五府六十二州以肅愼故地為上京曰龍泉府領龍湖渤三州其南為中京曰顯德府領盧顯鐵湯榮興六州濊貊故地為東京曰龍原府亦曰柵城府領慶鹽穆賀四州沃沮故地為南京曰南海府領沃睛椒三州高麗故地為西京曰鴨淥府領神桓豐正四州曰長嶺府領瑕河二州扶餘故地為扶餘府常屯勁兵扞契丹領扶仙二州鄚頡府領鄚高二州挹婁故地為定理府領定潘二州安邊府領安瓊二州率賓故地為率賓府領華益建三州拂涅故地為東平府領伊蒙沱黑比五州鐵利故地為鐵利府領廣汾蒲海義歸六州越喜故地為懷遠府領達越懷紀富美福邪芝九州安遠府領寧郿慕常四州又郢銅涑三州為獨奏州涑州以其近涑沫江蓋所謂粟末水也龍原東南

러한 사실은 "처음에 발해 왕이 자주 학생들을 파견하여 당나라 수도의 태학(太學)에서 고금 제도들을 익히게 하니, 이 때에 이르러 마침내 해동성국이 되었다"고 한 『신당서』 발해전의 기록에서도 확인된다.

학생 외에도 장기간 중국에 머물면서 선진 문물을 습득하였던 사례로서 숙위로 보내진 왕족들이 있다. 발해에서 왕자나 왕의 동생을 숙위로 파견한 것은 12회가 확인된다. 이들뿐만 아니라 조공 사신이나 하정사(賀正使)와 같이 그때 그때 파견되던 사신도 이러한 역할을 하였다. 이들을 통해서 국가에서 필요한 문물들을 수집해오도록 하였던 사례들이 보이기 때문이다.

학생이나 숙위 왕족, 사신들을 통하여 당나라로부터 수입된 문물들은 여러 면에서 발해를 일신시켰다. 이렇게 수입된 당나라 문화로서 발해 사회를 이끌어가는 데에 커다란 역할을 하였던 것이 유학과 문학이다. 유학은 국가를 운영하는 기본 질서를 마련해주었고, 문학은 국가를 이끌어 가던 귀족들의 소양을 한껏 높여 주었다.

유학

유학이 발해에 커다란 영향을 끼치기 시작한 것은 3대 문왕부터일 것이다. 714년에 학생을 파견하였다는 기록으로 보아 건국 초기부터 영향이 있었겠지만, 유학 교육이 활발히 이루어지고 이에 따라 유학이 발해 사회에 뿌리를 깊이 내리게 된 것은 대체로 문왕의 문치(文治)에 힘입은 것으로 여겨지기 때문이다.

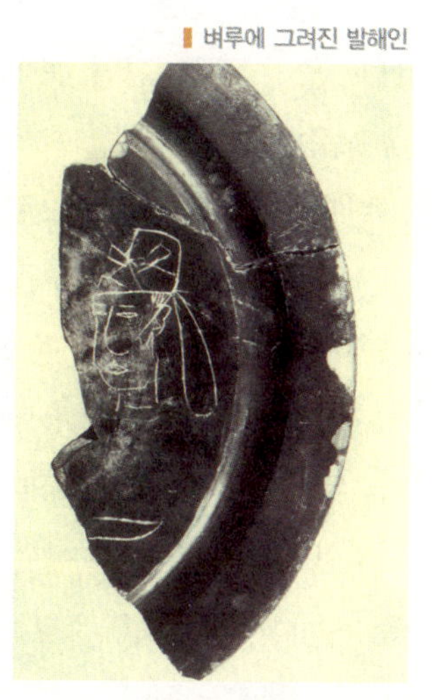

▌벼루에 그려진 발해인

문왕은 즉위한 다음 해인 738년 6월에 당나라에 사신을 보내서 『당례(唐禮)』, 『삼국지』, 『진서(晋書)』, 『삼십육국춘추(三十六國春秋)』를 구하고자 하여 당나라 현종의 허락을 받았다. 여기서 『당례』는 유교에 입각한 국가 규범인 5례를 담고 있던 『대당개원례(大唐開元禮)』를 가리킨다. 반포된 지 6년만에 문왕이 이를 수입하고자 하였던 것으로 보아서 유교적 도덕규범과 사회규범을 토대로 발해사회를 이끌어 나아가고자 하였던 의지를 유추해볼 수 있다.

이러한 서적들은 궁중 도서를 관장하던 문적원(文籍院)에 소장되었을 것이고, 중앙 교육기관인 주자감(胄子監)에서 이를 교재로 삼아 귀족자제들을 교육하였을 것이다.

한편, 발해의 여러 제도에도 유학과 관련된 명칭이 다수 반영되어 있다. 궁중에서 후궁의 업무를 담당하던 항백국(巷伯局)의 항백은 『시경』에서 따온 것이다. 문왕의 존호(尊號)인 '대흥보력효감금륜성법대왕(大興寶曆孝感金輪聖法大王)'에도 불교 용어와 함께 '효감'이란 유교적 단어가 들어 있다. 무엇보다도 충·인·의·지·예·신이라는 유교 덕목을 중앙행정기구인 6부의 명칭으로 삼은 것은 독창적인 것으로서 그 사회에 유학이 얼마나 깊숙이 침투해 있었는가를 실증해준다.

발해 지배층에 유학이 깊이 자리잡고 있었던 사실은 정혜공주와 정효 공주의 두 묘지를 통해서도 확인된다. 이 묘지문은 중국의 유교 경전과 역사서들을 두루 섭렵하면서 변려체(駢儷體) 문장을 구사하고 있어서 당시 발해 지식인의 소양을 엿보게 한다.

묘지에 인용된 경전만 하더라도 『상서』, 『춘추』, 『좌전』, 『시경』, 『역경』, 『예기』, 『맹자』, 『논어』 등이 있다. 이에 따라 유교적인 수사를 사용하여 국왕과 공주의 덕을 기리고 있으니, 몇 구절을 정효공주 묘지에서 인용하면 다음과 같다.

① 무릇 오래 전에 읽었던 『상서』를 돌이켜 보건대, 요 임금은 두 딸을 규수(嬀水)의 물굽이에 내려보내 순 임금에게 시집보냈고, 『좌전』을 널리 상세히 보건대, 주나라 천자가 딸을 제나라에 시집보낼 때에 노나라 장공이 노관(魯館)을 지어 그 혼례를 주관하였다. 그러니 부녀자로서 갖추어진 덕이 밝고 밝으면 명예로운 이름이 어찌 후세에 전해지지 않을 것이며, 어머니로서 갖추어진 규범이 아름답고 아름다우면 선인(先人)들이 쌓은 은혜가 어찌 무궁하게 전해지지 않으리오?

② 생각컨대 고왕·무왕의 조상들과 아버지 문왕은 왕도(王道)를 일으키고 무공(武功)에서 커다란 업적을 남겼다고 능히 말할 수 있으니, 만일 이들이 때를 맞추어 정사를 처리하면 그 밝기가 일월이 내려비치는 것과 같고, 기강을 세워 정권을 장악하면 그 어진 것이 천지가 만물을 포용하는 것과 같았다. 이들이야말로 순임금과 짝할 만하고 하나라 우임금과 닮았으며, 상나라 탕왕과 같은 지혜를 배양하고 주나라 문왕과 같은 도략을 갖추었다.

③ 공주는 일찍이 스승에게서 가르침을 받아 능히 그와 같아지려 하였고, 매번 한나라 반소(班昭)를 사모하여 시와 글을 좋아하고 예악(禮樂)을 즐겼다. … 6행

(六行)을 크게 갖추고 3종(三從)을 지켰다. 위나라 공백(共伯)의 처 공강(共姜)의 맹세를 배웠고, 제나라 기량(杞梁)의 처와 같은 애처러움을 품었다. 아버지로부터 은혜 받아 스스로 부덕(婦德)을 품고 살았다.

문왕 이후로 발해 사회는 유학이 크게 자리잡았고, 지속적인 선진 문화의 유입에 따라 마침내 9세기에는 해동성국으로까지 불리게 되었다. 그러나 구체적인 정황을 보여주는 사료는 없다. 다만 두 가지 사례를 통하여 유학이 발해인에게 얼마나 영향을 미쳤는가를 가늠해볼 수 있을 따름이다.

우선 발해인의 성명이다. 왕 이름인 대원의(大元義), 대언의(大言義), 대명충(大明忠), 대인수(大仁秀), 공주 이름인 정혜(貞惠)와 정효(貞孝), 귀족 이름인 대의신(大義信), 대성경(大誠慶), 대성신(大誠愼), 대소순(大昭順), 대우모(大禹謨), 알덕(謁德), 고인의(高仁義), 신문덕(辛文德), 고문신(高文信), 오효신(烏孝愼), 이거정(李居正), 양성규(楊成規) 등에는 추상적이고 유교적인 덕목들인 충, 인, 의, 신, 효 등이 포함되어 있다.

다음은 외국에 오고간 국서이다. 국서는 비록 의례적이고 추상적이고 상투적인 말들로 가득 차 있기는 하지만, 각각의 왕에 대한 평가는 어느 정도 실상을 보여주는 면이 있다. 특히 10대 선왕이나 11대왕 대이진에 대한 평가는 주목할 만하다.

선왕은 일본으로부터 "신의로 본성을 이루고, 예의로 입신하였다(信義成性, 禮儀入神)," "세속에는 예악을 전하고, 가문에는 의관을 이었다(俗傳禮樂, 門襲衣冠)," "믿음은 금석과 같이 확고하고 절개는 소나무·대나무처럼 곧다(信確金石, 操貞松筠)"는 말을 들었다. 대이진은 중국으로부터 "대대로 충정을 이어받았고, 사람 됨됨이는 인후에 바탕을 두었다(代襲忠貞, 器資仁厚)"는 평가를 얻었다.

문장과 시

발해인들이 문학에 대해 얼마나 관심을 가지고 있었는가는 고원고와 관련된 글에서 조금이나마 더듬어 볼 수 있다. 그가 중국을 방문하였을 때에 같은 시기에 과거에 급제한 서인(徐寅)을 만나러 민중(閩中, 복건성 福州) 지방을 방문한 적이 있었다. 이 때 서인을 만나서 그가 지은 〈참사검부(斬蛇劍賦)〉, 〈어구수부(御溝水賦)〉, 〈인생기하부(人生幾何賦)〉를 발해 사람들이 집집마다 금으로 써서 병풍을 만들어 놓았다는 말을 전하였다. 이들이 급제한 것이 892년이므로 그 시기는 10세기 초가 아니었을까 여겨진다. 이러한 발해인들의 취향으로 보아서 많은 문학 작품들이 만들어졌을 것으로 추정되지만, 지금은 극소수만이 전해지고 있을 따름이다.

발해인의 문학 작품으로 문장과 시가 남아 있는데, 우선 문장부터 살펴보겠다. 문장으로는 개인적인 것보다는 외교관계와 관련하여 국가 사이에 오고간 공식 문서들이 중심을 이룬다. 문장 형식에는 당나라에서 크게 유행하던 변려문이 대부분이지만 때로는 산문도 있다. 발해는 당나라, 일본, 신라, 거란, 돌궐 등의 이웃나라들과 외교 교섭이 있었지만 전해지는 문서들은 당나라·일본과 오간 것들뿐이다. 그 숫자를 보면, 발

당나라 과거시험에서 신라와 발해의 학생이 경쟁한 기록(동문선)

해에서 당나라에 보낸 것이 1편, 당나라에서 발해에 보낸 것이 10편이다. 그리고 발해에서 일본에 보낸 것이 23편, 일본에서 발해에 보낸 것이 28편이다.

발해가 당나라에 사신을 파견한 것이 160차례 이상이 되지만, 발해가 당나라에 보낸 문서로는 연대를 확인할 수 없는 하정표(賀正表) 1편만이 있다. 이 글은 4·6구의 변려문 형식을 띠고 있고, 한 해의 시작을 축복하는 내용을 담고 있다.

발해에서 일본에 보낸 23편의 문서 가운데에서 발해 국왕이 보낸 것이 16편이고, 발해 중대성(中臺省)이 일본 태정관(太政官)에 보낸 관청문서가 7편이다. 이들은 외교문서에 속하기 때문에 일정한 격식을 갖추고 있고 대부분 상투적인 어구로 채워져 있다. 따라서 이 문서들을 통해서는 작자의 의중을 파악하기가 어렵다.

이들은 외교와 관련된 문장이지만, 개인적인 목적을 위해서 쓰여진 문장도 없지는 않다. 첫째는 발해 승려인 석정소(釋貞素)가 레이센[靈仙]의 죽음을 애도하여 지은 시에 붙여진 서문이 있다. 이 글은 산문으로 쓰여져 있다.

둘째는 정혜공주와 정효공주의 묘지이다. 이들은 서(序)와 명(銘)을 갖추어 당나라의 전형적인 묘지문 형식을 따르고 있다.

정효공주 묘지를 예로 들면, 전형적인 변려체 문장으로서, 12행의 서문과 5행의 명문으로 구성되어 있다. 그런데, 정혜공주 묘지와 비교해보면 두 사람의 행적을 기록한 부분만 다르고 거의 대부분이 일치한다. 이 점으로 보아 당시에 문적원과 같은 곳에 원본을 작성해두었다가 개인적 신상에 관한 부분만 수정하여 문장을 작성하였던 것으로 생각된다. 이 사실은 문왕 시대에 당나라의 수준 높은 문화를 습득하여 자기 것으로 완전히 만들지 못하고 아직은 모방의 단계에 머물러 있었던 사실을 반영한다.

이제 한시로 눈을 돌려보자. 발해인의 시는 석정소가 중국에서 지은 1수를 제외하고는 모두 일본에 파견된 사신들이 지었다. 일본 문인들과 시문을 교환하였던 발해 사신으로는 758년에 파견된 부사(副使) 양태사(楊泰師), 814년에 파견된 대사(大使) 왕효렴(王孝廉)과 부사 고경수(高景秀) 및 녹사(錄事) 석인정(釋仁貞), 858년에 파견된 부사 주원백(周元伯), 871년에 파견된 대사 양성규(楊成規)와 부사 이흥성(李興晟), 882년에 파견된 대사 배정(裵頲), 894년에 파견된 대사 배정과 이름이 알려지지 않은 부사, 907년·919년·929년에 파견된 대사 배구(裵璆)가 있다.

현재까지 전해지는 시는 양태사 2수, 왕효렴 5수, 석인정 1수, 석정소 1수로서 모두 9수가 있다. 이밖에 배정이 지은 시의 한 구절만 전해지고 있다. 내용으로는 일본 조정으로부터 환대를 받아 즐거운 마음을 표현한 것이 있는가 하면, 멀리 타국에서 고국을 그리는 향수를 그린 것도 있다.

고국을 그리는 시로서 대표적인 것이 양태사의 〈밤에 다듬이 소리를 들으며〉라는 서정시이다. 이 시의 전문은 다음과 같다.

서릿 기운 가득한 하늘에 달빛 비치니 은하수도 밝은데
나그네 돌아갈 일 생각하니 감회가 새롭네
홀로 앉아 지새는 긴긴 밤 근심에 젖어 마음 아픈데
홀연히 이웃집 아낙네 다듬이질 소리 들리누나
바람결에 그 소리 끊기는 듯 이어지는 듯
밤 깊어 별빛 낮은데 잠시도 쉬지 않네
나라 떠나와서 아무 소식 듣지 못하더니
이제 타향에서 고향 소식 듣는 듯하구나
방망이 무거운지 가벼운지

다듬잇돌 평평한지 아닌지 알 길 없구나

멀리 타국에서 가녀린 몸에 땀흘리는 모습 측은히 여기며

밤 깊도록 옥같은 팔로 다듬이질 하는 모습 보는 듯하네

나그네에게 따뜻한 옷 지어 보내려고 하는 일이지만

그대 있는 방 찬 것이 먼저 걱정이구려

비록 예의 잊어 묻기 어렵지만

속절없이 원망하는 그대 마음 모를리야 하겠는가

먼 이역에 가있네 그래도 새로 사귄 사람 없지

한 마음이기를 원하네 그러면서 길게 탄식하네

이때 홀로 규중으로부터 탄식소리 들리니

이 밤 그 누가 아름다운 눈동자에 눈물 고이는 것 알겠는가

생각하고 또 생각하네 마음은 이미 그대에 젖어 있는데

또 들리누나 괴로운 이 마음

차라리 잠들어 꿈속에서 소리 찾아가고 싶은데

다만 근심으로 잠 못드누나

이 시는 일본에서 가을밤에 다듬이질 소리를 들으며 고국의 부인을 그리워하는 내용을 담고 있다. 여섯 번에 걸쳐 운을 바꾸면서 상념의 변화를 자유롭게 표현하고 있어서 높은 수준의 서정성을 드러낸다.

일본 조정에서 환대를 받아 즐거운 마음을 표현한 것으로는 왕효렴의 〈봄날에 비를 보고 정(情)자를 얻어 지음〉이란 시를 들 수 있다.

주인이 변청(邊廳)에서 잔치를 여니

상경(上京)에서처럼 심히 취하였네

아마 우사(雨師)도 성의(聖意)를 안 듯

이밖에도 발해 유민으로서 문학 작품을 남긴 인물도 적지 않다. 이러한 인물로서 요나라 천조제(天祚帝) 문비(文妃) 대씨, 금나라 때의 왕준고(王遵古)·왕정견(王庭堅)·왕정균(王庭筠)·왕만경(王萬慶) 집안, 고간(高衎)·고헌(高憲) 집안, 장여위(張汝爲)·장여능(張汝能) 형제 등을 열거할 수 있지만, 이들은 이미 발해 문학의 범주에서는 벗어나 있다.

마지막으로 발해에 한자 이외에 고유 문자가 있었는지를 간단히 살펴보겠다. 『구당서』 발해말갈전에 "문자와 서기(書記)가 있다"고 한 기록에다가 기와에 찍혀 있는 판독하기 어려운 글자들을 근거로 발해에 고유 문자가 있었다고 하는 주장이 자주 제기되곤 한다. 그러나 고유 문자로 쓰인 문장 자체는 전혀 확인되지 않는다. 오히려 발해인이 남긴 두 공주의 묘지나 시문을 보면 한자를 일상적으로 사용하였음을 알 수 있다. 따라서 현재로서는 발해에 고유 문자가 있었다는 사실을 증명할 만한 자료가 없다고 보는 것이 타당하다.

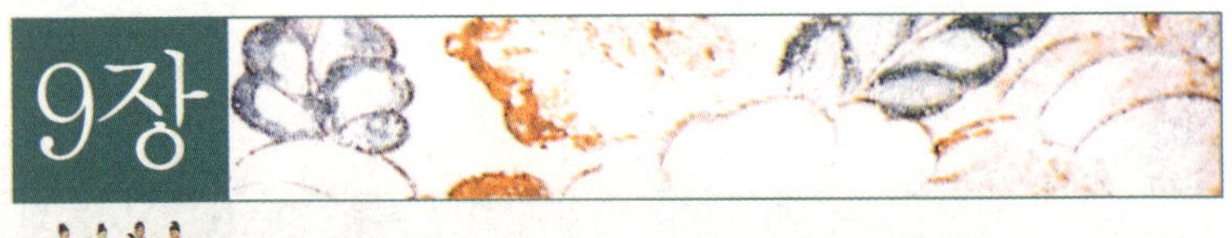

9장

회화, 음악과 무용

회화

회화에 대해서는 원나라 때에 편찬된 『도회보감(圖繪寶鑑)』에 대간지(大簡之)가 소나무와 돌, 그리고 소경(小景)을 잘 그렸다는 기록이 있다. 그런데 이 책에서는 대간지를 발해인(渤海人)이라 하면서도 금나라 항목에 넣은 점으로 보아서 금나라 때에 활동한 발해 유민으로 보인다. 따라서 발해 시대의 회화와는 거리가 있다.

그림으로는 정효공주 무덤과 삼릉둔 2호묘의 벽화가 대표적이다. 정효공주 무덤에는 연도(羨道, 무덤길)의 좌우 및 현실(玄室, 무덤칸)의 세 벽에 모두 12명의 인물이 그려져 있다. 비록 공주의 모습은 보이지 않지만 여기에 그려진 무사, 악사, 시종 등을 통하여 공주의 궁중 생활을 엿볼 수 있다. 무덤칸의 관 받침대 남쪽 측면에도 백회 위에 그린 사자머리 같은 모습이 희미하게 남아 있으나 손상이 심하여 원상을 파악하기 어렵다.

벽화의 구체적인 내용은 다음과 같다. 연도에는 양쪽에서 서로 마주보면서 문을 지키고 서 있는 무사(武士) 두 명이 그려져 있다. 두 사람의 키는 98cm로서, 검을 잡고 철퇴를 메고 투구를 쓰고 갑옷을 입고 검은 가죽신을 신고 있다.

현실의 동쪽과 서쪽 벽에는 키가 113~117cm가 되는 인물들이 각각 4명씩 그려져 있다. 서쪽 벽에는 시위(侍衛) 한 명을 앞세우고 악사(樂師) 세명이 문 쪽을 향하여 뒤를 따르고 있다. 시위는 상투를 높이 틀고 붉은색 말액(抹額)을 썼으며, 깃이 둥글고 소매가 좁고 옷자락이 긴 갈색 단령포(團領袍)를 입고 검은 가죽신을 신었다. 허리에는 검과 활을 차고 어깨에는 철퇴를 메고 있다.

그 뒤로 이어지는 악사들은 모두 복두(幞頭)를 썼고, 깃이 둥글고 소매가 넓고 옷자락이 긴 단령포를 입고 있다. 단령포의 색깔은 앞에서부터 붉은색, 짙푸른색, 흰색으로 서로 다르다. 허리에는 가죽띠를 띠었고, 악기를 싼 보자기를 하나씩 들고 있다. 발에는 미투리[麻鞋]를 신었다.

동쪽 벽에도 역시 시위(侍衛) 한 명을 앞세우고 공주를 시중들던 세 명의 내시(內侍)가 그려져 있다. 첫번째 인물이 시위로서 서쪽 벽과 모습이 거의 같다. 그 뒤에 보이는 세 명의 내시도 악사들처럼 복두를 쓰고 깃이 둥글고 소매가 넓고 옷자락이 긴 단령포를 입었다. 단령포는 악사들처럼 앞에서부터 붉은색, 짙푸른색, 흰색이다. 허리에는 가죽띠를 띠고, 발에는 미투리를 신었다. 두 손으로 물건을 잡고 역시 문 쪽을 향해 서 있다.

북쪽 벽에는 키가 117cm 되는 시종 두 사람이 얼굴을 서로 마주보면서도 약간 문 쪽으로 돌리고 있다. 두 사람 모두 복두를 쓰고, 깃이 둥글고 소매가 넓고 옷자락이 긴 단령포를 입고 있으며, 검은색 가죽띠를 띠고 미투리를 신고 있다. 둘 다 등 뒤로 활을 메고 있다. 서쪽 인물은 흰색

정효공주 무덤 벽화(시종과 무사)

의 단령포를 입고 두 손에 쌍두(雙頭)의 지팡이를 잡고 있으며, 동쪽 인물은 자주색 단령포를 입고 두 손으로는 일산(日傘)같은 것을 들고 있다. 왼쪽 허리에 찬 전통[箭囊] 중간에는 머리를 뒤로 돌리고 앞다리를 들면서 도망하는 황토색 사슴 한 마리가 그려져 있어서 하나의 독립된 그림을 이룬다.

벽화를 그리는 방법으로 밑그림을 붙이고 그 위에 침으로 찔러가면서 윤곽선을 만드는 침자법(針刺法)보다는 먹으로 윤곽선을 직접 그리는 철선묘(鐵線描)를 택하였다. 현실의 벽 위에 백회를 바르고 다시 석회물을 칠한 다음에 그 위에 그림을 그렸다. 먼저 먹으로 윤곽선을 그리고 나서 다홍색, 붉은색, 적갈색, 푸른색, 검은색, 녹색, 흰색 등으로 바탕색을 칠하고, 다시 먹으로 그림을 완성하였고 마지막으로 옷에 문양을 그려 넣었다.

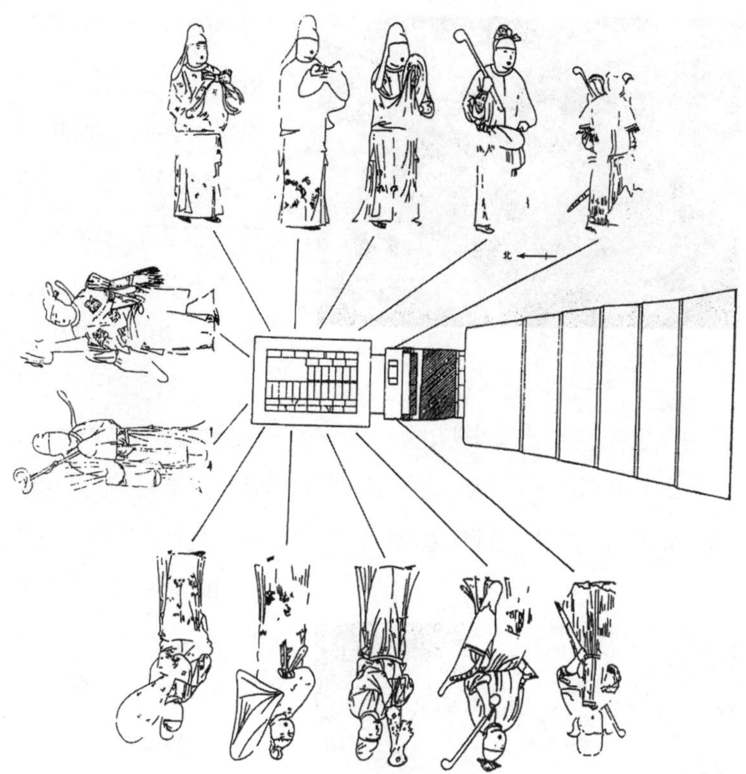

정효공주묘 벽화 배치도(고지마 요시타카 작성)

인물 표현을 보면, 하얗게 칠한 얼굴은 둥글고 크며 살이 쪄서 풍만하다. 눈은 작고 눈썹은 가늘며 코가 낮고 뺨은 둥글고 붉은 입술은 작고 동그랗게 표현되어 있다. 이러한 인물 표현은 대체로 당나라 풍격을 지니고 있다. 그리고 이들이 비록 남자 옷을 입고는 있지만 여성적으로 표현되어 있는 것으로 보아서 공주를 시중들던 남장한 여성들로 여겨진다. 당나라 측천무후 시대의 영향을 받은 것이라 한다.

삼릉둔 2호묘의 현실과 연도의 벽 및 천정에도 백회를 바르고 벽화를 그렸다. 이 무덤에는 인물과 함께 꽃 그림이 그려져 있어서 정효공주 무

덤 벽화와 비교가 된다. 인물 그림은 현실 동·서 벽에 각각 4명, 북벽에 3명, 남쪽 연도 입구 좌우에 각각 1명, 연도 동·서벽에 각각 무사 1명씩 도합 15명이 그려져 있었다고 하지만, 지금은 볼 수가 없다. 여기에 그려진 인물도 얼굴이 풍만한 여성들이라고 한다.

현실 천정에는 꽃 그림이 있다. 삼각으로 고임한 천정에는 흰색 바탕에 노란색 꽃이 가득 그려져 있다. 천정 한가운데에는 여섯 개의 꽃잎이 세 겹으로 된 큰 꽃을 그리고, 그 둘레를 여섯 개의 꽃잎이 두 겹으로 된 여섯 송이의 꽃으로 싸서 아주 커다란 꽃다발을 이룬다. 고임돌의 아래쪽과 옆에도 각기 다른 꽃 무늬로 그려져 있다. 연도 천정에도 동일한 그림으로 채워져 있다. 이렇게 꽃으로만 채워진 그림은 처음으로 발견되었다.

한편으로 돈화 육정산 6호분에서 검은 선과 주

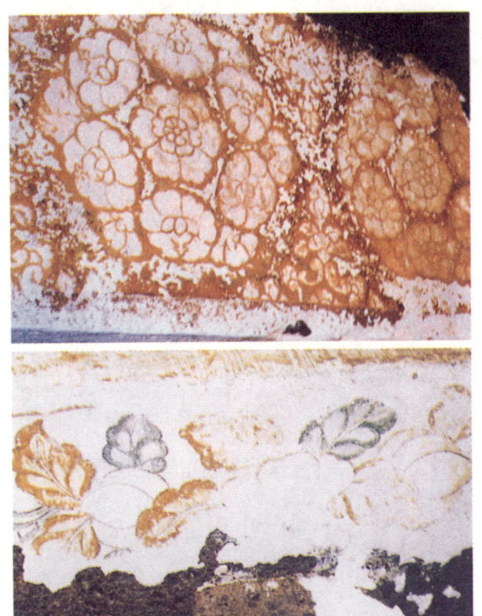

홍색 · 청회색 · 붉은색 칠이 있는 벽화 조각이 발견되었고, 화룡 하남둔 고분 부근에서도 꽃 그림이 있는 벽화 파편이 발견되었으나, 워낙 작아서 전모를 파악하기 어렵다.

상경성에서 조사된 절터들에서도 꽃이나 천불도(千佛圖)가 그려진 아주 작은 벽화 파편들이 발견되었고, 연해주 아브리코스 절터에서도 번개 무늬와 직물 무늬가 복합된 벽화 파편이 발견되었다. 또 상경성에서 출토된 벼루 위에 복두를 쓴 인물의 얼굴이 그려진 예도 있다.

음악과 무용

발해의 중앙 관청에 예의와 제사를 관장하던 태상시(太常寺)가 있었다. 이곳에서 음악과 무용을 관장하였을 것으로 여겨지지만, 구체적인 내용은 알 길이 없다. 다만 정효공주 무덤의 서쪽 벽에 세 명의 악사가 그려져 있어서 발해 악사의 모습을 살펴볼 수 있다.

발해 음악은 일본 기록에 많이 보인다. 사신으로 갔던 이진몽(己珍蒙) 일행이 740년 정월에 쇼무(聖武) 천황 앞에서 '본국의 음악'을 연주한 것이 발해 음악에 관한 최초의 기록이다. 사신 일행이 음악을 연주한 것으로 보아서 일행 중에 악사가 포함되어 있던 것으로 보이는데, 이 연주를 계기로 발해 음악이 일본에 처음으로 알려졌을 것이다. 발해 음악이 일본 조정에 전해져 최초로 연주된 것은 749년에 도다이지(東大寺)에서 개최된 법회(法會)에서 대당악(大唐樂) · 오악(吳樂)과 함께 발해악(渤海樂)이 연주되었을 때이다. 이 무렵에 발해 음악이 정식으로 일본 궁중 음악의 하나에 속하게 되었음을 짐작할 수 있다.

그 뒤로 일본 조정에서는 발해 음악을 직접 배워올 필요성을 느끼게 됨에 따라 유학생을 파견하여 음악을 배우도록 하였다. 이로부터 발해 음악이 일본 궁중 음악에 포함되어 발해 사신들을 접대할 때에 수시로

발해인의 춤(상상화 · 일러스트 이민정)

연주되었다. 발해 사신을 위해서 763년에 동국악(東國樂)을 연주하고, 772년에 '세 가지 음악'을 연주하고, 777년에 '본국의 음악'을 연주하였다. 아마 기록에는 제대로 나타나 있지 않지만, 발해 사신들이 파견되었을 때마다 발해 음악이 연주되었을 것이다.

일본에서는 아악료(雅樂寮)에 있던 고려악사(高麗樂師)와 악생(樂生)들이 발해 음악을 연주하였을 것이다. 따라서 861년 3월에 개최된 도다이지 법회와 874년 3월에 개최된 쟈우간지(貞觀寺) 대재회(大齋會)에서 연주된 고려악(高麗樂)이나 863년 5월에 개최된 신천원(神泉苑) 영회(靈會)에서 춘 고려무(高麗舞)에 발해 음악과 춤이 포함되어 있을 것이다.

그리고 928년에 태평악(太平樂)의 답무로서 발해악(渤海樂)이 연주되었다고 한다. 지금까지도 일본에서 연주되고 있는 무악곡(舞樂曲)인 대말갈(大靺

鞨)·신말갈(新靺鞨), 고오
소(古鳥蘇)·신오소(新鳥蘇)
등도 발해악이 변형되어
내려온 것이라고 한다.

발해가 멸망한 뒤에
발해 음악은 중국의 송
나라와 금나라에도 이어
졌다. 송나라에서는
1185년 3월에 발해 음악
을 금지하는 조치를 내
렸고, 송나라 진양(陳暘)이
지은 『악서(樂書)』 호부(胡
部)에 나오는 말갈무(靺鞨
舞)란 것도 발해로부터
전해진 것으로 보인다.

또 금나라 때에는 발해교방(渤海敎坊)이 있어서 발해 음악이 제도적으로 계
승되고 있었다.

발해 악기로는 송나라 때에도 사용된 발해금(渤海琴)이 있지만, 실물은
전해지지 않는다. 정효공주 무덤의 서쪽 벽에 그려진 3명의 악사 그림을
보면 각기 보자기에 싼 악기를 들고 있다. 보자기에 들어 있기 때문에 어
떠한 악기인지 구체적으로 알기는 어렵지만, 대체적인 외형으로 보아서
앞에서부터 박판(拍板), 공후(箜篌), 비파(琵琶)를 들고 있는 것으로 생각된다.
특히 공후는 보자기 밖으로 갈색의 길다란 자루가 나와 있고, 자루 위에
는 꽃잎 모양의 매듭이 져 있으며 두 개의 매듭 끈이 아래로 늘어뜨려져
있다.

이렇게 본다면, 발해 음악은 고구려 음악과 말갈 음악을 모두 흡수하였던 것으로 생각된다. 음악이 연주될 때에는 춤과 노래도 함께 따르기 때문에 음악과 무용은 불가분의 관계에 있다. 따라서 지금까지 설명한 발해 음악에는 노래, 악기 연주와 함께 춤도 포함되어 있는 것이다.

이밖에 발해인들 사이에는 답추(踏鎚)라고 하는 춤이 유행하였다. 이러한 사실은 거란의 유하관(柳河館) 근처에서 발해 유민들이 춤을 추는 모습을 묘사한 다음과 같은 기록에 보인다.

발해 풍속에 세시 때마다 사람들이 모여 노래를 부르며 논다. 먼저 노래와 춤을 잘 하는 사람을 여러 명 앞에 내세우고 그 뒤를 남녀가 따르면서, 서로 화답하여 노래 부르며 빙빙 돌고 구르고 하는데, 이를 답추라 한다.

이 장면은 춤추고 노래 부르던 일종의 집단 무용을 잘 보여준다.

고구려 무용총 벽화에도 한 명이 춤추고 그 뒤를 여러 무용수들이 따르며 춤추는 장면이 있어서, 이런 모습을 연상케 한다.

10장

불교의 전통

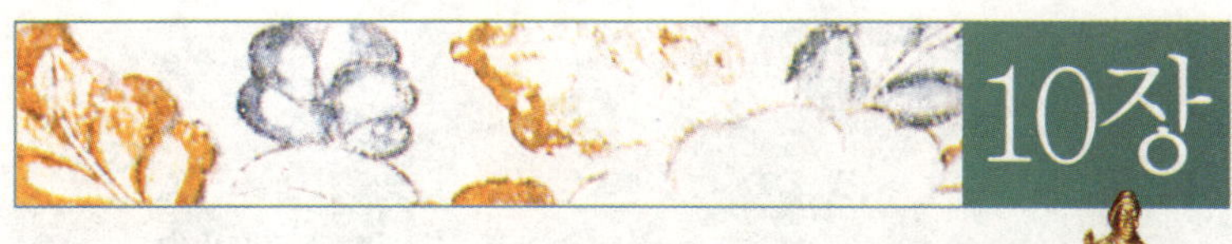

　발해사에 대한 역사적 자료가 그러하듯이 불교에 대한 자료도 거의 전무하다. 다만, 1930년대부터 불교 유적과 유물이 확인되면서 현지에서 발해 불교에 대한 연구 논문들이 발표되기 시작하였고, 이에 따라 그 면모를 어느 정도 살필 수 있게 되었다.

　일본의 경우 일제시대에 발굴된 불상들에 대한 연구가 중심이 되었기 때문에 자연히 논문 발표 시기가 앞선다. 중국에서는 개방과 개혁정책이 실시되는 1970년대 말부터 불교 관계 유적과 유물들이 발굴되어 소개되기 시작하였고, 연구 논문도 발표되었다.

　북한에서도 1980년대 이후 발해 불교 유적에 대한 조사보고가 나타나기 시작하였다. 또 최봉익은 주로 『송고승전』을 바탕으로 발해 불교 철학을 검토하였으나, 자료 취급면에서 문제점이 많다. 한편 러시아 연해

주에서도 불교 유적이 발견되고 있는 것도 발해 불교를 다양하게 이해하는 데에 도움을 준다.

불교의 흐름

발해 불교는 건국 초기부터 유행하였을 것이다. 그것은 대조영 집단의 행로를 통해서도 충분히 짐작된다. 그는 고구려의 장수로서 일찍이 고구려에 들어와 번성하였던 불교에 접촉하지 않을 수 없었을 것이다. 또 영주로 옮겨간 뒤로는 그곳에서 30년 가까이 살면서 당나라의 불교도 체험하였을 것이다.

그런 사정은 713년 12월에 발해 왕자가 당나라에 갔을 때에 절에서 예불하기를 청하였다는 기록을 통해서도 엿볼 수 있다. 713년은 당나라가 최흔(崔忻)을 사신으로 보내서 두 나라 사이에 공식적인 외교관계가 맺어진 해로서, 대조영은 그 보답으로 왕자를 당나라에 사신으로 보냈던 것이다. 이러한 사실은 건국 초기에 이미 발해 왕실에 불교가 수용되어 있었음을 반영한다.

현재의 발해 유적 조사 자료에 의하면 상경, 동경, 중경, 남경 부근에서 불교 유적이 다수 발견되는 반면에, 첫 도읍지였던 돈화 부근에서는 한 곳만이 발견된다. 이 점으로 미루어 보아, 초창기에는 지배층 안에서도 그 유포 범위가 아주 좁았던 것을 짐작할 수 있고, 또한 건국의 와중에서 아직은 불교를 진흥시킬 여력을 충분히 가지지 못하였던 사정도 추측할 수 있다.

과거 고구려 영역 밖이었던 돈화·상경 지역과는 달리, 원래 고구려의 중요 지역이었던 발해의 중경·동경 등지에서는 고구려 불교가 그대로 이어지고 있었다. 이들 지역은 삼국통일 전쟁 과정에서도 별로 피해를 보지 않았으므로, 발해에 편입된 뒤에도 단절없이 고구려 이래의 사회체제를 그대로 유지할 수 있었고, 종교적 활동도 역시 그러하였을 것이다.

그러한 예로서 함경남도 신포시 오매리 절골유적을 들 수 있다. 이곳에서 발굴된 건축지에서는 고구려 문화층과 발해 문화층이 함께 나타나는데, 발해 문화층에서 고구려 때에 만들어진 금동판이 발견되었다. 이 사실은 금동판이 고구려 때에 만들어져 발해시대에까지 전승된 것을 의미한다. 이 금동판에는 '대왕'이 불탑을 만들어 세운 것과 관련하여 113자가 새겨져 있다.

또한 이불병좌상(二佛幷座像)이 중경·동경 지역에서만 발견되는 것도

고구려 후기 이래의 전통이 이들 지역을 중심으로 계승된 것을 반영한다.

결국 발해의 불교는 과거 고구려 영역이었던 지역과 그렇지 않은 지역으로 나뉘어 신앙 형태가 달리 나타나게 되었으니, 두 지역에서 유행하던 불상 양식에서도 그러한 차이가 엿보인다.

발해 불교가 발전기를 맞이한 것은 3대 문왕에 이르러서이다. 먼저 문왕대에 축조된 상경성, 중경성, 동경성 지역에 절터가 집중되어 있는 점을 들 수 있다. 물론 이 절터들에는 문왕 이후에 세워진 것도 있겠지만, 문왕 이전의 중심지였던 돈화 지역에서 불교 유적이 한 군데만 나타나는 사실과 크게 대비된다.

이보다 더 중요한 것은 불교식으로 지은 그의 존호(尊號)이다. 생전에 사용하던 호칭이었던 존호가 '대흥보력효감금륜성법대왕(大興寶曆孝感金輪聖法大王)'였다. 여기서 '대흥'과 '보력'은 모두 당시에 사용되던 연호이고, '효감'은 효행과 관련된 유교적인 용어이며, '금륜'과 '성법'은 불교적인 용어이다. 특히 '금륜'과 '성법'은 당시 당나라 측천무후의 존호에 나타나는 '금륜', '성신(聖神)'에 비견되는 것으로 대흠무가 측천무후를 본받아 불교를 진흥시켰음을 짐작할 수 있다.

또 '금륜'은 금륜왕(金輪王)을 가리키는 것으로서, 불교의 전륜성왕(轉輪聖王) 설화에서 유래한 것이다. 문왕이 무력이 아닌 불법으로서 이 세상을 통치하는 이상적인 왕을 희구하였음을 확인할 수 있다. 이러한 전륜성왕 사상

은 신라 진흥왕이 자신의 두 아들을 금륜(金輪), 동륜(銅輪)이라 칭한 데에서
도 나타나 서로 비교가 된다. 아무튼 건국 초기의 무력을 바탕으로 한 정
복사업이 2대 무왕 단계에서 어느 정도 마무리된 뒤, 그 뒤를 이은 문왕
은 이를 토대로 문치를 실행하였고, 이에 따라 전륜성왕을 지향하는 통
치이념을 내세우게 되었다.

문왕이 불교와 밀접한 관련이 있다는 것은 정효공주 무덤을 통해서도
확인된다.

우선 지하에 무덤칸을 마련하고 그 위에 불탑을 쌓았다는 점이다. 발
해에는 원래부터 무덤 위에 건물을 짓던 전통이 있었으니, 정혜공주·삼
릉둔·하남둔 무덤 위에서 발견된 주춧돌들이 이를 증명해준다. 정효공
주 무덤이 위치하고 있는 용두산 고분군의 10여기 무덤들에서도 역시 벽
돌, 기와 등이 많이 발견되어 건물이 세워져 있었음을 추측하게 해준다.

이러한 전통에 불교가 습합되면서 일반 건물 대신에 탑을 쌓는 방식으
로 변모되었다. 그리고 이러한 전환은 문왕대에 이루어졌을 것이다. 자
매지간이면서 정혜공주 무덤 위에는 일반 건물이 있었던 반면에 정효공
주 무덤 위에서는 벽돌탑이 발견되었다는 데에서, 양자 사이의 변화 과
정을 읽을 수 있기 때문이다.

그뿐만 아니라 무덤 바로 앞에서 건물터가 발견되고, 산 아래에서 절터

일본에 전한 다라니경. 마지막 두 장에 발해 사신 이거정이 가져온 사실이 적혀 있다.(이시야마테라 소장)

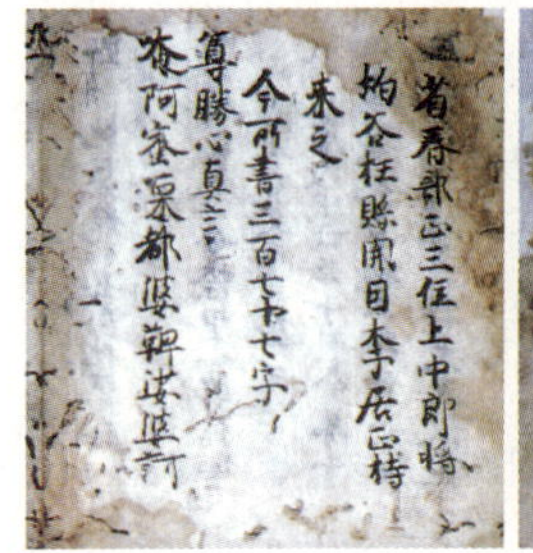 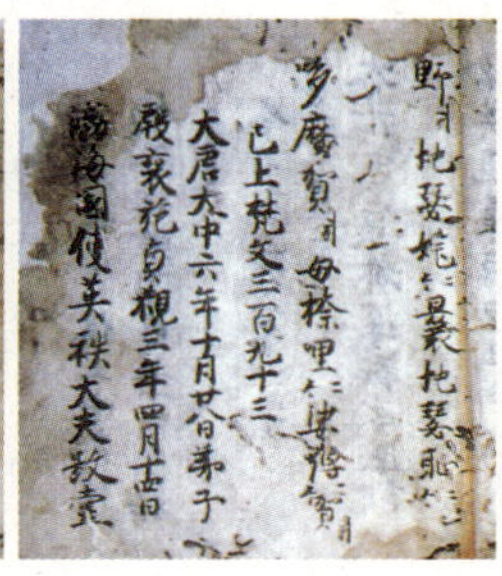 

가 발견된 것도 주목된다. 그 위치로 보아서 절터는 정효공주 무덤을 지키던 사찰로 추정되며, 건물터는 무덤을 관리하던 승려들이 거주하던 곳으로 여겨진다. 불교가 왕실과 밀접한 관련을 맺었음을 발견할 수 있다.

문왕 시대에는 귀족층에도 불교가 널리 유포되어 있었다. 762년 일본에 사신으로 갔다가 이듬해 귀국한 왕신복(王新福) 일행이 일본 도다이지 예불에 참석하였던 사실이 쇼소잉(正倉院) 소장의 고문서로 전해진다.

승려와 유적 · 유물

문왕대를 거치면서 발전한 발해 불교는 그 후 융성기를 맞이한다. 그 모습을 전하는 기록이 현재 전혀 남아있지 않지만, 승려들의 활동이나 유적, 유물을 통하여 그 편린을 엿볼 수 있다.

발해의 승려로는 석인정(釋仁貞, ?~815), 석정소(釋貞素, 774~828), 살다라(薩多羅), 재웅(載雄)이 알려져 있다. 이들은 모두 800년대 이후에 활동한 승려들이다. 그러나 이들에 대해서는 일부 행적이 알려져 있을 뿐이고, 그들의 사상을 이해할 만한 자료는 전혀 없다.

석인정과 석정소는 일본과 관계가 깊은 인물로서 당시 발해와 일본과의 교류에 커다란 역할을 하였다. 특히 석정소는 당나라에서 일본 승려 레이센(靈仙, ?~828)과 교유하였고, 그와 일본 천황 사이를 두 번이나 왕래하면서 심부름을 하다가 결국은 중국에서 발해로 귀국하는 길에 풍랑을 만나 사망하였다.

살다라는 당나라 장안에 가서 머물렀는데, 새와 짐승의 말에 능통하였다고 한다. 재웅은 발해가 멸망한 뒤인 927년 3월에 60여 명과 함께 고려로 망명한 인물이다.

발해 불교의 융성은 일반 지배층에도 크게 영향을 주었으니, 일본에 사신으로 갔던 왕효렴(王孝廉, ?~815)은 일본의 홍법대사(弘法大師) 구카이(空海,

774~835)와 시문을 주고 받으면서 교유하였고, 사신 접대를 맡았던 아베요시히토(安倍吉人)는 발해 사신이 예불하였다는 말을 듣고 그 감흥을 시로 지었다.

탑으로는 정효공주 무덤탑, 마적달탑, 영광탑이 알려져 있다. 이들은 모두 벽돌탑으로 당나라 양식을 띠고 있으며, 영광탑만이 거의 원형대로 남아 있다.

이들은 사리탑이 아니라 무덤탑의 성격을 띠고 있는 것이 특징이다. 탑 아래에 무덤칸을 만들고, 그곳에 시신을 안치하였다. 정효공주 무덤이 대표적인 것이며, 마적달탑이나 영광탑의 구조도 이와 거의 동일하다. 따라서 이 탑의 주인공들은 승려가 아니라 불교와 밀접한 왕실 내지 귀족들이었을 것이다.

유물로서 가장 먼저 손꼽을 만한 것이 불상이다. 현재까지 발견된 것은 모두 1천 점 가까이 된다고 한다. 이들은 재료에 따라 석불, 철불, 금불, 금동불, 전불(塼佛), 소조불, 칠불(漆佛) 등으로 나뉜다.

대표적인 것이 전불로서, 틀빼기를 하여 구워 만들었다. 상경성(동경성), 팔련성의 절터에서 대량으로 발견되었고, 연해주의 아브리코스 절터에서도 발견된

적이 있다. 불상 아래에는 못이 박혀 있던 원형 구멍이 있어 원래 절 안의 벽에 천불(千佛) 형태로 끼워져 있었음을 알 수 있다.

이러한 전불이 중국, 일본에서도 발견된 예가 있지만 이들은 모두 납작한 형태인데 비하여, 발해 것은 둥글게 입체적으로 만들어져 있어 이들과 다르다. 오히려 고구려 원오리(元五里) 절터 출토의 전불과 통하는 것으로, 발해 전불이 고구려 전통을 계승한 것을 반영한다. 이러한 사실은 발해 절터에서 발견되는 연화문 막새기와들이 고구려 것을 계승한 것과도 상통한다.

석불로는 현재 상경성 흥륭사(興隆寺) 안에 안치된 것이 있는데, 지금은 형태가 개조되어 원래의 모습을 잃어버렸다. 현재의 높이는 대좌를 포함하여 3.3m에 이른다. 또 일본의 한 미술관에는 오존비상(五尊碑像)이 소장되어 있는데, 여기에는 함화 4년(834)에 조문휴(趙文休)의 어머니 이씨가 아

▌함화 4년명 비상

미타불과 관음·세지 등을 조성하였다는 연기가 적혀 있다.

불상 양식면에서 보면, 상경성 지역은 관음상(觀音像)이 주류를 이루고, 동경성 일대는 이

최근에 발굴된 백묘자 발해 사리함

불병좌상(二佛并座像)이 주류를 이룬다. 특히 이불병좌상은 석가모니불과 다보불을 병좌시킨 것으로 법화(法華)신앙과 관련되어 있다. 중국으로부터 천태종(天台宗)이 유입되어 유행한 것이지만, 왼쪽 부처의 손을 오른쪽 부처의 왼손 위에 올려 놓는 방식이나 머리·얼굴·두광(頭光)·납의(衲衣) 등의 세부 양식에서 고구려 이래 지방적 특색을 나타내고 있다.

814년에는 발해 사신 고예진(高禮進) 일행이 당나라에 금불상과 은불상 각 한 구를 바친 기록도 보인다.

이밖에 사리함으로는 대성자고성(大城子古城)과 상경성 토대자(土台子) 부근에서 발견된 것이 있다. 대성자고성 출토품은 7겹의 함(函)으로 구성되어 있는데, 그 중 칠갑(漆匣)에는 가는 은사(銀絲)로 꽃무늬가 상감되어 있고, 은합(銀盒)에는 구름 무늬와 사천왕상(四天王像)이 정교하게 새겨져 있어서, 발해 불교의 예술 수준을 짐작하게 해준다. 마지막 함에서는 5과의 사리가 발견되었다.

또 상경성 흥륭사 석불 앞에는 용암으로 만든 높이 6m의 거대한 석등(石燈)이 지금도 남아 있어, 발해 불교 예술을 눈으로 확인시켜주고 있다.

유민과 불교

926년 발해가 멸망한 직후에 승려 재웅 등이 고려로 망명하였지만, 발해 영토에는 불교 명맥이 유지되었을 것이다. 그러나 928년 거란이 발해 유민들을 요동지방으로 강제 이주시키면서 상경성을 불태웠고, 이 때 절들도 불에 타버렸던 것으로 짐작된다.

그 뒤로는 발해 불교의 전통이 요동지방, 특히 현재의 요양 지역으로 옮겨져 나타나게 되었으며, 그 흐름은 200여 년이 지나 금나라가 이곳을 통치할 때에도 끊이지 않았다. 발해 유민들은 금나라 황실에서 불교를 받아들여 숭상하는 데에도 중요한 역할을 하였다.

대표적인 유민으로는 금나라에서 장관직까지 역임하였던 장호(張湖) 형제들이 있고, 불교에 심취하였던 금 세종의 생모 이씨 및 윤공비(允恭妃) 유(劉)씨가 있으며, 큰 절을 짓고 북경으로부터 승려를 맞이하여 절을 운영하게 하였던 조숭덕(趙崇德)도 있다.

특히 세종 생모인 이씨는 남편인 예종이 사망한 뒤에 비구니가 되었고, 요양에 돌아와 청안선사(清安禪寺)와 수경사(垂慶寺)를 지었다. 이 때 자신을 위해 부도탑을 세웠으니 지금까지 요양에 남아 있는 70여m 높이의 백탑(白塔)이 그것이다. 현재의 모습은 그가 사망한 후 세종이 다시 증축한 것이라 한다.

마지막으로, 발해 불교는 다음의 몇 가지 점에서 특징이 드러난다.

첫째, 발해 불교는 지배층 중심으로 융성하였으며, 특히 왕실과 밀접한 관련을 맺고 있었다.

콧등에 금박 흔적이 남아 있는 석불상

지배층 중심이었다는 것은 현재 불교 유적이 도성이었던 상경, 중경, 동경 지역에 집중적으로 나타나는 것을 통하여 추측할 수 있다. 특히 왕실과 밀접한 관련을 맺고 있었던 점은 문왕대의 전륜성왕 의식이나, 정효공주 무덤의 무덤탑 양식, 무덤과 사찰의 연계 등을 통하여 확인된다.

둘째, 불교 신앙 형태가 지역적으로 달리 나타난다는 점이다. 상경성 일대에는 관음신앙이 중심을 이루고, 동경 일대에는 이불병좌상으로 대표되는 법화경 신앙이 중심을 이루었다. 이것은 시기적인 차이 때문으로 볼 수도 있겠지만, 과거 고구려 영토로서 고구려 불교 전통을 이어받은 곳과 그렇지 않은 곳의 차이에 의한 것임은 분명하다.

셋째, 불교 전통에서 볼 때 고구려를 이어받은 것, 당나라로부터 유입된 것, 그리고 자신이 창조한 독창적인 요소가 복합되어 나타난다는 점이다. 예컨대 탑의 양식은 분명히 당나라 벽돌탑 양식을 채용하고 있으나, 탑의 운용면에서 승려의 사리탑이 아닌 권력자의 무덤탑으로 이용되고 있다. 또 전불은 고구려식이며, 사원 건축에 이용된 막새기와도 고구려식 연화문을 채택하고 있다.

넷째, 네스토리우스교[景敎] 및 유교와의 접합이다. 러시아 연해주의 아브리코스 절터에서 경교 십자가가 새겨진 점토판이 발견되어, 불교와 경교의 접합을 시사하고 있다. 이와 비슷한 양상이 신라 경주 출토의 유물에서도 보인다. 이것은 당시 당나라에까지 전파되었던 경교가 발해와 신라에도 유입되어 불교와 밀접한 관련을 맺고 있었음을 시사해준다.

한편 정효공주 무덤 양식이 불교와 밀접한 관련을 가졌으면서도 묘지문에는 유교적인 이상성을 표현하고 있어, 불교와 유교가 공존하고 있음을 발견하게 된다. 문왕 존호의 경우도 역시 마찬가지이다. 이러한 공존 현상은 발해에서 독특한 것으로, 중원에서는 찾아볼 수 없는 현상이라고 한다. 그렇지만, 신라 진흥왕 순수비에는 그러한 공존 현상이 나타난다.

11장
다양한 문화 성격

발해는 고구려 계승국가였다. 건국에서부터 문왕을 거쳐 강왕 등에 이어지기까지 문헌 자료에는 지속적으로 고구려 계승성이 확인된다. 특히 강왕 자신이 스스로 고구려 계승의식을 표명한 예가 있어서, 발해인의 생각을 엿볼 수가 있다. 이에 따라 일본에서는 발해 사신을 접대할 때에 고구려 계통의 인물을 선발하여 이들을 맞도록 하는 조치도 내렸다.

그렇다고 해서 발해 문화에 고구려적인 양상만 나타나는 것은 아니다. 230년 가까이 지속되었던 국가에 이전 시대를 계승하는 문화 요소만 보인다면 그것은 상식적으로도 말이 되지 않는다.

발해의 중심지는 고구려 영역에 속하지 않았고 독자적인 문화 전통이 별볼일 없던 곳이었다. 이 때문에 자연히 외부로부터 이식된 문화가 주된 바탕이 되었다. 이러한 이식문화에는 당나라 문화뿐 아니라 고구려

문화도 해당된다.

발해 문화는 건국 초기에 고구려 문화를 기본으로 하였다. 초기의 도성 체제나 고분 양식이 이러한 사실을 잘 반영한다. 불교도 고구려계가 주도하였던 것으로 여겨진다. 그러나 교과서에 서술되어 있듯이 시종일관 고구려 문화를 고수하여 발해 문화의 주류를 이루었던 것은 아니다.

발해는 점차 당나라 문화를 적극적으로 받아들임에 따라 이 문화 요소가 중요한 자리를 차지하기 시작하였다. 발해의 각종 제도는 당나라 제도를 기초로 한 것이며, 벽돌무덤 양식이나 벽화도 이를 반영한다.

그러나 기층문화는 말갈 문화가 중심이었다. 이밖에 중앙아시아나 시베리아로부터 전파된 요소도 눈에 뜨이고, 발해인들이 창조한 고유한 요소도 보인다.

이처럼 발해 문화에는 다양한 요소가 엿보인다.

발해는 활발한 대외관계를 통하여 주변국가의 문화를 흡수하였다. 발해에는 5개의 주요한 대외교통로가 있었다. 바다를 통하여 일본과 왕래하던 일본도(日本道), 함경도의 동해 연안을 따라 개설되었던 신라도(新羅道), 요하 상류쪽으로 연결되었던 거란도(契丹道)가 있었고, 당나라에 왕래하던 길도 두 개가 있었다. 하나는 요동반도와 산동반도를 잇는 바닷길인 조공도(朝貢道)이고, 다른 하나는 요동과 요서지방의 내륙교통로로 이어지던 영주도(營州道)이다.

그 외에 러시아 학자는 비록 문헌기록에는 보이지 않지만, 남부 시베리아 및 중앙아시아와 연결되던 '담비의 길'도 상정하고 있다. 발해에 이러한 대외교통로가 있었다는 것은 그곳의 문화가 발해에 유입되었음을 의미한다. 그러니 발해 문화에 다양한 요소들이 들어 있게 마련이다.

이렇게 발해 문화는 그 자체로서 보아야 실체를 제대로 파악할 수 있다. 중국이나 러시아, 일본이라는 제3자의 시각에서 보아서는 안되듯이 우리 역사란 입장에서만 보게 된다면 고구려적인 요소만 발견하려 노력할 뿐이다. 따라서 다른 요소는 간과하는 우를 범하게 된다.

문헌기록을 볼 때에는 발해가 고구려를 계승하였던 면이 많이 발견된다. 그러나 발해 문화의 다양성을 이해하는 데에는 문헌기록보다 고고학 자료들이 더 효과적이다.

고구려 문화

유적과 유물에서 첫째로 고구려적인 양상을 보이는 것들을 보자. 우선 두드러진 것이 지붕을 장식하였던 막새기와[瓦當]이다. 연꽃무늬를 한 막새기와가 대부분을 차지하는데, 이러한 모티브는 고구려 전통을 이어받은 것이 분명하다. 이 사실은 외국의 학자들도 공통적으로 인정한다.

연꽃잎을 배치한 막새기와는 고구려, 백제, 신라에서 특징적으로 발달하였는데, 발해의 막새기와는 부조가 뚜렷하고 힘이 있는 고구려 것을 계승하였다. 다만 고구려 막새기와가 8개의 연꽃 잎을 기본으로 하고 있는 데에 비해서, 발해 것은 6개를 기본으로 하고 있는 데에서 발해의 독자성도 엿보인다.

당시에 지붕에 기와를 이었던 건물은 궁전, 관청, 절이었다. 따라서

발해 막새기와와 주변국의 막새기와

막새기와가 고구려적이었던 점은 지배층에 고구려 계층 사람들이 많았거나, 아니면 적어도 건축을 담당하였던 장인들이 고구려로부터 들어온 것을 의미한다. 지붕에 연꽃잎의 막새기와를 얹었던 절에도 고구려 계통의 승려들이 거주하였을 것이다. 누가 뭐라 해도 발해 불교는 고구려 전통을 계승한 것이 분명하기 때문이다.

발해인의 종교로는 불교가 중심이었다. 불상만 보더라도 고구려 전통을 고수하고 있다. 더구나 흙으로 구워 둥글게 만든 전불은 고구려 양식을 잘 따르고 있다. 그러면서도 과거 고구려 영역이었던 곳에는 법화신앙이 발달하고, 고구려 영역에서 벗어난 지역에는 관음신앙이 발달하는 지역적 차이를 보인다. 또한 서 있는 자세로 생각에 잠긴 사유관음입상(思惟觀音立像)은 발해에서 독특하게 보이는 것으로 주목할 만하다.

발해 무덤에는 흙무덤, 돌무덤, 벽돌무덤 등이 있다. 흙무덤은 발해

건국 이전부터 유행하였던 말갈족의 양식으로 발해 초기까지 지속되었다. 돌무덤은 석실봉토묘(石室封土墓)가 기본으로서 발해 지배층의 무덤이었다. 이렇게 돌을 이용하여 무덤을 쌓는 방식은 고구려적인 것으로서, 특히 석실봉토묘는 고구려 후기의 양식을 거의 그대로 계승하고 있다. 이러한 것으로서 정혜공주 무덤과 삼릉둔 2호묘가 대표적이다.

반면에 벽돌무덤은 당나라 방식으로서 발해 중기 이후에 왕실에서 일부 받아들여졌지만, 그 숫자는 많지 않다. 이러한 것으로 정효공주 무덤, 마적달 무덤이 대표적이다. 특히 정효공주 무덤은 벽을 벽돌로 쌓으면서 천정은 돌로 평행고임을 하여 당나라 양식과 고구려 양식이 절충된 양상을 보여준다. 이밖에 상경 부근의 삼릉둔에서 일제시대에 조사된 1호묘는 돌을 벽돌처럼 깎아서 축조하였다. 이렇게 무덤만 보더라도 여러 가지 전통이 혼재되어 있음을 발견할 수 있다.

한편 발해 성터에는 평지성과 산성이 있는가 하면, 중심되는 성을 방어하기 위한 보루나 차단성도 있다. 성을 쌓는 재료로 볼 때에 토성, 석성, 토석혼축성(土石混築城)이 있는데, 평지성은 토성이 대다수이고 산성은 석성이 대부분이다. 평면상으로는 장방형, 방형, 부정형 등이 있다.

발해 성터에 대한 연구로서 고구려 및 당나라 성과 비교하여 발해 성의 변화 과정을 언급한 것이 주목된다. 발해 성은 성산자산성처럼 초기에는 산성에 의지하였다. 이것은 환인의 오녀산성 예에서 볼 수 있는 것처럼 고구려 전통을 계승한 것이다.

그러다가 8세기 중반 이후에 당나라 문화를 적극적으로 받아들이면서 장안성을 모방한 평지성 중심의 방어체계로 전환하였다. 이러한

목단강과 상경성 (구글 어스)

예는 동경성을 비롯하여 서고성, 팔련성에서 찾아볼 수 있다. 따라서 전체 시기를 놓고 볼 때에 발해 성은 건국기에 고구려식을 계승하였다가 이어서 당나라식으로 전환하였다.

당나라 문화

이제 당나라 요소로 넘어가보자.

3성 6부의 중앙 통치기구, 10위의 중앙 군사제도를 비롯하여 지방 행정제도, 문무 관료제도, 관복제도 등은 모두 당나라 제도를 모태로 한 것들이다. 어느 것은 당나라 명칭을 그대로 따왔지만, 어느 것은 발해 고유의 명칭을 붙였다. 3성 6부제도는 당나라에서 따온 것이나, 선조성(宣詔省), 중대성(中臺省), 정당성(政堂省), 충부(忠部), 인부(仁部) 등의 명칭은 발해에 고유한 것이다.

그러면서도 3성 가운데 행정실무기관인 중대성(中臺省)을 중심으로 운영한 것은 3성의 균형과 견제를 기저로 하였던 당나라 운영방식과 다르다. 오히려 통일신라 하대에 집사성(執事省)에 권력이 집중된 것이나 고려시대에 중서문하성(中書門下省)에 권력이 집중되었던 면과 유사하다.

또 지방 행정제도로서 처음에 현도주(玄菟州), 목저주(木底州), 약홀주(若忽州)처럼 고구려 명칭을 사용하다가 나중에 당나라 제도를 받아들여 용주(龍州), 발주(渤州), 호주(湖州)와 같이 외자로 된 당나라식 명칭으로 바꾸었다.

정효공주 무덤에는 여러 가지 요소들이 혼합되어 있다. 무덤 양식으로 보건대 벽돌로 쌓는 당나라 양식과 돌로 공간을 줄여 나아가면서 천정을 쌓는 고구려 양식이 결합되어 있다. 그러면서도 무덤 위에 탑을 쌓는 방식은 발해에 독특한 것이다. 이것은 무덤 위에 건물을 짓던 방식이 불교와 융합되면서 변모된 것이다. 무덤 위에 건물을 지은 사실은 삼릉둔 1호묘, 하남둔 고분을 비롯한 많은 고분에서 주춧돌, 기와 등이 출토되고 있는 데에서 확인되는데, 고구려 장군총(將軍塚)에서도 건물이 있었던 흔적이 나타나는 것으로 보아 고구려 전통이 계승된 것이 아닌가 여겨진다.

현실의 동·서·북쪽 벽과 연도의 동·서쪽 벽에 그려진 벽화는 모두 12명의 인물로 구성되어 있는데, 이 인물들은 대체로 뺨이 둥글고 얼굴이 통통하여 당나라 화풍을 보여준다. 정혜공주 무덤에 돌사자 두 마리를 배치한 것도 중국 황제의 무덤을 본뜬 것이고, 문왕 이후에 채택된 장방형의 평지성을 중심으로 한 도성체제도 당나라로부터 유입된 것이다.

1991년과 다음 해에 발굴되어 '91년 중국 10대 발굴 성과'로 손꼽혔던 삼릉둔 2호묘에도 고구려, 당나라 전통들이 보인다. 이 무덤은 왕릉으로 추정된다. 무덤 구조가 석실봉토분인 데에다가 말각천정을 하고 있고 천정에 꽃무늬 그림을 그려 놓았으니, 이를 통하여 고구려 전통이 왕실에 계승되고 있음을 엿볼 수 있다. 그러면서도 인물의 형상이나 복식은 정효공주 무덤처럼 당나라 양식을 띠고 있다. 그런가 하면 여러 사람을 함께 묻은 다인장(多人葬) 현상도 나타나는데, 이것은 발해적인 특색을 보이는 것이다.

발해인은 활쏘기, 타구(打毬), 격구(擊毬) 등에 능숙하였다. 이러한 경기들은 원래 페르시아로부터 당나라에 전해졌고, 이것이 다시 발해에 전해졌으며, 다시 821년에 사신으로 갔던 왕문구(王文矩)가 일본에 전해주었다.

말갈 문화

발해가 건국된 곳이 원래 말갈족의 거주지였고, 이 족속이 발해 사회의 저변을 이루었으므로 발해 문화에는 이들 요소도 들어 있게 마련이다. 말갈 문화 요소로서 우선 들 수 있는 것은 흙무덤이다. 돌무덤은 기본적으로 고구려적인 데에 비해서, 흙무덤은 말갈적인 전통을 보여준다.

토광묘라고 하는 흙무덤이 말갈적이라는 사실은 순수한 말갈 무덤들이 이런 양식을 취하고 있는 데에서 확인된다. 아무르강이나 연해주에 살았던 말갈족들이 토광묘만 남기고 있는 것도 참고가 된다. 이것은 고구려 무덤이 적석총, 석실묘 등과 같이 돌로 만들었던 것과 구별된다.

고구려식 단지와 말갈식 단지

그릇에도 다양한 양상이 보이는데, 입이 크게 벌어지고 가로띠 모양의 손잡이가 네 개 달린 나팔모양 단지는 고구려 계통이 분명하다. 반면에 몸통이 홀쭉하고 어깨나 입술 부근에 톱니모양의 덧무늬 줄이 있는 것, 또는 입술이 두 겹으로 된 것 등은 말갈적인 전통을 보여준다.

고구려 계통의 것은 물레를 사용하여 만들었고 굽는 온도가 높은 반면에, 말갈 계통은 손으로 직접 빚었고 굽는 온도가 낮아서 제작 기법에서도 서로 대비가 된다.

또한 화룡(和龍) 북대(北大)고분군에서 출토된 삼채(三彩) 그릇들은 당나라 것도 모방하였음을 보여준다. 당나라에서 수입한 자기(磁器)도 발해에서 사용되었다.

고유 문화

이 밖에 간과해서 안될 것은 발해인들이 창조한 고유한 요소이다. 그럼에도 흔히 이 요소는 무시되고 있다.

승려가 아니라 일반인을 위해서 무덤 위에 탑을 쌓는 방식은 발해에 고유한 것이다.

하나의 무덤에 여러 사람을 함께 매장하는 방식도 그러하다. 1부1처 제를 바탕으로 부부합장이 기본을 이루었지만, 여기에 다른 사람들이 함께 묻혀 있는 예가 많이 보인다. 이들이 일가족인지 아니면 순장(殉葬)된 자가 들어 있는지는 논란이 있다. 그렇지만 왕릉급 무덤으로 여겨지는

여러 사람이 함께 묻혀 있는 대주둔 1호묘

삼릉둔 2호묘에서도 15명 정도의 인골이 출토되어 순장의 전통이 있었음을 암시하고 있다. 이러한 순장 현상은 현지의 토착 전통에서 비롯된 것으로 여겨진다.

빗물이 들이치는 곳이 썩지 않도록 기둥과 주춧돌이 만나는 부분에 도자기를 씌운 기둥밑 장식기와[柱礎裝飾瓦]도 발해에서 독특하게 볼 수 있다. 이러한 도자기는 겉에 연꽃을 장식한 것이 있는가 하면, 삼채 유약을 바른 것도 있다.

허리띠 장식인 띠꾸미개[銙板] 중에서 구멍이 많이 뚫리고 형태도 다양한 것이 발해 지역에서만 보인다. 이러한 양식은 발해 건국 직전에 등장하여 발해 멸망 뒤인 11세기 경까지 이어졌다. 따라서 발해인들이 창조한 것은 아니지만, 발해 유적에서 독특하게 발견되는 것만은 분명하다.

귀면와[鬼面瓦] 문양이나 문자가 찍힌 기와도 발해에 독특하다. 암키와 가장자리를 손가락으로 눌러서 문양을 만들거나, 갈대 대롱으로 찍어서 연주문[連珠紋]을 만들고 그 양쪽을 따라서 빗살무늬를 넣는 방식도 발해에 독특한 것이다.

한편 일본에서 유행한 네츠케[根付]라고 하는 소형장식물의 원류를 발해에서 찾는 견해도 있다.

기타 문화

소그드 화폐

러시아 학자들은 발해 문화에 중앙아시아나 남부 시베리아로부터 들어온 요소도 있다고 주장한다. 연해주에서 발견되는 독특한 장식의 도기, 소그드 화폐, 경교 십자가, 독특한 뼈 장식물, 꽃 잎 모양의 장식이 있는 거울들이 그런 것이라고 한다. 이에 따라 심

지어는 중앙아시아에서 활동
하던 소그드인들이 연해주에
집단거류지를 이루고 살았다
는 주장도 제기되었다.

한편 신라도를 경유하여
신라와 교류하였으므로 그러
한 요소도 있었을 것이다. 이
에 대한 뚜렷한 증거는 없지

일본 화폐

만 발해 사람들 가운데에 최씨나 박씨가 있다는 사실은 신라계의 사람들
이 발해에 합류하였음을 보여준다.

궁전 바닥에 깔았던 전돌 문양은 두 나라 출토품이 상당히 근접해 있
다. 이것은 양국 사이의 교류 결과는 아니고 당나라를 본받았기 때문이다.

전체적으로 볼 때에, 발해 문화는 초기에 고구려 문화가 중심을 이루
다가 8세기 중반 이후에 당나라 문화가 중심을 이루면서 더욱 다양하게
변모해갔다. 물론 지역적으로도 문화 양상에서 차이를 드러낸다. 과거
고구려 영역이었던 함경도 지역 같은 곳에서는 고구려 전통이 많이 남아
있지만, 그렇지 않은 길림성·흑룡강성 지역에서는 고구려적인 요소가
상대적으로 미약할 수밖에 없다.

마지막으로 강조하고자 하는 점은 발해 문화를 그 자체로 보아야지,
교과서에 실린 것처럼 고구려 문화를 계승한 것으로만 설명해서는 안 된
다는 사실이다. 발해인들은 자기 나름대로의 삶을 살았지, 고구려인으로
서 살았던 것이 아니다. 그러므로 발해인들의 문화 요소를 다양한 측면
에서 설명하여야 할 것이다.

잘못된 발해 역사

이왕에 교사들께 강의를 하는데, 기왕의 교육 자료들에 대해서 사족을 붙이고자 한다. 자료들을 살펴보면 일부 내용에서 잘못 다루어지고 있기 때문이다.

얼마전에 아이들에게 역사책을 사주기 위해 책방을 들렀더니, 아직도 발해가 699년에 건국되었다고 서술되고, 경왕·애왕이라는 발해왕이 등장하고 있었다. 사실 발해는 698년에 건국되었다. 699년에 건국되었다는 것은 과거에 일본 기록을 알지 못한 채 추정한 연대일 뿐이다. 중국 기록에 성력 연간(698~700)에 나라를 세웠다고 한 것을 보고, 그 중간 연도를 채택하였기 때문이다.

경왕(景王)·애왕(哀王)이란 것도 과거 일본인이 신라의 경애왕(景哀王)을 발해의 경왕과 애왕으로 잘못 읽어서 나타난 오류이다. 심지어는 『한국민족문화대백과사전』 연표에도 경왕과 애왕이 수록되어 있다.

교과서에도 잘못된 서술이 있어서 이것이 학력고사에서도 그대로 출제된 것을 보았다. 교과서에는 아직도 5경의 위치에 대해서 일제시대의 설을 그대로 따르고 있다. 남경남해부는 북청에 있었던 것으로 여겨지는데, 지도에는 아직도 함흥 부근에 표시를 하였고, 중경현덕부는 화룡현 서고성에 있었는데 역시 동모산과 동일한 곳에 표시를 하였으며, 서경압록부도 고구려 수도였던 집안에 있었던 것이 아니라 우리 나라 중강진 맞은편의 임강진(臨江鎭)에 있었다. 그리고 발해의 남쪽 경계였던 이하(泥河)가 용흥강(龍興江)으로 얘기되고 있는데, 훨씬 남쪽에 국경선을 표시하였다.

또 왕조 계보도를 보면 대굉림(大宏臨)을 대굉림이 아닌 대굉임, 대위해(大瑋瑎)를 대위계로 잘못 읽고 있다. 본문에서는 정효공주 묘지문이 불로장생의 도교사상이 중심을 이루는 것처럼 되어 있으나 어디까지나 유교와 불교가 중심을 이루고 있을 뿐이다. 이것이 몇년 전에 시험에도 났다. 그러나 이 묘지문은 거의가 유교 경전을 인용하고 있으니, 뒤에 달아놓은 번역문을 참고하기 바란다.

또 발해 농민들의 일부가 노비로 전락하여 귀족에게 예속되기도 하였고, 평민들은 촌락에 편입되어 있었으며, 촌락은 촌장을 통하여 국가의 지배를 받았고, 조세를 부담하였고, 노동력을 징발당하였다고 서술한 것은 어디까지나 추측일 뿐이지 사료적 근거는 없다.

정혜, 정효 두 공주의 묘지가 둘 다 화룡현에서 출토된 것으로 설명한 것도 잘못이다. 정혜공주묘는 길림성 돈화시, 정효공주묘는 길림성 화룡현에서 발견되었다. 그리고 이들 무덤의 양식은 각기 석실묘와 벽돌묘로 서로 다른데 이를 뒤섞어 설명하고 있다.

(그 뒤에 교과서의 잘못된 부분은 바로잡아줄 기회가 있었으나, 아직도 교과서의 발해사 서술은 빈약한 편이다.)

정효공주(貞孝公主) 묘지(墓誌) 및 서문(序文)

무릇 오래 전에 읽었던 『상서』를 돌이켜 보건대 요임금은 두 딸을 규수(嬀水)의 물굽이에 내려보내 순임금에게 시집보냈고, 『좌전』을 널리 상세히 보건대 주나라 천자가 딸을 제나라에 시집보낼 때에 노나라 장공(莊公)이 노관(魯館)을 지어 그 혼례를 주관하였다. 그러니 부녀자로서 갖추어진 덕이 밝고 밝으면 명예로운 이름이 어찌 후세에 전해지지 않을 것이며, 어머니로서 갖추어진 규범이 아름답고 아름다우면 선인(先人)들이 쌓은 은혜가 어찌 무궁하게 전해지지 않으리요? 조상들의 복을 물려받는 것이란 바로 이것을 가리키는 것이다.

공주는 우리 대흥보력효감금륜성법대왕(大興寶曆孝感金輪聖法大王)의 넷째 딸이다. 생각건대 고왕(高王), 무왕(武王)의 조상들과 아버지 문왕은 왕도(王道)를 일으키고 무공(武功)에서 커다란 업적을 남겼다고 능히 말할 수 있으니, 만일 이들이 때를 맞추어 정사(政事)를 처리하면 그 밝기가 일월(日月)이 내려비치는 것과 같고, 기강을 세워 정권을 장악하면 그 어진 것이 천지(天地)가 만물을 포용하는 것과 같았다. 이들이야말로 우순(虞舜)과 짝할 만하고 하우(夏禹)와 닮았으며, 상나라 탕왕(湯王)과 같은 지혜를 배양하고 주나라 문왕(文王)과 같은 도략(韜略)을 갖추었다. 하늘에서 이들을 도와주니, 위엄을 베풀어 길하게 되었도다.

공주는 무산(武山)에서 영기(靈氣)를 이어받고, 낙수(洛水)에서 신선(神仙)에 감응받았다. 그녀는 궁중에서 태어나 어려서부터 유순한 것으로 유명하였다. 용모는 보기 드물게 뛰어나 옥과 같은 나무에 핀 꽃들처럼 아름다웠고, 품성은 비할 데 없이 정결하여 곤륜산(崑崙山)에서 난 한 조각의 옥처럼 온화하였다. 일찍이 여사(女師)에게서 가르침을 받아 능히 그와 같아지려고 하였고, 매번 한나라 반소(班昭)를 사모하여 시서(詩書)를 좋아하고 예악(禮樂)을 즐겼다. 총명한 지혜는 비할 바 없고, 우아한 품성은 저절로 타고난 것이었다. 공주는 훌륭한 배필로서 군자에게 시집갔다. 그리하여 한 수레에 탄 부부로서 친밀한 모습을 보였고, 한 집안의 사람으로서 영원한 지조를 지켰다. 그녀는 부드럽고 공손하고 또한 우아하였으며, 신중하게 행동하고 겸손하였다. 소루(簫樓) 위에서 한 쌍의 봉황새가 노래부르는 것 같았고, 경대(鏡臺) 가운데에서 한 쌍의 난새[鸞鳥]가 춤을 추는 것 같았다. 움직일 때면 몸에 단 패옥이 소리를 냈고, 머물 때면 의복의 띠를 조심하였다. 문장력이 뛰어나고 말은 이치에 맞았으며, 갈고 닦아서 순결한 지조를 갖추고자 하였다. 한나라 원제(元帝)의 딸 경무(敬武)공주처럼 아름다운 봉지(封地)에서 살았고, 한나라 고조(高祖)의 딸 노원(魯元)공주처럼 훌륭한 가문에서 생활하였다. 부부 사이는 거문고와 큰 거문고처럼 잘 어울렸고, 창포와 난초처럼 향기로웠다. 그러나 남편이 먼저 돌아갈 것을 누가 알았으랴, 지모(智謀)를 다하여 정사를 보필하지 못하게 되었구나. 어린 딸도 역시 일찍 죽어, 미처 실패를 가지고 노는 나이에 이르지 못하였다. 공주는 직실(織室)을 나와 눈물을 뿌렸고, 빈 방을 바라보며 수심을 머금었다. 6행(六行)을 크게 갖추고 3종(三從)을 지켰다. 위(衛)나라 공백(共伯)의 처 공강(共姜)의 맹세를 배웠고, 제(齊)나라 기량(杞梁)의 처와 같은 애처러움을 품었다. 부왕(父王)에게서 은혜받아 스스로 부덕(婦德)을 품고 살았다. 인생길이 절반도 되지 않았는데 세월은 달음질치고, 흐르는 물은 내를 이루어 계곡에 견고하게 감추어진 배를 쉽게 움직이는구나. 아아, 공주는 대흥(大興) 56년(792) 여름 6월 9일 임진일(壬辰日)에 외제(外第)에서 사망하니, 나이는 36세였다. 이에 시호를 정효공주(貞孝公主)라 하였다. 이 해 겨울 11월 28일 기묘일(己卯日)에 염곡(染谷)의 서쪽 언덕에 배장하였으니, 이것은 예의에 맞는 것이다.

황상(皇上)은 조회를 파하고 크게 슬퍼하여, 정침(正寢)에 들어가 자지 않고 음악도 중지시켰다. 장례를 치르는 의식은 관청에 명하여 완비하도록 하였다. 상여꾼의 목메어 우는 소리 발길 따라 머뭇거리고, 수레 끄는 말의 슬피 우는 소리 들판 따라 오르내리는구나. 한나라 악읍(鄂邑)공주처럼 영예는 숭산(崇山)을 뛰어넘고, 당나라 평양(平陽)공주처럼 은총을 장례에 더하였다. 황산(荒山)의 골짜기에 소나무와 개오동나무가 빽빽이 줄을 이루고 있는데, 고하(古河)가 굽이치는 곳에 있는 무덤은 깊숙이 감추어져 있구나. 천금같은 공주와 이별하기가 아쉬워, 비석을 세워 영원히 남기고자 한다. 이에 명문(銘文)을 새겼으니 다음과 같도다.

위대하고 빛나는 업적을 세운 조상들은 천하를 통일하였고, 상주는 것을 분명히 하고 벌 내리는 것은 신중히 하여 그 인정(仁政)이 사방에 미쳤다. 부왕(父王)에 이르러서는 만수무강하여 3황5제와 짝하였고 주나라 성왕(成王)·강왕(康王)을 포괄하였다. 이것이 첫째이다.

생각건대 공주가 태어나매 어려서부터 진실로 아름다웠고, 비상하게 총명하고 슬기로워 널리 듣고 높이 보았다. 궁궐의 모범이 되었고 동궁(東宮)의 누나가 되었으니, 옥같은 얼굴은 무궁화만이 비길 수 있었다. 이것이 둘째이다.

한강(漢江) 신녀(神女)의 영기(靈氣)를 품고 고당(高唐) 신녀의 정기를 이었으며, 고운 자태를 지니고 부덕의 가르침 속에 자랐다. 군자에게 시집가서 유순하기로 이름났으며, 원앙새가 짝을 이루듯 하였고 봉황새가 울음에 화답하듯 하였다. 이것이 셋째이다.

남편이 일찍 죽어 유명(幽明)을 달리 하니, 한 쌍의 난새가 홀연히 등을 돌린 듯하였고 쌍검이 영원히 떨어져 있는 듯하였다. 순결과 정절에 돈독하여 역사책에 기록하고 그림으로 남길 만하며, 부덕을 행함에 정조가 있고 아름다웠다. 이것이 넷째이다.

사랑의 노래를 부끄러워하고 수절의 시를 즐겨하였으며, 크게 어질고 근심으로 즐거워하지 않는 중에 세월이 어느덧 빨리 지나 공주도 세상을 하직하였다. 장례가 이미 끝나 상여가 돌아갈 때, 공주의 혼은 하늘로 돌아가고 사람들은 집으로 되돌아오니 뿔피리 소리 구슬프고 호드기 소리 처량하다. 이것이 다섯째이다.

강가의 깎아지른 산 옆에 자리잡으니, 묘광(墓壙)은 언제 광명을 볼 것이며 봉분(封墳)은 언제까지 갈 것인가. 고목이 무성하고 들판에 연기가 자욱한데, 무덤문을 갑자기 닫으니 처량한 감정이 홀연히 쌓이는구나. 이것이 여섯째이다.

얼굴

발해인의 생활 모습을 그려볼 수 있는 자료는 그렇게 많지 않다. 그러니 여기저기 단편적인 자료들을 긁어모아 복원해 볼 수밖에 없다.

우선, 발해인의 모습부터 엿보도록 하자. 그런 자료에는 다음 몇 가지가 있다.

첫째는 고분 벽화이다. 대표적인 것이 1980년에 발견된 정효공주 무덤 벽화이다. 벽화 인물들은 뺨이 둥글고 얼굴이 통통하고 건강미가 있다. 이 무덤에서는 사람 얼굴을 한 도용(陶俑) 2점도 발견되었다. 화룡현 하남둔 절터에서 출토되었다는 두상(頭像)이 있으나 발해 것인지 확실하지 않다.

또 하나의 벽화 고분이 1991년 가을에 상경성 부근에서 발견되었는데, 여기에도 15명의 인물과 꽃이 그려져 있다. 대부분이 여성으로 얼굴이 포

동포동하고 풍만하여 앞의 무덤 벽화와 비슷한 양상을 띠고 있다고 한다.

둘째는 상경성에서 출토된 벼루 바닥에 새겨진 인물상이다. 이 사람은 후각(後脚)이 어깨 위로 길게 드리워져 있는 복두(幞頭)를 쓰고 있다.

셋째는 일제시대에 상경성에서 수집된 기마(騎馬)인물 청동상이다. 모두 두 개인데, 하나는 삿갓모양[笠子形]의 쓰개를 하고 있고, 다른 하나는 극히 단순화되어 있다.

넷째는 러시아 연해주에서 발견된 청동상(靑銅像)이다. 현재 블라디보스토크 발물관에 진열되어 있는데, 근엄한 관리인지 아니면 악사나 무녀(舞女)인지 의견이 엇갈리고 있다.

옷

이제 발해인들이 입었던 옷을 보자.

관료들은 지위에 따라 자주색, 붉은색, 옅은 붉은 색, 녹색의 관복을 입었다. 벽화에서도 알 수 있듯이 옷의 형태는 포(袍)라고도 불리는 단령(團領)이었을 것이다. 단령은 깃을 둥글게 만든 원피스 모양인데, 당시에 당나라를 비롯하여 그 주변 나라들에 보편적으로 보급되어 있었다. 그리고 방한용(防寒用)으로 담비나 표범 등의 가죽으로 만든 갖옷[裘]을 입었다.

머리에는 복두(幞頭)를 썼다. 벽화를 보면 양각(兩脚)을 내려뜨리거나 위에서 묶은 형태가 보이고, 상투를 넣는 건자(巾子)에도 여러 종류가 보인다. 무인(武人)들은 말액(抹額)을 쓰기도 하였다.

단령에는 허리띠를 하였는데, 하남둔에서 출토된 순금제 허리띠는 아
주 화려하고 정교하게 만든 것이다. 그러나 대부분은 가죽띠를 착용하였
을 터인데, 겉에 장착한 허리띠꾸미개[鎊板] 가운데에서 많은 구멍이 뚫어
져 있는 것은 발해 특유의 것이다. 이 구멍들은 여러가지 물건을 매다는
데에 이용되었다.

사람들이 검은색 가죽신[靴]이나 미투리[麻鞋]를 신었던 것도 벽화에 보
인다.

동청(東淸) 고분에서 출토된 것으로 보건대, 여성들은 머리에 비녀나 뒤
꽂이를 꽂고 심지어 빗까지도 장식으로 꽂았다. 또 거울을 사용하였고,
팔찌나 반지, 귀걸이, 구슬 등을 착용하였다.

발해에서 생산된 옷감으로 현주(顯州)의 마포(麻布), 옥주(沃州)의 면포(綿布),

용주(龍州)의 명주(明紬)가 특산물로 유명하였다. 짐승 가죽도 옷감으로 이용되었는데, 특히 담비 가죽이 애용되었다. 담비 가죽은 당나라나 일본에 자주 보냈고, 지금도 만주에서 3대 특산물의 하나로 손꼽히고 있다.

920년 5월에 일본에 사신으로 갔던 배구(裵璆)가 담비 갖옷[貂裘]한 벌을 입고서 진기한 것이라고 자랑하자, 일본의 시게아키라 신노(重明親王)가 오리털수레[鴨毛車]를 타고 검은 담비 갖옷[黑貂裘] 여덟 벌을 입고 조회에 참여하여 배구가 이를 보고 크게 부끄러워 하였다는 기록은 흥미를 자아낸다.

비단과 같은 고급 옷감들은 당나라나 일본으로부터 들여와 귀족들의 사치품으로 애용되었다.

음식

일본 기록에 따르면, 발해 영토가 북쪽에 위치해 있었기 때문에 날씨가 추워서 논농사에 적합하지 않았다고 한다. 그러나 발해 특산물에 '노성(盧城)의 벼'가 들어 있으므로 논이 있었을 가능성도 있다. 이 때의 벼가 밭 벼인지 논 벼인지는 정확히 알 수 없지만 말이다. 북위 43도의 추운 지역이지만, 지금 이곳에는 조선족들이 경작하는 논이 즐비하다. 또 발해 당시에는 지구 온도가 올라가 있었으므로, 발해 논을 상정하여도 공상만은 아닐 듯하다.

지금까지 남한에서 발견된 경작지는 경기도 미사리의 백제시대 밭 자리, 충남 부여 궁남지의 백제시대 논 자리, 전남 광주 신창동의 원삼국시대 소택지(沼澤地), 창원 가음정동의 가야시대 논 자리와 조선 후기 밭 자리, 진주시 남강댐 유역의 청동기시대 밭 자리 등으로 이제 막 발견되기 시작하고 있다. 그러나 만주 지역에서는 아직 이와 관련된 보고가 없기 때문에, 더 이상 연구가 진행되지 못하고 있다.

그러나 주식은 역시 잡곡이었을 것이다. 발해 건국 전에 물길족과 말갈족은 조[粟], 보리[麥], 메기장[稷] 등을 경작하였다. 연해주의 발해 성터에서는 콩, 모밀, 보리, 수수 등이 채집되었다고 한다. 이러한 곡식을 경작하는 데 사용되었던 보습이나 보습판, 가공하는 데 사용되었던 맷돌이 곳곳에서 발견되었고, 때로는 갈무리하였던 저장창고가 발견되었다.

곡식 외에 발해에서 생산되는 가축, 물고기, 과일 등의 특산물들이 있었다. 부여의 사슴, 막힐부(鄭頡府)의 돼지, 미타호(湄沱湖)의 붕어, 환도(丸都)의 오얏, 낙랑(樂浪)의 배 등이 식용으로 이용되거나 외국에 수출되었다.

또한 연해주의 발해 성터에서 발견되는 뼈를 분석하여 발해인들이 말

해란강가의 논(2000. 9)

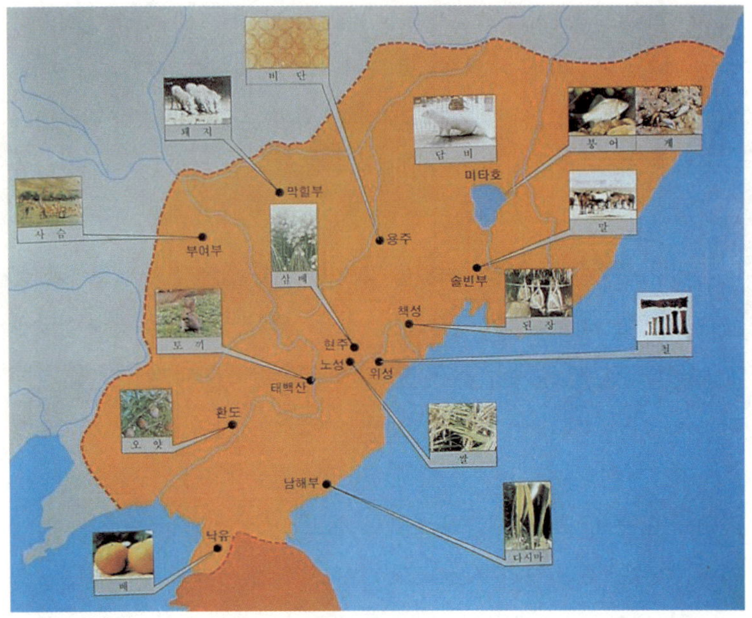

▌ 발해의 특산물

이나 소·개를 식용으로 이용하였고, 이밖에 거위, 독수리, 비버[海狸], 곰, 사슴, 염소, 멧돼지, 호랑이, 너구리, 늑대 등도 잡아먹었음이 확인되었다. 발해가 동해바다와 접해 있었기 때문에 해산물도 식품으로 이용되었으니, 남해부(南海府)의 다시마를 비롯하여 게[螃蟹], 문어, 고래 눈알 등이 유명하였다. 특히 발해의 게는 붉은 색으로 크기가 큰 그릇 만하였고, 집게발이 크고 두터웠다고 한다.

▌ 발해 때의 특산물인 붕어로 만든 요리

　한편 발해 사람들이 5월 5일 단오절
에 쑥떡을 해먹은 기록도 보인다. 조
선시대 실학자인 유득공(柳得恭)은 이 기
록을 보고 단오절에 쑥떡을 해먹는 풍
습이 발해에서 유래된 것이라 설명하
였다.

　음식을 담는 데 사용하였던 그릇에
는 상경에서 발견된 구름 모양의 자배
기 그릇, 화룡 북대(北大) 7호분에서 나

온 삼채병(三彩瓶)과 삼채사발(三彩碗) 등이 있어서, 귀족들의 생활 모습을 엿
볼 수 있게 한다. 문헌을 보면, 841년에 발해가 당나라 무종(武宗)에게 마
노로 만든 궤[瑪瑙橫]와 자색 자기로 된 동이[紫瓷盆]를 바쳤는데, 마노 궤는
꼭두서니처럼 짙은 붉은 색이었고, 자색 동이는 마치 기러기 깃털을 드
는 것처럼 가벼웠다고 하였다.

　877년 6월에 발해 사신 양중원(楊中遠)이 일본에 바치려 하였던 노리개
[珍翫]와 바다거북 술잔[玳瑁酒盃] 등을 보고 일본 사람인 가스가 야카나리(春
日宅成)가 옛날에 당나라에 갔을 때에 진기한 보물을 많이 보았지만 이처
럼 기이한 것은 없었다고 하였다.

주거

　발해의 주요 거점에는 성을 쌓아 외적의 침입을 막았고, 그 안에 주거
지를 만들어 살았다. 상경성의 평면 구조는 당나라 장안성을 거의 그대
로 본떠서 만들었다. 상경성 궁전 건물들은 회랑으로 연결되어 있었다.
건물은 기와로 지붕을 이었는데, 삼채의 귀면와(도깨비기와)와 치미 등이 출
토되는 것으로 보아 유약을 바른 기와를 사용하여 화려하게 건물을 치장

한 것을 알 수 있다. 그러나 기와가 보편적으로 사용되었던 것은 아니었고, 궁전이나 관청·절에서만 제한적으로 사용하였다.

기와집 모습은 연해주에서 발견된 불판(佛板)이나 상경성 석등(石燈)의 세부 모습을 통해서 유추해볼 수 있다. 주춧돌과 기둥이 만나는 부분에는 도자기를 구워서 만든 둥근 테를 돌려 기둥이 썩는 것을 방지하였는데, 이러한 것은 발해에서만 발견된다.

우리의 고유 문화로서 항상 온돌이 언급되고 있는데, 발해 당시에는 보편적인 것이 아니었다. 고구려 벽화고분을 보면 주인공들이 평상에 앉아 있는 장면을 많이 목격할 수 있다. 발해의 궁전 가운데에서도 왕이 잠을 자는 건물에서만 온돌장치가 발견되었다. 그것도 방 전체가 아니라 ㄱ자 모양으로 일부에만 구들이 시설되어 있었다.

방 전체에 온돌이 깔리고, 궁궐·관청에서 민가로 확대되고, 지역적

■ 건물 구조를 보여주는 석등 세부

으로도 전국에 보급되는 것은 조선시대에 와서야 가능하였던 것으로 보고 있다. 따라서 발해 당시만 해도 온돌바닥에 앉아서 생활하는 것보다는 주로 의자나 평상에 앉아서 생활하였을 것이다.

궁전과 관청 밖에 있던 일반 거주지역에는 귀족과 평민들이 살았다. 그러나 성 안에 살던 평민들은 지배층에 가까운 사람이었을 것이다. 이것은 신라시대에 경주에 살던 평민들이 지방에 살던 평민들과 출신이 달랐던 사실과 비교할 수 있을 것이다. 이들 거주지역은 정사각형이나 직사각형으로 구획된 방(坊)으로 구별되어 있어서, 성 전체가 바둑판 모양을 이루고 있었다. 이러한 구획은 최근에 경주에서도 발견되었다.

일반인 대부분은 성에서 떨어져 살았을 것이다. 이들의 주거 모습을 알 수 있는 것은 러시아 연해주에서 발견된 주거지이다. 주거용 건물은 두 가지가 있다. 하나는 지상에 설치된 가옥이고, 하나는 반지하식 가옥이다. 이들은 모두 선사시대 이래로의 전통적인 움집 형태였다. 대체로 직사각형 또는 정사각형을 이루고, 그 면적이 지상 가옥의 경우 전기에는 12~28㎡이었다가 후기에 이르면 50㎡에 이른다고 한다. 반지하식 가옥은 조금 더 작았다.

전기에는 화덕으로 난방을 하다가 후기부터 온돌 장치가 딸리는데, 1~3개의 고래가 달려 있어 역시 전면적인 온돌 난방은 아니었다. 중국에서는 이를 흔히 캉(炕)이라고 하는데, 신영훈 선생은 이를 '쪽구들'이라 바꾸어 부르고 있다. 이렇게 주거지에 온돌장치가 나타나고, 건물 입지도 산 위에서 산기슭으로 바뀌는 것이 말갈족 주거지와 다른 모습이라고 러시아학자들이 설명하고 있다.

가족생활

가족생활로서 먼저 결혼에 관한 것을 설명하겠다.

금나라 기록에 발해의 결혼 습속에 대한 언급이 보인다. 세종이 1177년 12월에 발해인의 약탈혼을 금지하는 명령을 내렸으니, "발해의 옛날 습속에는 남녀가 혼인을 할 때에 예법에 어긋나는 것이 많아서 먼저 남자가 여자를 훔쳐 달아나서 혼인을 하니 조서(詔書)를 내려 이를 엄금한다. 이를 범하는 자는 간통한 것으로 다스린다"고 하였다.

마음에 드는 여자를 우선 빼앗아옴으로써 혼인 절차가 시작되는 것이다. 이것이 발해인의 혼인 습속에서 어느 정도 보편적이었는지는 단언하기 어려우나, 옛날 습속이라고 한 것으로 보아 발해 당시에도 유행하였던 것으로 보인다.

가족 제도로서 1부1처제가 기본이었음은 발해 무덤에서 확인된다. 그러면서도 여성의 지위가 만만치 않았다. 남송(南宋) 시대에 쓰여진 『송막기문(松漠紀聞)』에 이런 구절이 있다. "부인들은 모두 사납고 투기가 심하다. 대씨는 다른 성씨와 서로 연계하여 10자매를 이루었는데, 이들이 번갈아 가며 남편을 감시하여 남편이 첩(側室)을 두는 것을 용납하지 않으며, 다른 여자와 연애하는 것도 용납하지 않는다"고 하였다.

이어서 "만일 이런 일이 있다는 것을 알게 되면 부인은 반드시 독을 넣어 남편과 사귄 여자를 죽이려고 한다. 한 남편이 일을 저질렀으나 자기 아내가 알지 못하였다면, 나머지 아홉 사람이 모두 일어나 그를 꾸짖으면서 다투어 증오하는 것을 서로 자랑으로 여겼다"고 하는 말이 이어진다.

10개의 가정이 생활의 한 단위를 이루면서, 다른 집 여자들이 생활에 관여할 정도로 여성의 힘이 강하였던 듯하다. 이렇게 여자들이 드셌기 때문에 발해 주변에 있었던 "거란, 여진의 여러 나라에는 모두 여창(女娼)이 있고 일반 사람들이 모두 첩(小婦), 몸종(侍婢)들을 거느리고 있었으나, 오직 발해에는 없다"고 하였다.

　　그렇지만 부인에 대한 남편의 사랑은 지극하였다. 일본에 사신으로 갔던 양태사(楊泰師)는 멀리 이국 타향에서 밤에 잠을 못 이루다가 옆집에서 들려오는 다듬이질 소리를 듣고 고향에 두고 온 부인을 이 여인에 빗대어 그리워하는 아름다운 서정시를 남겼다.

　　발해인 중에는 성(姓)이 있는 사람들이 아주 적었다. 왕의 성은 물론 대(大)씨였고, 상층귀족의 성으로는 고(高)씨, 장(張)씨, 양(楊)씨, 하(賀)씨, 오(烏)씨, 이(李)씨의 몇 가지에 불과하였다. 그밖에 일반귀족의 성으로 49개 정도가 확인된다. 이 중에는 신라계 사람들로 보이는 박(朴)씨, 최(崔)씨도 들어 있고, 말갈계로 보이는 성도 있다. 일반 귀족 아래에는 평민들이 있었고, 그보다 신분이 낮은 천민으로서 부곡(部曲)과 노비가 있었다.

　　사람이 죽으면 무덤을 썼다. 무덤에는 돌무덤도 있고 흙무덤도 있으며, 목관(木棺)에 넣어 직접 묻기도 하고, 무덤 속에서 불에 태우는 화장(火

葬)을 하기도 하고, 2차장(次葬)을 하기도 하였다. 지배층은 주로 돌로 무덤을 만들었고, 하위 계층 사람들은 흙으로 무덤을 만들었다. 무덤은 신분에 따라 각기 달랐으니, 상층 지배층은 무덤 위에 탑을 세우기도 하고 건물을 짓기도 하였으며, 벽화를 그려 화려하게 치장하였다. 심지어는 무덤 앞에 절을 지어 관리하도록 하였다.

종교

발해인의 종교로서 대표적인 것은 불교이다. 발해 불교의 전통이 고구려에 있었음은 다른 어느 부문보다도 명확하다. 절터에서 발견되는 막새기와의 연꽃무늬는 어느 누구도 고구려 것을 계승한 사실을 부정하지 않는다. 불상도 역시 고구려 전통에서 만들어졌다.

발해 불교는 지배층의 신앙이었다. 특히 문왕은 불교를 크게 숭상하였으니, 그의 존호(尊號)에 금륜(金輪), 성법(聖法)이란 말이 들어 있는 것은 이 때문이다. 그의 딸인 정효공주 무덤 위에 탑을 세우고, 그 앞에는 절을 지었다.

발해가 멸망한 한참 뒤에, 금나라 황실에서 불교를 받아들이게 된 것도 발해 유민들의 영향이 컸다. 이밖에 기독교의 한 갈래인 경교(景敎)가 들어왔던 흔적도 보인다.

일반인들은 샤머니즘을 숭상하였던 것으로 여겨지지만, 구체적인 자료는 보이지 않는다.

놀이, 예법, 기타

발해인들은 활쏘기, 타구(打毬), 격구(擊毬) 등을 통하여 용맹성을 길렀다.

고구려 벽화를 보면 앞으로, 옆으로, 뒤로 활을 쏘는 다양한 모습을 볼 수 있다. 발해 유적에서 화살촉들이 많이 발견되는 것으로 보아 발해에서도 사냥이나 군사훈련이 성행하였을 것이다.

타구는 지금의 하키 비슷한 것으로 막대기를 가지고 공놀이를 하는 경기이고, 격구는 지금의 폴로 경기와 비슷한 것으로 말을 타고 하는 공놀이다. 타구는 원래 페르시아로부터 당나라로 들어온 것으로서 발해에도 전해졌다.

일본에 사신으로 갔던 왕 문구(王文矩)가 822년 정월에 일본 왕 앞에서 이 경기를 시연하자, 왕은 면(綿) 200둔(屯, 1둔은 6兩)으로 내기를 걸었고, 이 때 왕과 신하가 지은 시도 전해진다.

▌ 발해 남성의 기개(상상화)

〈 이른 봄에 타구 경기를 구경하고 〉

화창한 봄날 이른 아침에 자욱한 안개 사라졌는데

사신들 때를 어길세라 앞마당에 나섰네

공중에서 휘두르는 곤봉 초생달인양 싶고

땅에서 굴러가는 공 유성과도 같아라

요리조리 치고 막고 하면서 골문을 향해 돌진하는데

떼를 지어 달리는 말발굽소리 천지를 진동하네

북소리 환호소리 급하기도 하였건만

관중들 경기가 빨리 끝났다 아쉬워하네

또 발해 말기에 거란에서 망명했던 야율할저(耶律轄底)는 발해인이 구마(毬馬) 놀이 하는 것을 틈타서 말을 훔쳐 거란으로 다시 달아난 적도 있다.

1038년에는 요나라 동경유수(東京留守)였던 소효충(蕭孝忠)이 건의하여 발해 유민들의 격구(擊毬) 금지조치를 해제시켰다. 동경(東京)이 중요한 군사기지인데 격구를 하지 않으면 무엇으로 군사훈련을 하느냐는 이유에서였다.

이러한 놀이를 통하여 체력을 단련한 발해인들은 "발해인 세 사람이 호랑이 한 마리를 당해낸다"는 말이 외국에까지 널리 퍼질 정도로 용맹성을 자랑하였다.

발해인들은 즐거울 때에 춤을 추었다. 송나라 왕증(王曾)이 기록한 글에 따르면, "발해 풍속에 세시 때마다 사람들이 모여 노래를 부르며 논다. 먼저 노래와 춤을 잘 하는 사람을 여러 명 앞에 내세우고 그 뒤를 남녀가 따르면서, 서로 화답하여 노래 부르며 빙빙 돌고 구르고 하는데, 이를 답추(踏鎚)라 한다"고 하였다. 지금 우리 시골에 가 있는 듯한 느낌을 주는 대목이다.

발해인들의 예법(禮法)에 관한 기록도 있다. 송나라 태조가 남자가 귀하고 여자는 비천한데, 어째서 남자는 무릎을 꿇고 앉지만 여자는 그러지 않는가를 물은 적이 있다. 이에 왕이손(王貽孫)이 장건장(張建章)이 지은 『발해기(渤海記)』란 책을 근거로 하여서, 옛

날에는 남녀 모두 무릎을 꿇고 앉았는데, 측천무후 때부터 여자들은 그러지 않았다고 대답하였다. 이 때 발해의 경우를 예로 들은 것으로 보아서 발해에서도 이러하였을 것이다.

928년에 발해 유민 은계종(隱繼宗)이 고려로 투항해왔을 때에 고려 태조 앞에서 3배(拜)를 하자 사람들이 예를 범하였다고 수근댄 적도 있다. 그러나 사실 나라를 잃은 신하는 3배를 하는 것이 옛날부터의 예법이었던 것이다. 이에 따라 후대까지도 은계종이 예법을 잘 알았던 대표적인 인물로 꼽히게 되어, 조선왕조실록에도 그에 대한 언급이 가끔 나온다.

한편 요동반도에 강제로 옮겨진 발해 유민들은 부자집에서 모란꽃을 즐겨 키웠는데, 중국에는 이렇게 탐스런 것이 없기 때문에 장사꾼들이 값싸게 대량으로 사갔다는 기록도 있다. 그리고 살다라(薩多羅)라는 승려가 돼지나 새의 소리에 능통하여 이들과 대화를 나누었다는 기이한 전승도 있다.

지식인들은 시와 글을 지어 풍류를 즐겼으며, 중국에 유학을 가서 빈공과(賓貢科)라는 과거시험에 급제하여 돌아와 출세하기를 꾀하였던 것은 지금이나 예나 동일하다.

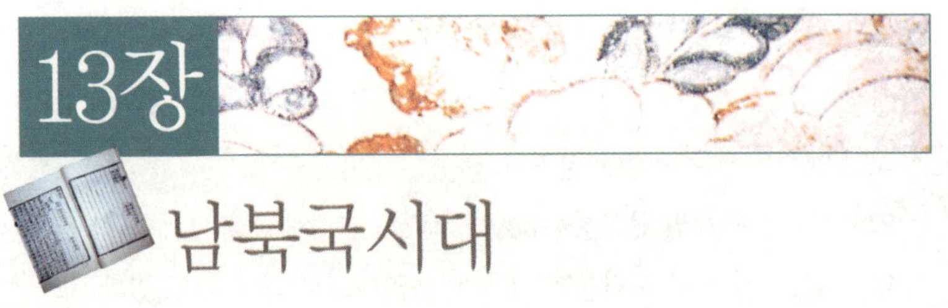

13장
남북국시대

‘남북국시대론’이란 ‘통일신라시대’ 또는 ‘통일신라 및 발해 시대’란 용어 대신에 두 역사를 쉽게 포괄할 수 있는 남북국시대(南北國時代)란 시대 구분 용어를 사용하자는 논의이다. 물론 발해사를 한국사의 한 부분으로 적극 수용하기 위한 조치이다.

이러한 논의는 일찍이 유득공의 『발해고(渤海考)』(1784)에서 비롯되었고, 200년 가까이 지난 뒤에 이우성(李佑成, 1975)이 이 문제를 다시 강력히 제기하였다. 그렇지만, 당시에는 일부가 이 주장에 호응하는 데에 그침으로써 역사학계의 주류를 형성하지는 못하였다.

그러다가 1980년대 들어 남한학계에서도 발해사 연구가 활기를 띠기 시작하였고, 후반기에 들어서는 통일문제가 현안의 과제로 급부상하면서, 남북국시대론이 더욱 주목을 받게 되었다. 역사적 실체에 대한 연구가 현재적 상황과 서로 맞물려 그 중요성이 증폭되었던 것이다.

그럼에도 불구하고 남북국시대론이 주로 발해사 전공자들로부터 제기되는 단계에 머물러 있으며, 북한·중국·일본에서는 이 용어 수용에 회의적인 태

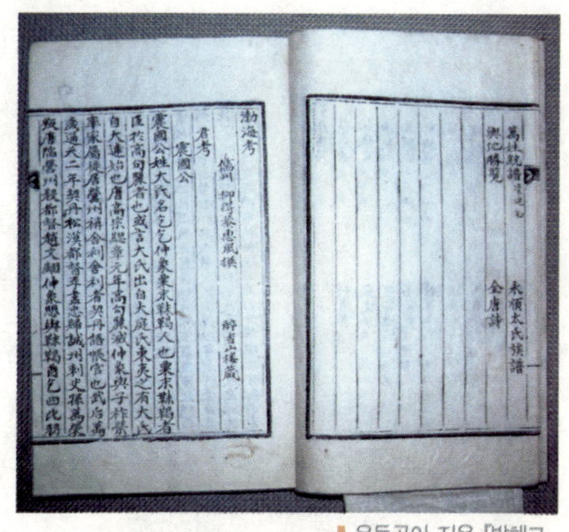

유득공이 지은 『발해고』

도를 취하고 있다. 따라서 남북국시대론을 둘러싼 그간의 논의들을 간단히 점검해보고, 아울러 그러한 용어 사용의 타당성을 살펴보고자 한다.

세 가지 반대 의견

남북국시대란 용어 사용에 반대하는 그간의 주장들을 살펴보면 크게 세 가지로 집약된다. 하나는 시대구분의 기준 문제와 관련된 경우이고, 다음은 발해사가 한국사에 속한다는 사실을 부정하는 경우이며, 또 하나는 현재적 입장이 강하게 투영된 경우이다.

첫째는 고병익과 이기백이 제기한 것이다. 이들은 발해사가 한국사에 속해야 된다는 사실을 반대하는 것은 아니고, 다만 남북국시대라는 용어가 가지고 있는 왕조별 시대구분론의 한계성을 지적한다. 이것은 물론 옳은 지적이다.

그러나 다른 기준을 가지고 시대구분을 한다고 하더라도 왕조별 시대구분 용어는 역사 서술의 기본이 된다. 한국사에서 '삼국시대' 란 용어나 중국사에서 '남북조시대' 란 용어가 현실적으로 통용되는 것을 흔히 볼

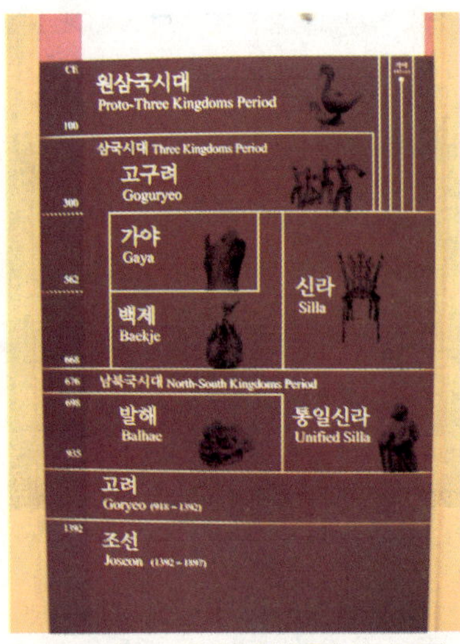

남북국시대로 표기된 국립중앙박물관 연표(2007)

수가 있다. 그렇다고 한다면, 신라와 발해가 존재하던 시기를 포괄하여 '통일신라시대' 라고 부르는 것보다는 '남북국시대' 란 용어가 문제점을 덜 안고 있으며, '통일신라 및 발해 시대' 라고 하는 것보다도 더 편의성을 지니고 있다.

둘째는 발해사가 한국사에 속할 수 있다는 주장을 일일이 반박하여 그 타당성이 아예 없다거나, 아니면 근거가 부족하다고 지적하는 경우이다. 이렇게 되면, 발해사를 한국사에 편입시키기 어렵고, 남북국시대란 용어도 사용할 수 없다는 결론에 이르게 된다.

그렇지만 이 부류에 속하는 대부분의 글들이 자신의 논리만 고집하는 일방적인 주장에 그치고 있다. 일부에서는 남북한 학자들의 논리적 취약성을 파고 들어 반박하는 경우도 있는데, 비록 그러한 취약성이 인정된다고 해서 그것만으로 반대의 논리가 타당성을 가지는 것은 아니다.

좀더 중요한 것은 세번째이다. 이것은 다시 두 종류로 나눌 수 있다.

그 하나는, 발해와 신라는 하나의 통일체에서 갈라진 것이 아니므로 남북국시대란 용어를 사용할 수 없다는 주장이다. 북한의 견해가 여기에 속하는데, 이들은 발해사가 한국사에 속해야 한다는 당위성은 인정하면서도 이 용어는 사용할 수 없다고 주장한다.

이들이 사회구성체를 바탕으로 시대구분을 하는 데에도 이유가 있지

만, 이보다 더 근저에 깔린 이유는 현재의 남북한 관계와 직결시키고 있기 때문이다. 한국(조선)이란 하나의 통일체를 상정하고 그것이 일시적이나마 갈라져 있는 것이 남한과 북한인데, 신라와 발해는 하나의 통일체에서 갈라진 것이 아니기 때문에 이러한 용어를 사용할 수 없다고 주장한다. '남북한'과 '남북국'은 동격이 아니라는 것이다.

이것은 지나치게 현재적 입장을 역사에 투영한 것이라 할 수밖에 없다. 중국의 남북조시대란 용어가 하나의 통일체에서 갈라진 것을 상정하고 사용한 것이 아님은 자명하다. 최근 중국에서는 발해사가 한국사에 속할 수 없다면서, 하나에서 갈라진 것이 아니기 때문에 사용할 수 없다는 북한의 논리를 빌어오는 아이러니를 보이고 있다.

이와 비슷한 발상에서 나온 것이지만, 당시 발해와 신라, 또는 발해와 고려 사이에 동족 의식이 존재하지 않았다고 주장하여 남북국시대론을 따르지 않는 경우이다. 이용범은 우리 역사와의 공동추억체 의식이 발해 역사에 결여되어 있다는 점을 지적하면서 이를 한국사에 넣는 데에 주저한 적이 있다.

일본의 연구자 가운데 신라가 발해를 '북국'이란 한 것은 동일민족의 북쪽 부분이란 의식에서 나온 것이 아니라 단순한 방위 개념에 불과한 것이라고 지적하였는가 하면, 고려로 들어온 발해인들이 동족이 아니라 오히려 이민족으로 취급되었다는 주장을 개진하였다.

이러한 주장에는 받아들이기 어려운 것도 있지만, '북국'의 용례에 대한 해석과 같은 것은 일면 타당성도 있다. 그러나 전반적으로 볼 때에, 민족과 민족의식이 확립된 근대 민족국가 단계의 이론을 바탕으로 하여 고대나 중세의 상황을 판단하는 것은 잘못이다. 발해사를 바라보는 데에는 현재적 기준이 직접적으로 투영되어서는 안될 것이다.

비중의 문제

남국, 북국이란 용어가 민족동일체 의식을 포함하고 있는지 여부에 따라 남북국시대론의 타당성을 검증하는 것은 출발부터 잘못되었다. 오히려 8세기에서 10세기 전반에 이르는 시기의 한국사 범주에 신라와 발해가 모두 포괄되어야 한다는 것을 전제로 한다면, 당시에 사용되던 명칭에서 유래된 남북국시대란 용어가 가장 적합하다고 생각하고 있는 것이다. 다시 말해서 남북국이란 용어 그 자체에는 민족동일체 의식이 포함되어 있지 않다고 하더라도, 이를 원용하여 한국사 서술의 기재로 사용하는 것은 얼마든지 가능하다. 민족의식 여부는 고려 대상에서 제외한다 해도, 발해사가 한국사와 연결될 수 있는 가능성들은 다른 측면에서 얼마든지 밝혀낼 수 있기 때문이다.

그러면 한국사에서 신라사와 발해사가 차지하는 비중이 다른데 어떻게 동일한 무게를 느끼게 하는 남북국시대란 용어를 사용할 수 있는가 하는 의문이 제기될 수 있다. 한국사에의 계승성, 또는 한국사에서의 위상을 기준으로 할 때 신라가 발해보다 커다란 비중을 차지하는 것이 사실이다.

그렇지만 당시에는 발해와 신라의 국력이 비등한 적도 있었다. 8세기에는 신라의 국력이 우위를 점하였지만, 통일신라 하대사회에 해당하는 9세기에는 오히려 발해의 국력이 우위를 차지하였다. 당나라에서 책봉을 받은 양국 왕의 지위를 비교해보아도, 대체로 신라가 우위에 있었지만 발해 문왕 후기에 해당하는 762년부터 문왕 말년까지는 발해가 일시적으로 앞서는 현상이 나타난다.

9세기 말에 일어난 쟁장(爭長)사건도 전통적 우위를 유지하려는 신라와 현실적 우위를 가시화 하려는 발해 사이의 경쟁 사건이었다. 발해는 9세기에 들어 해동성국이라는 칭호를 얻기까지 하였다. 따라서 당시의 상황만을 놓고 본다면 양국은 대등하였다고 해서 크게 과장된 것은 아니다.

그렇다면 시대구분론이 어느 것을 기준으로 삼아야 할 것인가 하는 근본적 물음이 제기될 수 있다. 독립된 두 나라가 존재하였던 당시의 상황이 기준이 되어야 할 것인가, 아니면 그 뒤 한국사에의 계승성이 기준이 되어야 할 것인가 하는 점이다.

중국의 남북조시대에 이어 나타난 수 제국이 북조를 계승한 국가였음에도 불구하고 남북조시대란 용어가 사용되는 것을 참조한다면, 전자의 기준을 가지고 남북국시대란 용어를 사용할 수 있다고 생각된다. 반면에 삼국통일의 평가와 통일신라 용어 사용과 연계시킨다면 후자의 기준에서 다루어질 문제이다. 이에 대해서는 다음 글로 넘어가 다루겠다.

14장
삼국통일과 발해

최초의 통일?

　남북국시대란 용어 사용 문제와 직접적으로 부딪히는 것이 삼국통일의 평가 문제이다. 전통적으로 삼국통일을 최초의 민족적 통일로 평가해 왔고, 남한에서는 지금까지도 이 견해를 그대로 수용하고 있다.

　그러나 북한에서는 1950년대까지 이 견해를 따르다가, 1960년대 이후 통일이 아닌 부분적 통합에 불과하다고 평가하였고, 1979년 『조선전사』이후로는 이마저 부정하고 말았다. 이에 따라 신라에 대한 용어도 '통일신라', '통합신라', '후기신라'로 변모해갔다. 이렇게 삼국통일의 의의를 부정해가면서 상대적으로 고려의 후삼국통일을 부각시켜, 마침내는 『조선전사』에 이르러 고려를 역사상 첫 통일국가로 인정하였다. 그리고는 이것을 자기네들의 주요 연구 업적으로 내세우고 있다.

　　이러한 북한의 주장은 발해사가 한국사에 속한다면 어떻게 신라의 통일을 인정할 수 있겠는가 하는 논리에 근거를 두고 있다. 그러나 내면적으로는 발해사를 신라사보다 우위에 두어 발해의 정통성을 확보하려는 것이며, 북한의 정통성을 주장하려는 정치적 의도와도 밀접하게 연관되어 있다. 그럼에도 불구하고 겉으로 내세워지는 주장만을 따르면서 국내 일부 연구자들이 심정적으로 동조하는 경우도 보인다.

　　삼국통일과 남북국시대론이 상호 배치된다고 보면서 고려의 통일이 최초의 통일이라고 주장하는 것은, 언제부터 단일국가가 되었는가 하는 기계적이고 외면적인 판단에 따른 것이다. 더구나 한국사에서 발해사의 위상을 다시 생각해보면 그렇게 쉽게 판단할 수는 없다.

　　발해가 비록 고구려 계승성을 지닌 국가이지만, 영토나 주민 모두 고구려로부터 그대로 물려받은 것은 아니다. 그 성격에서도 통일신라와는 달리 한국사이면서 만주사에도 속할 수 있는 양면성 내지 중첩성을 보인다. 따라서 발해사를 한국사의 중심으로 보려는 시도는 역사적 실상과는 거리가 있을 수밖에 없다.

발해가 건국된 것은 고구려가 멸망한 지 30년이 지난 뒤이고, 통일전쟁이 일단락된 뒤로부터도 20여 년이 흐른 뒤이다. 따라서 발해는 삼국통일이 일단락되고 나서 새롭게 등장한 국가로 보아야 한다. 그런 의미에서 발해의 건국은 삼국통일이 부분적인 통일에 그쳤던 한계성을 다시 '보완' 해주는 사건이었다.

삼국통일에 대한 기왕의 평가는 다음과 같이 세 가지로 압축된다.

첫째, 이를 계기로 처음으로 하나의 민족공동체가 형성되어 민족국가 형성의 기반을 마련하게 되었다.

둘째, 통일전쟁이 외세인 당의 세력을 끌어들여 수행되었다.

셋째, 부분적 통일이 이루어져 한반도 북부와 만주지역을 상실하였다.

첫째는 긍정적인 면이고, 둘째와 셋째는 한계성에 해당한다. 남한에서는 긍정적인 면에 중점을 두는 반면에, 북한에서는 부정적인 면에 중점을 두고 있는 셈이다.

한계성이 있다고 하여 그 역사적 의의를 무시할 수는 없다. 이러한 한계성들은 두번째 평가의 경우 당나라에 대한 거국적 대항으로서, 세번째 평가의 경우 발해의 건국과 고려의 재통일, 조선의 북방 개척 등으로 극복해 나아갔던 것이다.

이 당시의 외세가 민족국가가 형성된 현대의 외세 성격과 다르다는 점도 염두에 두어야 한다. 당시와 현재의 상황에 모두 통일이란 표현을 사용하고 있지만, 현재처럼 하나의 민족이기 때문에 통일을 이룩하여야 한다는 당위적 차원이 아니고, 당시에는 상호 정복 전쟁의 결과로 나타나게 된 면이 더 크다. 당시의 민족 의식과 현재의 민족 의식에는 분명한 차이가 있을 수밖에 없다. 그런 의미에서 당시에 신라가 끌어들였던 당나라 세력을 지금의 외세와 등질적(等質的)인 것으로 파악할 수는 없다.

부분적인 통일은 통일로 인정할 수 없다면 통일의 완전성이 기준이 되어야 하는데, 그럴 경우 어디까지 영토를 확보하여야만 완전한 통일이 되느냐는 의문도 제기될 수 있다. 이러한 주장을 하는 근저에는 우리 역사 무대에서 만주를 상실하였다는 아쉬움이 투영되어 있다. 이러한 아쉬움은 실학시대의 고구려영토 회복의식이나 발해영토 회복의식이 일제시대의 실지(失地) 회복의식과 결합되면서 지금까지 그대로 이어져온 것이다.

그러나 통일에 대한 평가는 그 완전성보다는 역사적 계기성이 중요하다. 통일된 공동체를 한 번도 형성하지 못하였던 단계에서 하나로 합쳐지는 단계로 나아가는 전환점이 중요하다. 그렇게 볼 때 고려의 통일보다는 그 이전에 나타난 신라의 통일이 더 의의가 있다.

신라가 통일 후에 9주와 9서당을 설치한 것은 삼국민을 동등하게 대우하여 이들을 하나로 통합하려는 의지를 보여준 것이다. "삼한을 일통

▮ 정효공주 무덤과 벽화(복원)

후삼국 통일과 북방정책의 주인공인 고려 태조의 왕릉

하였다[三韓一統]"는 신라인의 의식도 여기서 비롯되었다. 이러한 통합 정책은 삼국의 역사적 경험들을 하나로 융합하기 위한 것으로, 고려 이후 현재에 이르기까지의 민족유산은 이런 과정을 통하여 형성된 통일신라의 전통에서 비롯되었다는 점도 염두에 둘 필요가 있다.

고려가 비록 초기에 북방정책을 실시하고 발해 유민들을 받아들이면서 북방지향적인 정권을 수립하였다고는 하지만, 내면적으로는 신라의 역사적 경험에 바탕을 두면서 발해의 역사적 경험을 제대로 포괄하지 못하였던 사실과 서로 비교해보기 바란다.

결론적으로 발해가 한국사에 속한다는 것과 신라의 삼국통일이 역사적 의의가 있다는 두 가지 평가에서 어느 하나도 부정되어서는 안 된다. '남북국시대' 란 용어를 사용하는 것이, '삼국통일' 을 인정하며 '통일신라' 라는 용어를 사용하는 것과 상호 배치되는 것은 아니다. 발해사는 이처럼 한국사에서 독특한 위치를 점하고 있다.

두 가지 시점

발해사의 역사적 성격을 규명하고자 할 때에 두 가지 시점이 제시될 수 있다. 하나는 신라와 발해가 대등하게 존재하던 당시의 상황이라는 시점이고, 다른 하나는 뒤에 양자가 한국사에 어떻게 계승되었는가 하는 계승성이라는 시점이다.

전자를 기준으로 할 때 발해는 신라와 동등한 위치를 점할 수 있고, 그런 의미에서 남북국시대란 용어를 사용할 수 있을 것이다. 후자를 기준으로 할 때에는, 그 역사가 한국사의 일부라는 사실에는 의문의 여지가 없지만, 계승성이란 측면에서는 신라사의 경우와 상당히 달라진다.

이러한 두 가지 관점을 함께 고려한다면, 신라의 삼국통일도 인정되어야 할 것이고, 역시 통일 이전의 신라와는 질적·양적으로 달라진 이후의 신라를 통일신라로 불러도 좋다고 생각한다.

물론 형식 논리상으로 통일신라의 '통일'이란 용어와 두 개 국가가 존재한다는 의미의 남북국시대란 용어가 상호 배치되지 않겠느냐 하는 문제점이 아직도 남아 있기는 하다. 그러나 현재로서는 이상의 여러 검토로 보건대 남북국시대라는 시대구분 용어와 통일신라라는 용어의 병용이 비록 최상의 것은 아니라 하더라도 최선의 것으로 받아들여질 수 있다.

그 동안 이 문제들을 둘러싼 논의들을 보면 발해사의 역사적 성격을 규정하면서 너무 현재의 분단상황과 직결시키는 면이 없지 않았다. 비록 문제 의식이 현재의 상황에서 출발하겠지만 그렇다고 역사적 조건을 무시한 채 현재적 입장이 직접적으로 투영되어서는 안될 것이다. 그럴 경우 '역사의 현재화', '역사의 수단화'란 오류를 범할 위험성이 항상 도사리고 있다.

지금의 영토 범위 안에 있는 과거의 역사들은 모두 중국사에 속한다는 주장도 이러한 예에 속한다. 중국에서는 이 논리에 따라 고구려사와 발해사는 중국사 속에 편입시키고, 그 이전의 고조선사는 한반도 북부 안으로 축소시켜 한국사에 편입시키고 있다. 따라서 이를 반박하려면 동일한 논리 선상에 있는 우리 시각부터 되돌아보아야 할 것이다.

한편으로는 실증적인 검토를 도외시한 채 당위론적 차원이나 심정적인 차원에서 발해사를 다루는 것도 금물이다. 남북한에서 발해사를 다룰 때에 이런 면이 크게 작용해왔던 것도 사실이다.

신라와 발해는?

남북국시대론을 제기하는 데에 다시 한 번 상고해야 할 것은 신라와 발해의 관계이다. 신라와 발해는 200여 년간 국경을 맞대고 있으면서 흔히 중국의 분열 조종정책에 이용당하여 시종 대립하고 있었던 것처럼 생각해 왔다.

발해가 주변의 당나라, 일본, 거란, 돌궐 등과 외교관계를 가지면서 유독 신라와는 대립하고 있었다고 보는 점은 733년에 벌어졌던 양국의

금강산에서 내려다본 동해안. 이곳으로 신라도가 지났을 것이다.

전쟁과 발해 후기에 벌어졌던 양국 사이의 세력 경쟁만을 지나치게 강조
한 결과로서 실상을 제대로 파악하지 못한 것이다. 바로 이러한 견해로
인하여 남북국시대론의 전개에 지장을 초래하였다.

양국 사이에는 상호 교류와 대립이 교차되고 있었으니, 문헌에 나타
나는 단편적인 기록들을 검토해보면 이 사실을 확인할 수 있다. 양국이
대립 또는 세력 경쟁을 벌였던 사건으로는 우선 733년에 벌어졌던 양국
사이의 전쟁을 들 수 있다. 그리고 몇 차례에 걸쳐 신라가 발해에 대비하
여 접경지대에 성을 쌓았던 사실도 눈에 뜨인다.

9세기에 들어와 신라의 국세가 약화되고 상대적으로 발해의 국세가
강화되면서 당나라에서 발해에 대한 과거의 우위를 지키려는 신라와 현
실적 우위를 확인받으려는 발해 사이에 상호 경쟁이 나타났다. 897년에
발해가 신라 사신의 윗자리에 앉기를 요구하여 논란(爭長事件)이 벌어졌다.
그런가 하면 872년에는 발해 유학생인 오소도(烏昭度)와 신라 유학생인 이
동(李同) 사이에 당나라 빈공과 시험에서의 수석 다툼이 벌어졌고, 906년
에도 신라 최언위(崔彦撝)와 발해 오광찬(烏光贊) 사이에 같은 사건이 벌어졌
다. 또 거란이 발해를 멸할 때에는 신라군 일부가 함께 거란군에 참전하
였다.

하지만, 이에 못지 않게 양국 사이에 교섭을 시사하는 기록들이 다수
나타난다. 발해가 건국된 직후 신라는 대조영에게 제5품 대아찬의 벼슬
을 주었다고 한다. 또 790년과 812년에 신라가 발해에 사신을 파견한 적
도 있다. 이 때의 파견 이유에 대해서는 알 수 없으나, 당시에 이미 양국
사이에 개설되어 있었던 신라도(新羅道)를 이용하였을 것이다.

『신당서』 발해전에는 발해의 주요 대외교통로의 하나로서 신라도를
적고 있고, 『고금군국지(古今郡國志)』에는 발해의 책성부(중국 길림성 훈춘)
와 신라 국경의 천정군(원산시 부근 德源) 사이에 39개 역(驛)이 설치되어 있었

음을 밝히고 있다. 이렇게 상설적인 교통로가 개설되어 있었다면, 양국 사이에는 훨씬 더 빈번한 접촉이 있었음에 틀림없다.

그리고 발해 말기에 이르러 거란이 서쪽에서 압박을 가하자 911년 무렵에 발해가 신라와 비밀리에 연계를 맺으려 하였던 사실도 보인다.

이렇게 양국 사이에는 상호 대립이나 세력 경쟁 못지 않게 상호 교류도 빈번하였다. 다만 이러한 사실들이 기록에 제대로 나타나지 않는 것은 신라 중심으로 편찬된 『삼국사기』에서 그 원인을 찾아야 할 것이다.

신라에서는 발해를 말갈국가로 보았는가 하면, 고구려 유민국가로도 보았다. 이러한 양면적 인식은 발해사회가 고구려인과 말갈인으로 구성된 이중성에서 야기된 면도 있지만, 다른 한편으로는 상호 교류하거나 대립하던 단계의 의식을 각기 반영하는 것이기도 하다.

15장

꿈의 땅을 찾아서

종종 방송이나 신문과 인터뷰를 하다 보면 왜 발해사를 연구하느냐, 그리고 그것이 우리에게 무슨 의미가 있는가 하는 질문을 받곤 한다. 갑자기 생방송에 이런 질문을 받았을 적에는 내심 당황스러웠다. '왜', 그리고 '무슨'이라는 의문은 전혀 가져 보지 않은 채 당연히 연구해야 하는 분야라고 생각해 왔기 때문이다. 그것은 우리가 왜 밥을 먹고, 왜 공기를 마시며 사는가, 그리고 그것은 우리에게 무슨 의미가 있는가를 물어보는 것 만큼이나 어리석게도 보였다.

그러나 한 번 더 생각해보니 그것이 아니었다. 우리 역사이니까 당연하지 않은가 하는 것 이상의 해답을 찾아보아야 하겠다는 생각이 들었다. 그럴 때 먼저 떠올랐던 것이 대초원과 대삼림이 어우러져 있는 만주와 연해주의 벌판이었다. 그렇다. 우리에게 과거의 꿈, 미래의 꿈을 얻을 수 있

지평선만 보이는 하얼빈 부근 대평원(2004. 5)

는 곳이 그곳이었다. 우리가 찾아야 할 역사가 그곳에 있고, 우리가 장차 진출해야 할 장소도 그곳에 있다. 그곳은 자라는 세대에게만 꿈을 주는 곳이 아니라, 현지를 부리나케 왕래하는 사업가나 정치가들에게도 꿈을 줄 수 있는 곳이다. 그 벌판 한가운데 자리잡고 있던 나라가 발해이다.

발해는 우리 역사에서 가장 큰 나라였다. 만주의 중부와 동부, 북한, 러시아 연해주 지역을 호령하였다. 과거에는 한 나라의 영토를 사각형으로 생각해서 사방 몇 리가 되는 나라였다는 식으로 설명하곤 하였는데, 발해는 사방 5천 리였다고 한다. 당시에 10리가 5km 정도였으니, 그대로 환산하면 625만㎢에 달한다. 이는 22만㎢ 정도인 한반도보다 30배 가까이 되어서 이를 곧이 곧대로 믿기는 어렵지만, 아무튼 엄청나게 큰 대제국이었음을 실감할 수 있다.

몇 년 전 백두산 천지에서 내려오다가 중간에 차를 세워 놓고 만주 벌판을 내려다 보았다. 고산지대라서 주변에 나무 하나 없는 풀밭에 털썩

주저앉아 저 아래 펼쳐진 광활한 만주 벌판을 바라보았다. 녹색의 수림이 바다를 이루고 있었다. 이곳에 둥지를 틀었던 고구려인, 발해인의 모습을 생각해보니 가슴이 탁 트이는 듯 싶었다.

그런가 하면 연해주 블라디보스토크에서 비행기를 내린 뒤, 북쪽으로 우수리스크를 지나고 한카호를 거쳐 440km 이상을 달려간 곳에도 마리야노프카 성터라는 발해 시대의 성 자리가 남아 있다. 작년(1995)에 이곳에서 유적을 발굴하다가 하늘에 나타난 오로라를 보았으니 얼마나 북쪽까지 발해 영역이 미쳤는지를 짐작할 수 있다.

백두산을 가려면 연변을 거치게 된다. 흔히 연변이라 하지만 원래는 연변조선족자치주이다. 조선족들이 많이 거주하기 때문에 소수민족 정책에 따라 조선족들이 자치를 하도록 만들어 놓았다. 그곳에서는 조선족만 아니라 중국인이나 만주족이라도 상점 간판에 한글을 병기해 놓도록 법으로 정해 놓았다. 우리 입에 흔히 오르내리던 북간도가 바로 그곳이다. 두만강 너머는 북간도요, 압록강 건너는 서간도요, 두만강 하류를 바로 건넌 지금의 러시아 땅은 연해주이다.

북간도, 서간도, 연해주 지역이 바로 발해 땅이다. 그 중에서도 조선족이 많이 살고 있는 북간도, 지금의 연변이 발해의 중심지였다. 연변의 수도인 연길에서 북서쪽으로 150km를 간 돈화에는 대조영이 나라를 세운 동모산 유적이 있고, 그 가까이에 당시의 발해인들이 잠들어 있는 고분군이 있다. 1949년에 처음 이곳을 발굴할 때에 무덤 속에서 정혜공주라는 공주의 묘지석이 깨진 채 발견되어, 기록이 거의 없는 발해 역사를 일깨워 주었다. 이곳도 연변에 속한다.

여기서 북동쪽으로 다시 150km 정도를 가면 가장 오랫동안 번성하였던 상경성 자리가 있다. 지금의 지명은 흑룡강성 영안시 발해진이다. 가까운 곳에는 경박호라는 아름다운 호수가 있다. 얼마나 커다란지 발해시대에는 홀한해(忽汗海)라고 하여 바다라 불렀다. 상경성은 둘레가 16km나 되어 서울의 도성 둘레 만큼이나 길다. 당시로서는 당나라 수도였던 장안성 다음으로 커다란 도시였다. 서울의 광화문 앞 대로에 해당하는 중심 도로는 폭이 110m나 되었으니, 지금으로 치면 몇 차선 도로에 해당할 것인가? 이렇게 스케일이 큰 나라가 발해였다.

다시 연길로 돌아와 선구자 노래를 부르며 해란강을 따라 용정을 지나면 백두산 가는 길목에 또 하나의 발해 수도였던 서고성이 있다. 지금은 논으로 경작되어 성벽 흔적만 덩그러니 남아 있지만, 이곳에서 가까운

▌두만강 개발구역내의 크라스키노 성터. 오른쪽 아래에 정문이 있던 자리가 뚜렷하다.

용두산에는 정효공주를 비롯한 여러 왕실 인물들이 묻혀 있는 고분군이 있다. 심지어 백두산으로 가는 그 길마저 발해 사신들이 당나라로 가면서 밟았던 곳이다. 당시에는 이를 '조공하는 길' 이라 불렀다.

두만강 하류를 따라 러시아, 북한과의 접경지대인 훈춘으로 가면 두만강 옆에 팔련성이 있다. 이곳에도 잠시 수도를 옮겼던 적이 있고, 여기서 20여km 떨어진 연해주의 바닷가에는 일본으로 사신을 떠나보내던 항구 도시가 있다. 이들은 모두 두만강 삼각지대 개발 구역 대상에 들어가 있는 곳이다. 장차 공업지대로 개발된다면 자칫 사라질지도 모를 운명에 있다.

아마 우리가 신경쓰지 않으면 필연적으로 그렇게 될 것이다. 그러나 아직 많은 사람들은 그곳을 경제적 이익을 가져다 줄 대지로만 생각하고 있을 뿐이지, 문화와 정신과 역사가 살아 숨쉬는 곳으로 생각하지 못하고 있다. 그곳에 진출하는 열기가 뜨겁지만, 1천 년전에 우리 조상들이 개척했던 곳을 다시 찾는 것이라는 사실을 제대로 알지 못하고 있는 듯하여 내심 서운하기도 하다.

거기만 그런 것이 아니다. 현재 함경남도 신포시

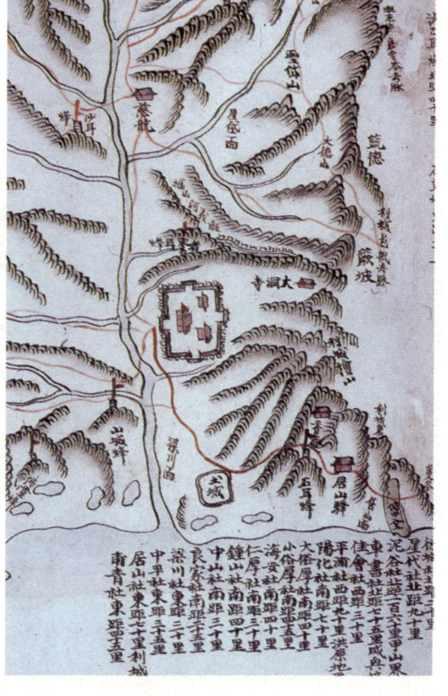

청해토성이 표시된 조선시대 지도. 바닷가에 토성(土城)이라고 쓰여 있는 곳

에 원자력 발전소를 세우는 문제가 한참 협의되고 있다. 그러나 그 바로 옆에 아주 중요한 고구려, 발해시대의 유적들이 있는 사실을 미처 깨닫지 못하고 있다. 신포시 오매리에 절터가 있는가 하면, 남대천 건너 북청에는 중요한 거점 도시였던 청해토성이 자리잡고 있다. 안타까운 마음에 편지를 써보았다. 세계인의 이목이 집중될 그곳에 초현대식 건물과 함께 과거의 역사가 함께 어우러지는 공간으로 조성하여 우리가 문화국가임을 세계에 알려보자고. 그러나 현지 조사를 해보지도 않고 유적이 없다는 회신만 날아왔다.

이렇게 어디를 가나 발해인의 정신이 깃들지 않은 곳이 없다. 그렇지만 얼마전까지만 해도 그곳은 우리에게 금단의 땅이었다. 그러다가 어느날 갑자기 중국의 빗장이 열리더니, 곧이어 러시아의 철문도 활짝 열렸다. 이제 사업가들에게는 미국의 서부 개척시대 만큼이나 가능성의 땅이 되어 있다. 무한한 잠재력을 일깨우고자 그들의 발길이 끊이지 않고 있다.

심지어 러시아인 보따리 장수들도 한국을 오가는 배와 비행기에 만원을 이루고 있다. 연해주에서도 구석진 시골에 가서 새우깡 봉지니 감자칩 봉지들이 바람에 굴러다니는 것을 보고서 감개가 무량한 적이 있었다.

작년(1995)부터는 여행사에서 고구려, 발해, 백두산으로 이어지는 테마 여행을 조직하여, 내게 여행 코스를 정해달라거나 아니면 직접 가이드를 해달라기도 한다. 아직 가이드 역할은 해보지 않았지만, 그곳을 전공하는 대학원생들을 안내자로 소개해주곤 하였다.

이제 우리에게 꿈을 주고, 우리의 꿈을 키워 나아갈 수 있는 땅이 백두산 아래 저 멀리 펼쳐져 있다.

가자 가보자, 만주로 연해주로

그리고 언젠가는 북한으로

고구려와 발해를 가슴에 담고서

　　경수로 기획단장님께,

　　여러 가지로 바쁘실 터인데 갑자기 편지를 드리게 되어서 무례함을 용서해 주십시오. 이런 글을 처음 쓰게 되어 몇 번 망설이다가 감히 편지를 드리게 되었습니다.

　　저는 서울대학교 국사학과에 부교수로 재직중인 송기호입니다. 제 전공이 한국고대사 중에서도 발해사이기 때문에 만주, 연해주 지역과 더불어 북한 지역에도 항상 관심을 가지고 지켜보고 있습니다. 자연히 두만강 삼각지대 개발이라든가 해외 한국 공단 설치 문제, 경수로 문제에도 제 전공의 입장에서 관심을 가지지 않을 수 없게 되었고, 그런 까닭으로 차제에 편지로써 건의를 드리고자 합니다.

　　다름아니라 현재 원자력 발전소의 건설지로서 신포시(新浦市) 금호리(琴湖里) 일대가 확정적인 것으로 알고 있는데, 이곳에 원전을 건설할 때에 경제적, 정치적 요인만이 아니라 문화적인 배려도 함께 해주셨으면 하는 바램입니다. 예정지에서 가까운 오매리(梧梅里)에는 고구려와 발해시대의 중요한 절터인 오매리 절골유적이 있고, 남대천(南大川) 건너에는 발해시대에 중요한 거점 도시였던 청해토성(靑海土城)이 잘 남아 있습니다. 북한에서도 청해토성을 문화재로 지정하여 보호하고 있는 것으로 알고 있습니다. 이밖에도 신포시와 북청군에는 여러 시대의 유적들이 다수 산재해 있습니다. 참고로 최근에 북한 학술 잡지에 실린 유적 목록을 따로 복사하여 보내드리겠습니다.

　　예정지 자체에도 유적이 있는지는 모르겠지만, 앞으로 대지를 조성하려면 먼저 유적 조사를 벌이도록 부탁드립니다. 그리고 가능하다면 가까운 지역에 있는 유적도 조사하고 복원하는 데에 지원하여, 현대의 첨단 시설인 발전소와 과거의 우리 문화유산이 함께 어우러지는 장소를 만들어 주셨으면 하는 마음

간절합니다. 세계의 이목이 집중되어 있는 그곳에 유적공원도 함께 조성한다면, 과연 한국인들은 문화국민이구나 하고 세계인들이 모두 감탄할 것입니다. 그리고 가능하다면 장차 두만강 삼각지대 개발에서도 이러한 고려가 있었으면 좋겠습니다. 그곳도 또한 우리 역사에 아주 중요한 유적들이 널려 있는 곳이기도 합니다.

아무튼 유적 조사는 북한측에서 시행하는 것을 원칙으로 하되, 혹시 가능하다면 우리 학자들도 공동 참여하는 방안도 모색해 볼 수 있을 것입니다.

서두에서도 말씀드렸듯이 제 전공이 우리의 북방 지역과 관련이 되어서 만주와 연해주는 여러번 조사하였지만, 북한 지역은 언제나 방문할 수 있을까 하고 꿈만 꾸고 있습니다. 그러면서 당분간 방문하기는 어렵겠지만, 우리가 방문이 가능한 시기까지 유적만이라도 제대로 보존되기를 바라고 있고, 가능하다면 밖에서라도 지원하고 싶은 심정입니다. 그러나 경제 사정이 어려웠던 60, 70년대에 우리가 유적 조사 하나 제대로 벌이지 못하고 공장을 건설하고 농토를 개간하는 데에 정신없었던 시절이 있었듯이, 북한도 지금은 이 방면에 전혀 신경을 쓰지 못하고 있을 것으로 생각이 됩니다. 그렇기 때문에 우리가 이를 유도하지 않으면 안되겠다는 생각이 들어서 감히 편지를 드리게 된 것입니다.

이제 만주와 연해주는 어느 정도 자유롭게 왕래할 수가 있어서 현지의 유적과 유물을 접할 수 있게 되었지만, 그 중간 지점인 북한 지역이 우리 학자들에게는 완전히 잃어버린 고리가 되어 있습니다. 그러니 우리의 선사와 고대사를 복원하는 데에 여간 애로 사항이 있는 것이 아닙니다. 그럼에도 북방 지역의 역사를 전공하는 국내 학자가 별로 없어서, 안되겠다 싶어 감히 나서서 편지를 쓰게 된 것입니다.

여러 가지로 바쁘실 터인데 또다른 일로 번거롭게 하지 않았나 걱정됩니다. 그러나 제가 건의드린 것은 제 개인적 차원 이상의 것이니, 꼭 고려해주시기 바랍니다.

그러면 이만 줄이겠습니다. 내내 건강하시고 사업단의 계획들도 순조롭게
진행되어 모범적인 교류가 이루어질 수 있기를 기원하겠습니다. 안녕히 계십
시오.

1996년 5월 27일

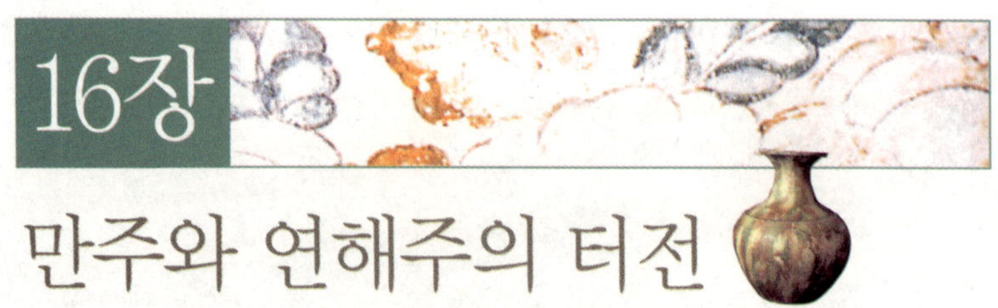

16장
만주와 연해주의 터전

꿈에 그리던 유적 답사

지난(1992) 8월 말 마침내 중국과의 수교가 이루어졌다. 이를 계기로 다른 분야와 마찬가지로 한국사학계에서도 중국과의 교류가 활발하게 이루어지게 될 것으로 기대된다. 중국 안에서도 만주 지역은 선사시대 이래 우리 나라와 뗄레야 뗄 수 없는 관계를 가져왔다.

우리 역사 연구에서 중요한 지역인 데에도 불구하고, 해방 이후 이데올로기의 대립으로 인해 이들에 대한 연구가 제대로 이루어지지 못하였다. 더구나 공산권 자료 이용이 거의 차단되어 있었기 때문에 기본적인 자료 축적마저 되어 있지 못한 상태이다. 따라서 이제 수교가 되었다고 하여 연구가 곧바로 활성화되리라고 기대하는 것은 섣부른 생각이다.

필자는 개인적으로 지난 80년대 초부터 홍콩에 있는 중국서점을 통하

여 만주 현지에서 발행되는 잡지들을 구독해 왔다. 그러나 당시에는 이러한 잡지 구독마저 위험한 일이었고, 통관 과정에서 압수되기 일쑤였다. 비근한 예로 길림성 사회과학원에서 발행되는 인문사회과학 잡지로서 『사회과학전선(社會科學戰線)』이란 것이 있는데, 이름에 전선(戰線)이란 말이 들어 있어 통관이 불허되곤 하였다. 또한 『문물고고공작삼십년(文物考古工作三十年)』이란 책처럼 공작(工作)이란 말이 들어 있어 압수되는 경우도 있었다.

여기서 말하는 전선은 전쟁과 직접적인 관련이 없고, 공작이란 말도 우리가 생각하는 음모와는 전혀 상관이 없다. 이들은 중국의 일상 용어이다. 중국 사정을 제대로 이해하지 못하는 데에서 오는 해프닝이었다.

80년대 중반까지 이러한 상황이었으니 국내에서 기본 자료를 제대로 축적하기란 힘든 노릇이었다. 따라서 대부분의 연구자들이 현지에서 조사된 고고학 자료를 체계적으로 정리하는 것을 단념하고 문헌연구에 매달릴 수밖에 없었던 것이 그간의 실정이었다. 우리가 이러는 동안에 만주에서는 여러 고고학 자료들이 쏟아져 나왔다. 그리고 그러한 자료를 독점하여 중국인들에게 유리한 해석을 하는 경우도 허다하였다. 어떤 것은 우리들의 기본 생각마저 송두리째 뿌리뽑는 것이어서 당혹스럽게 만들기도 하였다.

그 예로서 지금까지 당연히 우리 역사에 속하는 것으로 여겨왔던 고조선, 부여, 고구려, 발해 중에서 고조선만 제외하고는 모두 우리 역사에서 떼어내 자기들 역사 속으로 편입시켜 버린 것을 들 수 있다. 고조선은 단지 청천강 이남에 있었다고 하여 한반도의 역사 속으로 집어넣은 것이고, 나머지 국가들은 자기들 땅에 있었기 때문에 자기들 역사라고 우긴다. 이러한 것들을 보면 역사 연구에서도 힘의 논리가 지배하지 않나 하는 생각을 종종 해보곤 한다.

이러하니 앞으로 학술 교류가 활발히 이루어진다고 하여 항상 우호적인 상황만을 기대하기 어렵다. 우리는 해방 이후 일제 식민사관의 극복이란 과제와 함께 임나일본부설을 둘러싸고 일본과 계속적인 논쟁을 벌여왔다. 그러나 앞으로 한국 고대사의 범주를 둘러싸고 그보다 더 치열한 논쟁을 중국과 벌여야 할 것이다. 장차 우리 학계가 이를 위해서 예비하지 않으면 안 된다.

그러면서도 그것이 감정적인 싸움이 되어서는 안될 것이다. 일본과의 논쟁은 학문적이기보다는 결과적으로 감정적이 됨으로써, 1980년대 이후 오히려 국가지상주의적인 극우적 역사해석이 유행하는 결과를 빚게 되었다. 이러한 논쟁의 재연이 되어서는 결코 문제 해결을 할 수 없다.

필자는 70년대 후반부터 발해사 연구에 뜻을 둔 이래 지금까지 거의 모든 논문을 이 주제로 발표하였다. 거기에는 문헌 자료뿐 아니라 간신히 얻어진 현지의 고고학 자료들도 적극적으로 활용하였다. 그러나 현장을 직접 가보지 않은 상태에서는 고고학 자료 해석에 커다란 한계가 있었던

것은 물론이다. 그러다가 올림픽 이후 비공식적이나마 우리에게도 중국 문호가 열렸고, 이에 따라 지난 90년 8월에 꿈에도 그리던 만주 땅에 첫 발을 디디게 되었고, 91년 8월에는 혼자서 유적을 다시 답사하였다.

같은 해 11월에는 발해와 활발하게 교류할 당시에 일본의 수도였던 평성궁(平城宮)을 답사하였고, 92년 8월과 11월에는 마침내 연해주의 발해 유적까지 조사하기에 이르렀다. 이제 남은 것은 북한의 발해 유적뿐이다. 아마 오래지 않아 그 꿈도 달성되리라 믿는다.

만주의 발해 유적

발해는 698년에 건국되어 926년에 멸망되기까지 200여 년간 만주 동부지역에 웅거하였다. 지금의 행정구역으로 말하면 대체로 길림성, 흑룡강성이 발해 영토에 속하였던 셈이다. 발해 때의 행정구역은 5경 15부 62주로 이루어졌는데, 발해의 첫 도읍지라고 하는 동모산도 포함하여 5경에서 4경이 만주에 있었다.

　지금의 길림성 돈화 지역이 바로 대조영이 첫 근거지로 삼았던 곳이고, 화룡에는 중경 유적인 서고성이 남아 있으며, 훈춘에는 동경 유적인 팔련성이 남아 있다. 그리고 우리 나라 중강진의 맞은편에 있는 임강진에는 서경이 있었으나, 지금은 강 물에 의해 토사가 퇴적되어 땅 속에 묻혀버리고 말았다고 한다. 흑룡강성 영안에는 가장 오랫동안 도읍지였던 상경성(동경성이라고도 함) 유적이 남아 있다. 만주에 있던 4경을 제외한 나머지 하나는 현재 함경남도 북청에 있었다.

　이처럼 발해의 주요 유적들이 만주에 몰려 있다. 필자는 이 중에서 1990년에 화룡과 영안을 답사하였고, 이듬해에는 돈화와 훈춘을 답사하였으니, 대체로 중요한 유적들을 한번씩 가본 셈이다. 우리가 발해라고

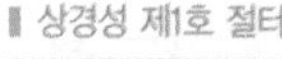

▌ 상경성 제1호 절터

성산자산성 안내판

하면 아득한 옛날에 있었던 일이요, 그것도 아주 막연하게만 느끼고 있
다. 실체가 제대로 드러나지 않았던 역사였기 때문에 국사 교과서에서의
서술 분량도 성의만 보일 정도이니 그럴 만도 하다.

그렇지만 근래에 들어 유적과 유물들이 새로이 발견됨으로써 그 베일
이 조금씩 벗겨지고 있다. 필자는 그 동안 보고서를 통해서만 느끼던 발
해를 현장에 가서 바라보게 되니 비로소 발해사가 몸 속에서 살아 숨쉬
는 듯하였다.

돈화시는 발해 초창기의 도읍지이다. 대조영이 영주(지금의 요령성 조양)에
서 탈출하여 도착한 곳이 지금의 길림성 돈화에 있는 동모산이다. 이곳
은 돈화 시가에서 서남쪽으로 12.5km 정도 떨어져 있으며, 발해인들의
젖줄이었던 목단강(牡丹江) 상류 부근에 있다.

현지에서는 이 산을 성터가 있는 산이라고 하여 성산자산이라 부르
고, 부근에 있는 마을을 성산자(城山子)마을이라고 한다. 따라서 성터를 성

산자산성이라고 부른다. 동모산 높이는 해발 600m인데, 분지성 고원 위에 솟아 있어 실제로는 그렇게 높아 보이지 않는다. 마을에서 소를 몰고 올라와 풀을 뜯기는 것을 볼 수 있었다. 그러나 정상에 올라서면 사면이 모두 내려다 보이고, 멀리에서도 이 산성이 그림처럼 눈에 들어왔다. 남한학자로서는 최초로 이곳에 올라보니 감개가 무량하였다.

대조영은 이곳에 성을 쌓고 머물다가 어느 정도 숨을 돌리고 나서 다시 평지에 성을 쌓아 내려왔을 것이다. 이 유적에서 북동쪽 방향에 육정산(六頂山) 고분군이 있으니, 바로 동모산에 살던 발해 지배층들의 무덤 80여 기가 자리잡고 있다. 제1고분군에는 왕실과 귀족층의 무덤들이 있고, 제2고분군에는 그보다 낮은 계층의 무덤들이 있다. 특히 제1고분군에서는 지난 1949년에 제3대 문왕의 둘째 딸인 정혜공주의 무덤이 발견되어 발해사 연구에 획기적 전기를 마련해주었다.

돈화 지역에서 건국의 기틀을 다진 뒤 발전의 발판을 마련하기 위하여

상경성 제1궁전 및 회랑. 궁전 기단 아래쪽으로 회랑 주춧돌이 ㄴ자형으로 돌아간다(『六頂山與渤海鎭』).

목단강 중류의 흑룡강성 영안으로 도읍을 옮기게 된다. 상경성이 자리잡고 있는 벌판은 돈화 벌판보다 훨씬 넓다. 상경성의 성벽 둘레는 16km에 달해 당시 동아시아에서는 당나라 장안성 다음으로 큰 도성이었다. 동대문, 남대문을 이으면서 서울을 두르고 있는 조선시대 도성과 길이가 거의 같지만, 아마 평야 한 가운데에 우뚝 솟아 있던 발해 상경성은 이보다 더 웅대해 보였을 것이다. 이곳에는 성벽과 궁전자리, 문터, 절터, 우물터 등등이 곳곳에 남아 있고, 지금도 이따금씩 땅 속에서 발해 유물들이 튀어나오곤 한다.

이곳에서 발견되는 유물들을 전시하고 보존하기 위한 상경성박물관이 현지에 세워져 있다. 이곳으로부터 얼마 떨어지지 않은 곳에는 발해 멸망에 관한 애절한 전설이 깃들어 있는 경박호가 있다.

우리 나라 사람들이 중국 관광길에 나서면 으레 들리는 곳이 백두산이다. 백두산에 가기 위해서는 연변조선족자치주의 중심지인 연길에 들러야 한다. 그곳의 백산호텔은 꼭두 새벽부터 백두산으로 향하는 한국인들로 항상 시끌시끌하다. 그러나 그곳으로부터 백두산으로 가는 길이 발해시대에도 사용되었던 고대 교통로인 것을 아는 사람은 거의 없다.

연길에서 용정을 거쳐 화룡 부근에 이르면 백두산으로 가는 길 옆에 발해 중경 유적인 서고성이 남아 있다.

발해 삼채병

북쪽 벽이 도로와 평행하게 이어지면서 흙으로 쌓은 성 벽 위에 미루나무가 무성히 자라고 있어 눈여겨 보지 않으면 발견하기 어렵다. 관광객들은 이곳에서 송강·백하를 거쳐 백두산에 오르지만, 발해인들은 송강·백하를 지나 임강진에 이른 뒤 압록강을 타고 내려가 바다를 건너 당나라로 들어갔다.

지금 서고성에는 성벽만 남아 있고 성 안은 거의가 조선족들이 경작하는 논으로 변해버렸다. 그러나 일시 이곳으로 도읍지를 옮겼던 시절의 발해인 무덤들이 용두산(龍頭山) 고분군으로 남아 있다. 현재 10여 기의 무덤들이 확인되었는데, 이 고분군의 제일 위쪽에서 1980년에 정효공주 무덤이 발견되어 발해사 연구에 귀중한 자료가 되고 있다. 이 공주는 앞에서 말한 정혜공주의 동생으로서, 문왕의 넷째 딸이다. 그밖에 서고성 주위에서 발해 무덤들이 발견되었고, 그곳에서 발해 삼채(三彩)와 같은 중요한 유물들도 발굴되었다.

중국의 훈춘, 연해주의 하싼, 북한의 선봉을 잇는 두만강 개발 계획으로 몇 년 전부터 우리 경제계가 떠들썩하였다. 그러나 이들 지역에도 발해 유적들이 남아 있는 사실을 거의 모르는 듯하다. 올해(1992)부터는 훈춘이 개방지역으로 풀려서 일반인들이 쉽게 드나들게 되었지만, 작년만 하여도 그렇지 못하였다. 연길에서 공공버스를 타고 겨우 훈춘에 도착하여 북한 땅이 건너다 보이는 두만강 가에 남아 있는 팔련성에 이르니, 우선 시꺼먼 연기를 품고 있는 화력발전소가 눈에 가까이 들어왔다.

팔련성도 문왕대에 일시적으로 도읍을 옮겼던 곳이다. 성 벽은 아주 낮게 남아 있었고, 역시 안쪽은 경작지로 변해 있었다. 단지 궁전터만이 불룩하게 흙이 솟아 있고, 야생화 사이로 주춧돌이 여기저기 흩어져 있을 뿐이었다. 이 성으로부터 두만강 쪽으로 더 나아가면 고구려 때에 경략의 전초기지로 삼았던 책성(柵城) 자리가 남아 있다. 지금은 온특혁부성

(溫特赫部城)이라는 생소한 이름으로 불리고 있는데, 요·금대의 성터인 배우성(裵優城)과 서로 맞붙어 있다. 발해의 동경용원부를 책성부(柵城府)라고도 불렀던 것은 이 성에서 유래한 것이다.

연해주의 발해 유적

발해 영토는 만주에만 있었던 것은 아니다. 지금의 함경도와 함께 러시아 연해주도 발해 영역에 속하였다. 올(1992) 8월에는 이 지역의 발해 유적을 찾아볼 수 있었다. 군사기지가 워낙 많아서 올해 들어서 비로소 개방되었다고 하는 블라디보스토크를 중심으로 동서남북 사방에 발해 유적들이 흩어져 있다. 따라서 이곳에도 발해를 연구하는 러시아 학자들이 여럿 있으며, 유물들은 블라디보스토크 박물관과 러시아과학원 산하의 역사연구소에 전시되어 있다.

이곳의 유적은 성터가 주를 이루고 있는데, 필자가 답사한 성터로는

■ 니콜라예프카 성터

니콜라예프카 성터, 노보고르데예프카 성터, 크라스키노 성터, 유즈노(南)
우수리스크 성터, 크라스노야르 성터가 있다. 그리고 절터로는 아브리코
스 절터, 코프이토 절터, 유즈노 우수리스크 성터 안의 절터가 있다. 발
해 당시에는 어떠한 이름으로 불렸는지 대부분 알 수가 없고, 지금은 이
렇게 러시아 말로 불리고 있어 발음하기도 무척 어려우니 마치 이국의
역사를 읽는 듯하다.

이 성터들을 답사하면서 우선 놀라웠던 것은 유적이 1천 년 전의 모습
을 그대로 간직하고 있다는 점이다. 니콜라예프카 성터에는 성 벽이
10m 높이로 남아 있고, 성 밖에 성을 보호하기 위해 파놓은 해자가 그대
로 있었다. 해자에는 지금도 물이 담겨져 있다.

발해가 멸망한 뒤에 금나라가 이곳을 통치하였고 그 후로는 거의 방치
되다시피 하다가 19세기 말에 비로소 러시아인들이 이곳에 진출하였으
므로, 개발로 인한 피해를 입지 않은 채 유적들이 지금까지 화석화되어
남아 있다. 우리 나라의 유적 보호 상황을 상기하게 되니, 이 유적들이
개발이란 미명 아래 오래지 않아 파괴되지 않을까 하는 우려를 떨쳐버릴
수 없었다.

노보고르데예프카 성터는 특이한 곳이다. 강가에 솟아 있는 야산에
성터가 남아 있는데, 이곳에서는 야금(冶金)과 관련된 유물들이 많이 발견
되어 발해 시대에 수공업이 발달하였던 곳으로 여겨진다. 그뿐 아니라
성 밖의 취락지 유적에서 발견되는 유물에는 중앙아시아적인 요소들이
들어 있어 발해 당시에 이국인들의 거류지였던 곳으로 추정되기도 한다.

크라스키노 성터는 두만강 삼각지대 안에 속한다. 포시에트 항구를
끼고 엑스페지치야 만(探險灣)이 있는데, 그 맞은편 바닷가에 이 성터가 있
다. 헬기에서 바라보니 성터가 뚜렷이 눈에 들어 왔고 심지어 세 개의 문
터도 확연히 보였다. 그러나 아쉽게도 이 지역은 늪지대로 변하여 쉽게

접근할 수 없는 곳이 되어 버렸다.

이곳은 발해사 연구에 아주 중요한 곳이다. 성터 주위로 흐르는 강물의 옛날 이름이 얀치헤 강인데, 얀치헤는 염주하(鹽州河)라는 말에서 나왔다. 염주는 발해 동경의 관할에 있었던 주(州) 이름이다. 이곳이 바닷가로서 소금이 생산되었기 때문에 붙여진 이름일 것이다.

이보다 더 중요한 것은 발해 사신들이 동경에서 이 염주로 나와 일본으로 행차하였다는 점이다. 두만강을 통해서 동해 바다로 나가는 것보다 이곳으로 나오는 것이 지리적으로 훨씬 가깝다. 이 성이 바닷가 바로 옆에 있는 것도 이 때문이다.

블라디보스토크에서 북쪽으로 70여 km 떨어진 곳에 있는 우수리스크 시에는 유즈노 우수리스크 성터가 남아 있다. 도시 가운데에 있기 때문에 많이 파괴되어 있지만 북쪽 벽을 따라 파져 있는 해자는 옛날 모습을 보여준다.

이 성터는 발해 솔빈부(率賓府) 유적으로 여겨진다. 이 도시를 지나는 강의 옛 이름이 수이푼 강이고, 또한 이 도시에서 발견된 돌 위에도 돌궐(突厥) 글자로 '수유빙' 또는 '슈아이빙'이라고 새겨져 있어 이를 뒷받침해준다.

솔빈부의 특산물은 말이었다. 그래서인지 연해주의 발해 성터에서는 말뼈가 많이 발견된다. 당시에는 식용으로도 사용하였던 모양이다. 발해의 명마(名馬)들은 당나라에도 수출하였으니, 발해의 강한 힘도 이곳 대초원에서 뛰놀던 말 무리에서 나왔다고 해도 지나친 말이 아닐 것이다.

1910년대에 이곳의 발해 유적을 찾은 사람이 바로 장도빈(張道斌)이다. 그는 이곳을 발해 동경의 소재지로 추정하여 지금의 통설과는 다르지만, 아무튼 그 시절에 발해 유적을 답사한 것은 우리 나라 최초의 일이다. 그 후 아무도 이곳에 발을 들여놓지 못하다가 이번에 필자를 비롯한 고려학술문화재단 답사팀 일행이 실로 80년 만에 다시 발을 들여놓았다.

이 성터에서 서쪽으로 가면 발해 시대의 두 개 절터가 있다. 북쪽으로 흐르는 강을 사이에 두고 양 옆의 야산에 하나씩 있는데, 서쪽에 있는 것이 아브리코스 절터이다. 이곳에서는 많은 불상 파편과 기와들이 발견되었는데, 경교의 십자가가 출토된 점이 특이하다.

십자가 출토 사실에 대해서 반신반의하였던 필자는 역사연구소 진열실에서 이보다 약간 늦은 금나라 때의 그릇 조각들에도 십자가가 새겨져 있는 것을 확인하고는 비로소 수긍하게 되었다. 사실 훈춘의 동경 지역에서 출토된 삼존 불상에서도 협시불의 목걸이에 십자가 같은 것이 달려 있어, 이 일대의 특이한 종교적 전통을 발견할 수 있다.

발해는 이렇게 만주 동부와 연해주에 중심을 두었던 나라이다. 만주에서 일어난 여러 종족들을 살펴보면, 대개 만주 서부 지역은 동호족(東胡族)인 오환, 선비, 거란 등등 족속들의 근거지였고, 지금의 연변조선족자치주과 흑룡강성을 포함한 만주 동부 지역은 숙신족 이래 지금의 만주족에 이르는 족속들의 근거지였다. 반면에 길림, 장춘에서 집안을 잇는 만주 중부 지역은 우리 민족의 근간이 된 예맥족의 무대였다. 부여, 고구려가 이곳에서 일어났다.

따라서 발해는 만주 중부에 있던 우리 역사의 무대를 동쪽으로 넓혀 놓았다.

17장

최북단의 성터

연해주의 3월 날씨는 아직도 겨울이었다. 낮 기온이 영상 5도 정도로 얼음이 막 풀리기 시작하고 있었지만, 바다의 얼음이 아직 덜 녹았고 갑자기 눈보라가 치기도 하였다. 7개월만에 다시 방문한 연해주는 그 사이에도 엄청나게 변해 있었다. 작년(1993)까지만 해도 중국 제품 사이에 드문드문 보이던 우리 나라 물건들이 이제는 거의 일색이 되다시피 하였다. 도시 거리의 좌판에는 지천에 깔려 있었고, 시골의 자유시장에서도 종종 발견되었다.

한국 제품이 중국보다 30% 정도 비싸지만 품질은 4배 이상 능가하기 때문에 러시아인 보따리 장사들이 대거 부산으로 몰려든 덕택이라고 한다. 한국 제품보다 좋은 일본 제품은 너무 비싸기 때문에 엄두를 못 낸다고 한다. 한 번 갔다 오면 두 배 이상 장사가 되므로 너도 나도 나서기 때

문에 올해부터 무상 통관할 수 있는 기준이 5천 달러에서 2천 달러로 대폭 제한될 정도였다. 우리의 통역을 맡았던 러시아인 학생도 이들을 통역하기 위해서 부산에 갔다 왔다고 자랑을 하였다.

금년(1994) 3월 20일에 다시 일주일간의 여정으로 네번째 연해주 유적 답사길에 올랐다. 이번에는 연해주에서 가장 북쪽에 위치한 발해 성터를 찾아보기로 하였다. 블라디보스토크(Владивосток)에서 북쪽으로 440km를 가야 하는 곳에 있는 유적이다. 도중에 우수리스크(Уссурийск)를 경유하여 북상하니 잡초만 우거진 채 방치되어 있는 너른 벌판이 한눈에 들어왔다. 이 너른 평야 한가운데에 흥개호(興凱湖, 러시아의 Ханка호)라 불리는 커다란 호수가 있으니, 연해주에서 보기 드물게 지평선이 보이는 곳이다. 호수는 육지가 가라 앉아서 형성되어 최대 깊이가 10m 정도밖에 되지 않지만, 원동지방에서 가장 큰 것이고, 그 가운데로 중국과 러시아의 국경이 지나고 있다. 두 나라 사이에는 아직도 국경을 놓고 시비가 벌어지고 있는데 특히 논란이 되는 지역 가운데 하나이다.

도중에 일행에게 이곳을 들러 보자고 제안하였다. 과거에 일어났던 중소 국경 분쟁이 생각나기도 하였지만, 그보다도 발해 때에 유명한 호수였기 때문이다. 호수 부근에는 분쟁 시절에 세워 놓았던 탱크가 포신을 중국으로 향한 채 방치되어 있어서 이를 배경으로 기념 촬영까지 하였다. 발해 때에는 이 호수를 미타호(湄沱湖)라 불렀고, 여기에서 잡히는 붕어가 발해의 특산물로 중국에까지 유명하였다.

미타호는 바다를 메데리라고 하는 여진족의 말에서 유래된 것이고, 지금의 이름인 흥개호는 현지의 소수민족인 오로치(Ороч)족이 붕어를 흥꾸라고 하는 데에서 나온 것이라고 동행하였던 샤프쿠노프(Шавкунов Э.В.) 박사가 설명해주었다. 이 호수에는 지금도 붕어가 잡히고, 호수 표면에는 연꽃이 핀다고 한다. 우리가 겨우 찾아서 점심식사를 하였던 스파스크–달니(Сласск-Дальний)의 로토스(Лотос)란 식당은 이곳에 피는 연꽃에서 따온 이름이었다.

조그만 승합차에 꾸부정하게 잠을 청하면서 밤 늦게야 진주(眞珠)란 의미를 지닌 젬추지나 휴양소에 도착하였다. 대도시에서 너무 멀리 떨어져 있어서 탈이었지만, 자연 탄산수가 온수와 냉수로 구별되어 쏟아지고 있었고, 식당 시설도 호텔 못지 않게 좋았다. 아침 공기는 너무나 신선하고 상쾌하였다. 다음날 아침 식사 후에 다시 우수리강 상류를 따라 비포장 길을 달려서 마침내 문제의 성터에 도달하였다. 북위 45도 가까이에 있는 마리야노프카(Марьяновка) 성터가 바로 이곳이다.

강가에 바싹 붙어 있었기 때문에 반틈은 이미 강물에 깎여서 사라진 듯하지만, 나머지의 보존 상태는 아주 훌륭하였다. 연해주 어디를 가나 1천 년전의 원형이 그대로 보존되어 있는 것을 여기서도 실감하였다.

30cm 정도 깊이로 쌓인 눈밭을 푹푹 빠지면서 바싹 달려가 보았다.

성벽은 5~7m 정도 높이였고 북문과 동문이 그대로 남아 있었다. 성문의 옹성(甕城)과 성벽의 치(雉)도 그대로 보존되어 있었다. 이 성은 발해사 연구자인 샤프쿠노프 박사가 1968년에 처음으로 조사하였고, 1969년과 1972년에 부분적인 발굴을 하여 대체로 8세기에서 13세기 전반에 걸치는 시기의 성으로 추정하였다. 그렇다면 발해에서 금나라까지 사용된 셈이다.

발굴 당시에 이 유적에서는 봉황을 새긴 뼈 장식물을 비롯하여 독특한 유물들이 발견되어 발해 문화를 이해하는 데에 중요한 자료를 제공해주었다. 가까운 산 위에는 유르코프(Юрков) 산성도 있는데, 12~13세기 전반에 속하는 금나라 성터라고 한다.

마리야노프카 성터는 지금까지 발견된 발해 유적으로는 제일 북쪽에 있기 때문에 러시아 학자는 발해의 북쪽 경계가 이곳쯤이었을 것으로 보고 있다. 발해 전성기에 하바로프스크(Хабаровск)까지 미쳤을 것이라는

■ 샤프쿠노프, 정석배 교수와 함께 마리야노프카 발굴 현장에서(1995)

우리의 통설과는 조금 다르다. 그러나 앞으로 더 조사를 하게 되면 이곳
으로부터 하바로프스크까지 이르는 우수리강 하류 일대에서도 발해 유
적이 발견될 가능성이 있다.

이보다 상류(남쪽)의 강가에서 발해 성터들이 발견되고 이 성터도 강가
에 위치해 있는 것으로 보아서 발해인들이 강을 이용하여 왕래를 하면서
중간 중간에 성을 쌓았던 것으로 여겨지기 때문에, 그 하류(북쪽)에서도
얼마든지 발견될 수 있을 것이다. 당시에 발해인들이 수로를 주요한 교
통로로 이용하였던 것이다.

돌아오는 길에 눈이 펑펑 쏟아졌다. 그러나 날이 차지는 않아서 상쾌
한 기분이었다. 우수리스크 시의 동쪽에 있는 라코프카(Раковка)로 가는
길에 중앙아시아 타지크스탄에서 지난 해(1993)에 이주해온 고려인 가족
일행을 우연히 만났다. 가장은 올해 50세의 알렉세이 반씨였다. 현지어

연해주 스쵸클랴누하 성터(2007. 10)

를 모르는 데다가 그곳에 내란까지 일어났기 때문에 어쩔 수 없이 이곳
으로 이주하게 되었다고 한다.

이처럼 연해주를 돌아다니다 보면 민족 차별 때문에 과거에 살았던 곳
으로 되돌아오는 고려인들을 곳곳에서 만날 수 있다. 이렇게 연해주는
고려인들의 귀향처가 되어 있었다. 우수리스크 남서쪽에 있는 한 야산에
는 '병남 모(母)'라 쓰인 묘지석을 발견할 수 있어서 과거에 한인들이 거
주하였던 사실을 무언으로 얘기해주고 있었다.

우수리스크에서 블라디보스토크로 내려오다 왼쪽으로 꺾어져, 아르
춈(Артём)과 바닷가에 있는 쉬코토보(Шкотово) 마을을 지나면 스쵸클랴
누하(Стёклянуха)라는 발음조차 어려운 조그만 마을이 나타난다. 이곳에
도 발해 성터가 고스란히 남아 있다.

한 변 길이가 200m쯤 되어 정사각형에 가까웠고, 한 면에 하나씩 네

개의 성문이 있었다. 성벽 높이는 역시 5~7m 정도였고, 옹성과 치 그리고 성 밖을 두른 해자도 잘 남아 있었다. 또 하나의 화석화된 발해 유적이었다. 길 건너 산 위에 산성도 있다고 하였지만 눈이 쌓여 있어서 엄두를 내지 못하였다. 평지성과 산성이 조화를 이룬 훌륭한 발해 유적이었다. 역시 부근의 산 위에는 금나라 때의 산성도 남아 있다고 한다.

그 위치로 보건대 이곳은 발해 솔빈부(率賓府)가 있던 우수리스크에서 파르티잔스크(Партизанск)의 니콜라예프카(Николаевка) 성으로 이어지던 육상 교통의 길목에 해당한다. 이 유적에서 그리 멀지 않은 강가의 동굴 속에는 종유석에 새겨진 '잠자는 미녀상'이 있다. 여진족이 남긴 예술 작품이다. 강가의 조그만 야산에서 한반도에서 특징적인 세형동검을 비롯한 청동 유물들이 석관묘에서 발견됨으로써, 우리 나라 청동기 문화가 이곳까지 전파되어 온 흔적을 발견하였던 곳도 이 부근이다.

답사를 떠나기 직전에 블라디보스토크 종합대학 전시실을 둘러보았다. 작년(1993)에 미국 학자와 공동으로 발굴한 보이스만(Бойсман)-II 유적에서 출토된 유물도 있었다. 연해주 해안가에서 조개무지가 많이 발견되었지만 대부분이 얀코프스키(Янковский) 문화에 속하는 것이고, 그 이전의 신석기 시대에 속하는 것으로는 이번 발굴이 처음이라고 한다. 전쟁 아니면 내분이 일어났는지 두개골이 깨져 있었고 목에 화살촉이 박혀 있었다. 어느 흑요석 화살촉은 척추 뼈에 박힌 채 출토되어 신석기 시대에 사용되었던 활의 위력을 실감나게 해주었다.

이밖에도 수보로보(Суворобо) - VI 구석기 유물, 시니이 가이 (Синий Гай) 청동기 유물, 아브라모프카(Абрамовка) 및 모나스트이르카(Монастырка)-III 등등의 유적에서 출토된 말갈 유물 등도 보관되어 있어서 흥미 있게 관찰할 수 있었다.

작년(1993)에 북한학자들과 공동으로 발굴한 코프이토(Копыто) 발해 절터에서 처음으로 화산재가 발견되었다는 말을 전해들었다. 10세기에 부근의 화산이 폭발하여 절터 위에 덮였기 때문에 화산재 아래의 건물 자리가 발해시대의 것임을 다시 한 번 확인하는 계기가 되었다고 한다. 이렇게 아직도 무궁무진한 비밀을 간직하고 역사를 그대로 안고 있는 곳이 연해주이다. 이번 답사에서도 일본 니이가타나 하바로프스크를 거쳐서 다녀왔지만, 그 직후에 서울에서 출발하는 직항로가 개설됨에 따라 앞으로 더욱더 자주 발길이 오고 갈 곳으로 다가오게 되었다.

18장
우리 나라의 발해 자취

실물이 없는 우리 역사. 이상하게 들릴지 모르지만, 발해 역사가 바로 그렇다. 지금 한창 철거 방법 때문에 시끄러운 국립중앙박물관에 들르면 우리 역사의 숨결들을 고루 느낄 수 있지만, 유독 발해 진열실은 없다. 입구에 붙여 있는 연표 판넬에는 발해 역사가 분명히 우리 역사임을 알려주고 있는 데에도 유물들은 그 어디에서도 찾을 길이 없다. 그런 의미에서도 발해사가 우리에게 잃어버린 역사인지 모른다.

발해는 698년에 건국되어 926년 1월에 거란에 멸망되기까지 230년 가까이 만주와 연해주, 그리고 북한 땅에 걸쳐 있었던 나라이다. 이 시기에 한반도 남쪽에는 삼국을 통일하였던 통일신라가 버티고 있었다. 그래서 흔히 남북국시대, 즉 남쪽의 신라와 북쪽의 발해가 병존하던 시대라고 일컫고 있다. 이렇게 점차 우리 역사 속에서 제자리를 찾아가고 있으면서도, 아직까지 실물을 대하기 어려운 역사가 바로 발해사이다.

그렇다고 하여 발해의 자취가 우리 나라에 전혀 남아 있지 않은 건 아니다. 우선 남한에 국한해서 보더라도 그렇다. 이제 이를 찾는 여행을 간단히 해보자.

첫째가 발해 왕손(王孫)을 찾아보는 길이다. 영순(永順), 남원(南原), 협계(陝溪)를 본관으로 삼고 있는 태씨들이 그들이다. 태씨 하면 우리 사회의 연예인, 경제인 모모씨 등을 떠올릴 수 있다. 물론 예명으로 쓴 연예인을 제외하고 말이다. 그들이 바로 대조영의 후손들이다.

경상북도 경산군에는 영순 태씨들이 집성촌을 이루고 있다. 이들은 발해가 멸망한 뒤에 고려로 망명해 들어온 발해 유민의 후손이요, 대조영 일가의 후예이다. 지금은 강한 경상도 사투리를 쓰고 있지만, 1천여 년 전으로 거슬러 올라가면 발해 말을 하였던 사람들이다.

그러기에 조선 후기 실학자인 유득공이 『발해고』를 집필하면서 이들의 족보를 사료로 이용하였다. 그러나 지금 이들이 소장하고 있는 족보

북한에서 새로 만든 왕건릉 석상. 맨 오른쪽이 고려에 온 발해세자 대광현(2005. 9)

는 후대에 만들어진 것이다. 중간에 계보를 상실하여 그런 결과를 빚게 되었다. 발해사 자료가 없는 마당에 이들 가문에서라도 기록을 제대로 가지고 있었더라면 커다란 행운이었을 터인데, 그렇지 못하여 발해 연구자로서는 아쉽기 짝이 없다.

한편, 연안 이씨와 장흥 이씨 족보 가운데에는 말갈족으로 당나라에 들어가 활동했던 이근행, 이다조를 선조로 삼은 사례가 있다. 역사적 사실에 근거한 것은 아니지만, 하필 말갈족을 조상으로 삼았는지 흥미로운 일이다.

두번째로 발길을 돌려야 할 곳이 서울대학교 박물관이다. 올(1993) 10월에 새 건물로 이전하여 커다란 전시공간을 마련함으로써 발해 유물도 한 자리를 차지하고 있다. 이 박물관에는 모두 270여 건에 걸쳐 330점 정도가 소장되어 있다. 불상이 23건, 기와 종류가 133건, 토기가 62건, 전돌이 17건, 소조품(塑造品)이 59건 등이다.

서울대박물관 발해특별전(2003. 9)

이들은 모두 일제시대에 경성제대에 몸담고 있던 도리야마 기이치(鳥山喜一), 후지다 료사쿠(藤田亮策) 등이 수집하고 발굴한 것이다. 현재의 중국 흑룡강성 영안 상경성에서 출토된 것이 대다수를 차지하고 있는데, 가장 오랫동안 수도였던 상경용천부가 자리잡았던 곳이다.

그 다음 숫자를 점하는 것은 일시적으로 수도를 옮겼던 길림성 화룡 서고성, 훈춘 팔련성(반랍성)에서 출토된 것들이다. 서고성은 발해의 중경 현덕부가 있던 곳이고, 팔련성은 동경용원부가 있던 곳이다.

비교적 온전한 유물들은 일본으로 옮겨져 동경대학 등에 보관되어 있고, 심지어는 일본의 한 사찰에까지 흘러 들어가 모셔져 있다. 반면에 서울대 박물관에 소장되어 있는 것들은 학술적으로는 의미가 있을지언정 예술적으로 평가하기에는 너무나 조각난 파편들이다.

그럼에도 우리에겐 이 유물들이 소중하다. 우리 나라에 있는 것으로는 유일하기 때문에 그렇다. 학교박물관에서 1982년 10월에 '발해 고구려 낙랑 유물전'을 개최하였고, 다시 1990년 3월에 '발해유물 특별전'을 열어 일반인에게 공개하기도 하였다. 그러나 아직까지 도록이 제대로 만들어져 있지 않을 뿐 아니라, 체계적인 정리마저 되어 있지 않다.

이곳에 보관되어 있는 발해 유물에서 중요한 것으로 우선 불상이 있다. 모두 23건의 불상이 소장되어 있는데, 그 일부가 고고역사 전시실과 전통미술 전시실에 나누어 공개되고 있다. 발해 불상은 만든 재료에 따라 석불, 철불, 전불 등으로 나뉘는데, 여기에 보관되어 있는 것은 모두 전불이다. 이처럼 우리 나라나 일본에서 만날 수 있는 이러한 불상들을 만주 현지에서는 찾아보기 힘들다고 한다.

흙으로 틀에 찍어내서 구워 만든 이 불상들은 상경성과 팔련성에 있는 절터에서 대량으로 발굴되었다. 일부에는 금칠을 하거나 붉은 색을 칠한 것도 눈에 뜨인다. 불상 아래쪽으로는 못에 꽂아 놓을 수 있도록 구멍이 뚫려 있다. 부러진 불상을 자세히 들여다보면 발에서 목까지 구멍이 나 있는 것을 발견할 수 있다. 이들은 벽에 꽂아 두었던 것으로 여겨지며, 아마 천불상(千佛像)이나 화불(化佛)을 이루고 있었을 것이다.

이 박물관에서 마주할 수 있는 것들은 관음보살입상(觀音菩薩立像), 선정인 여

래좌상(禪定印如來坐像) 등이다. 관음보살입상 가운데에는 사유(思惟)하는 모습을 표현한 것도 있다. 그런데 사유상이 보통 생각에 잠긴 모습을 표현하여야 하기 때문에 앉아 있는 자세를 취하는 것이 일반적인데, 발해 불상은 서 있는 자세를 취하고 있어 독특한 모습을 띠고 있다. 하체와 목 부분을 살짝 구부려 삼곡(三曲)자세를 취하면서, 왼손은 무릎 옆으로 길게 내려 정병(淨瓶)을 들었고, 오른손은 구부려서 오른쪽의 뺨에 살짝 대고 생각에 잠겨 있는 것이다.

불상에 너무 많이 할애한 것 같으니, 다음으로 넘어가 보자. 흔히 발해에는 고유문자가 있었다고 하면서, 기와에 찍혀 있는 문자들을 그 예로 들곤 한다. 지금의 국사 교과서에도 그렇게 적혀 있다. 발해의 기와들에는 암키와나 수키와에 한 글자 내지 두 글자가 찍혀 있다. 물론 한자가 대부분이지만 판독이 잘 되지 않는 것들도 있다. 이러한 것들이 발해 고유문자의 증거로 얘기되고 있다. 그러나 그것은 잘못된 말이다. 이들은 한자의 변형에 불과한 것이고, 더구나 기와에만 보이고 있을 뿐이다. 해방 후에 발견된 발해 묘지들은 모두 순수한 한자로 되어 있다. 이러한 논란이 일고 있는 기와들도 학교박물관에서 실제로 관찰할 수 있다.

발해에 독특한 것으로 기둥밑 장식기와도 있다. 나무 기둥과 주춧돌이 만나는 곳에는 빗물이 잘 들이치기 때문에 썩기가 쉽다. 발해 사람들은 여기에 도자기를 만들어 기둥을 둥글게 감쌌다. 녹유(綠釉)를 입힌 것도 있고, 연꽃잎을 새긴 것도 있다. 박물관에서 역시 눈여겨 볼 수 있을 것이다.

이밖에 지붕 용마루 양끝에 설치하였던 치미(鴟尾)가 있는데, 녹유가 칠해진 파편들도 역시 보관되어 있다. 부서진 벽화 파편들을 자세히 살펴보면 불상 그림이 있음을 발견할 수 있고, 현재의 보도 블록처럼 궁전에 깔았던 방형전(方形塼)도 찾아볼 수 있다.

북한에서 새로 발굴된 발해 벽화

비록 조각조각 난 것들이지만 이러한 사실들을 염두에 두고 한 발자국 더 가까이 다가가 유심히 관찰하면 소소한 재미를 느낄 수 있다. 더구나 10cm 내외밖에 안되는 조그만 전불의 얼굴을 들여다 보노라면 잔잔한 미소에 흠뻑 빠져들게 되어 해탈의 경지가 어떠한 것인지 스스로 체험할 수 있을 듯하다. 흙을 빚어 깨달음을 표현하였던 발해인들에게 감탄하지 않을 수 없다. 필자의 연구실에도 이러한 불상이 인쇄된 포스터를 붙여 놓고 이따금 바라보며 발해인들의 정신세계로 빠져들곤 한다.

한편, 북한 땅도 발해의 남부지방에 속하였기 때문에 발해 유적들이 남아 있다. 북한학자들이 1980년대부터 함경도 지방의 유적을 조사하여 상당한 성과를 거두고 있다. 그러나 그곳을 가볼 수 없는 우리로서는 아쉬우나마 발해 왕손들을 만나보거나, 서울대 박물관을 방문하여 간접적으로 발해를 체험해보는 수밖에 없다.

조금 더 간접 체험하고자 하면 필자가 쓴 『발해를 찾아서』라는 책을 한번 읽어보길 권하고 싶다. 그리고 나서 만주와 연해주 현지를 답사하는 것이 그 다음 순서가 될 것이다.

19장

일본의 발해 자취

작년(1996) 2월에 일본에서 고대 유적들을 혼자서 답사하고 있을 때였다.

"혹시, 한국 사람이 … ?"

나라(奈良) 전철역에서 만난 학생과 거의 동시에 튀어나온 말이다. 조금 전에 도다이지(東大寺)에서 지나쳤던 그 사람이었다. 일본인 속에 섞여 있어도 느낌으로 한국인을 금방 구별해 낼 수가 있었다. 일본 문화 속의 한국 고대 문화가 어쩌면 그럴지도 모르겠다는 생각이 들었다. 그는 일본어를 한 마디도 못하면서도 혼자 여행하던 용감한 여학생이었다.

나라 지방에 갔던 사람이라면 대부분 이 학생처럼 저 유명한 도다이지 대불(大佛)을 보았을 것이다. 이 절은 우리 역사와 인연이 무척 깊은 곳이다. 일본 역사를 보면, 8세기에 이곳에 도읍을 정하여 나라 시대(710~794)

를 열었고, 8세기 말에는 지금의 교토로 옮겨 가서 헤이안 시대(794~1185)가 이어진다. 우리 나라에 통일신라와 발해가 있던 시절이다. 그러하니 여기에 우리 역사의 자취가 없을 리 있겠는가.

대불은 잠시 접어 두고 그 건물 뒤로 돌아서 조금만 더 들어가면 쇼소잉(正倉院)이라는 창고가 있다. 사다리를 타고 올라가는 다락창고 형태이다. 8세기에 지은 건물이지만, 형태는 고구려 벽화 고분에 보이는 창고와 별반 다르지 않다. 덕흥리 고구려 벽화 고분에 다락창고 두 채가 그려져 있고, 그 하나에는 사람이 사다리를 타고 올라가는 모습도 보인다. 집집마다 가지고 있었다는 '부경' 이라는 고구려 창고의 실물을 일본 땅에서도 볼 수 있는 셈이다.

이 창고에 1천여 년 동안 수장되어 온 9천 점의 유물들이 번갈아가며 나라국립박물관에서 매년 조금씩 전시되고 있는데, 벌써 50년이 넘었다. 이 유물에는 통일신라나 발해에서 들여간 것도 적지 않다. 신라인들이 연주하였던 금(琴)이 있고, 각종 그릇과 수저, 불경 등이 있다. 1970년대 중반에 경주의 안압지를 발굴할 때에 이와 비슷한 물건들이 많이 출토되어, 일본인 학자들은 안압지를 '지하의 쇼소잉' 이라고도 부른다. 그만큼

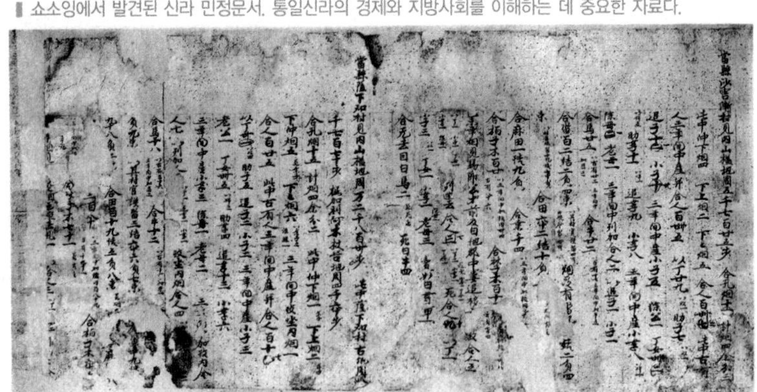

▌ 쇼소잉에서 발견된 신라 민정문서. 통일신라의 경제와 지방사회를 이해하는 데 중요한 자료다.

신라와 일본 사이에 교류가 많았다.

쇼소잉 물건에서 신라 민정문서(촌락문서)를 빼놓을 수 없으니, 지금의 청주 지방과 관련된 문서가 일본으로 흘러들어가 불경을 싸던 책보[經帙]에 붙어 있다가 금세기 초에 발견되었다. 이 문서의 내용과 가치는 교과서에도 자세히 나와 있어 누구나 잘 알고 있다.

몇 년에 작성된 것인지는 아직 논란이 있지만, 뽕나무나 잣나무 숫자까지 국가에서 세세히 파악하고 있어서 세금을 걷기 위해 얼마나 심혈을 기울였는지 그대로 드러나 있다. 통일신라의 경제와 지방 사회를 이해하는 데에 얼만큼 중요한지는 이에 관한 박사학위논문이 여러 편이나 되는 데에서도 짐작할 수 있다.

8세기에 들어서 신라와 일본은 공적인 외교 관계가 그 이전보다 훨씬 소원해지고, 때로는 적대적으로까지 된다. 그런 가운데에도 양국 사이에 많은 문물 교류가 이루어져, 이처럼 연구자의 손길을 기다리고 있다.

두 나라가 소원해진 때인 727년에 발해 사신이 일본에 처음 도착하였다. 이로부터 양국 사이에 밀월 관계가 맺어져 빈번히 사신들이 오가기 시작하였다. 일본이 당나라에 들어갈 때에도 신라를 거치지 않고, 멀리 동해 바다를 건너 발해 땅을 경유하였다. 석정소(釋貞素, ?~828)라고 하는 발해 스님이 일본 천황과 유학승려 레이센(靈仙) 사이에 심부름 부탁을 받고 당나라와 일본을 오가다가 결국은 요동반도 부근에서 풍랑을 만나 목숨을 잃은 사건도 있었다.

　이제 대불로 돌아가 보자. 8세기 중반에 안치된 이 불상은 높이가 15m 나 된다. 너무나 커서 불상을 안치하고 난 뒤에 건물을 세웠다고 한다. 대 불전(大佛殿)도 세계 최대의 목조 건물이다. 그런데 이 건물에는 건물 현판 이 걸려 있지 않았다. 우리 나라의 절에는 현판이 걸려 있어서 그것만 보 더라도 어느 부처님을 모시고 있는가를 알 수 있는데, 일본에는 그러한 현판들이 눈에 뜨이지 않았다. 우리와 다른 면모를 볼 수 있는 대목이다.

　국가의 힘을 쏟아 세운 이 절에 신라와 발해 사신이 예불하였다. 특히 쇼소잉 창고에서 발견된 한 고문서에는 762년에 발해 사신 왕신복(王新福) 이 여기서 예불하였던 사실이 기록되어 있다. 절을 낙성한 지 얼마 되지 않았을 무렵이다. 2년 전 가을에 도다이지 대불을 올려다보다가 이 역사 적 사실이 언뜻 떠올랐다. 1천여 년 전에 발해 사신이 예불하였던 그 불 상, 발해의 후예인 내 자신이 그 자리에 서 있음을 깨달았다.

　그러나 이곳에만 있는 것이 아니다. 발해 사신은 연해주에 있던 염주

■ 발해사신이 도착했던 후쿠라 항구

(鹽州)에서 배를 타고 동해 바다를 건너왔다. 많은 사람들이 동해의 격랑 속에 빠져 희생되면서 어렵게 도착하였던 곳이 일본의 노토(能登)반도이다. 여기서 육로로 지금의 후쿠이, 쓰루가를 거쳐 나라나 교토로 들어갔다. 작년(1996) 2월에 발해 사신의 자취를 따라 이곳을 두루 답사할 기회를 가졌다. 발해 사신이 도착하였던 항구, 그들이 임시로 머물던 객관(客館) 자리와 신사(神社)를 가보았다. 이곳 저곳에서 그 당시의 유적들이 발굴되고 있었다.

841년 일본에 보낸 발해 공문서의 사본이 일본 천황가에 전해지고 있고, 861년 일본에 전해주었던 불경이 교토 부근의 이시야마테라(石山寺)에 보관되어 있다. 땅 위에만 있는 것이 아니다. 지금도 나라 시대의 수도에서 발굴되고 있는 목간(木簡)에는 발해와 관련된 것들이 종종 튀어 나온다. 그 중에는 '발해사(渤海使)'란 글자가 쓰여진 것도 있다. 그뿐이랴. 일제시대에 만주를 지배할 때 가지고 갔던 발해 유물들이 교토대학, 도쿄대학을 비롯한 여러 박물관, 미술관에 흩어져 있다.

일제시대에 일본인들이 발해 궁전을 발굴하다가 일본 화폐인 와도카이친(和同開珎) 한 개를 발견하고 대단히 흥분한 적도 있었다. 일본과 만주의 관계가 이미 발해 때부터 있었던 실물 증거를 찾았다고 말이다.

발해는 특산물을 일본에 보내 교역하였고, 귀국시에는 일본 물건들을 사 가지고 갔다. 발해 특산물로서 가장 유명한 것이 담비 가죽이었다. 추운 지방이었으니 모피가 특산물인 것은 어쩌면 당연한 일이다. 727년에 발해가 처음으로 사신을 보낼 때에도 물품 목록에 담비가죽 300장이 들어 있었다.

발해 사람들은 타구, 격구 경기를 일본에 전해주었다. 일본에서도 인기가 있어서 사신으로 갔던 왕문구(王文矩)가 822년 정월에 직접 일본 왕 앞에서 타구 경기를 시연해 보였고, 일본 왕은 자기 신하와 내기를 걸었

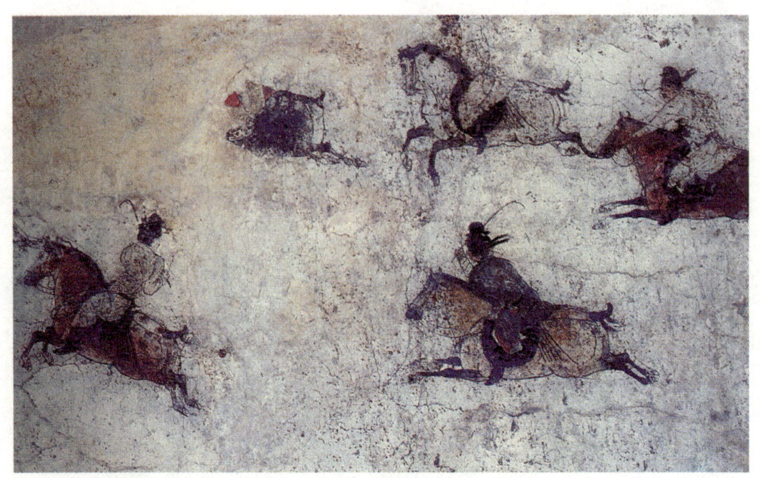

■ 중국 섬서성(陝西省) 건현(乾縣) 장회태자 무덤벽화에 보이는 격구도

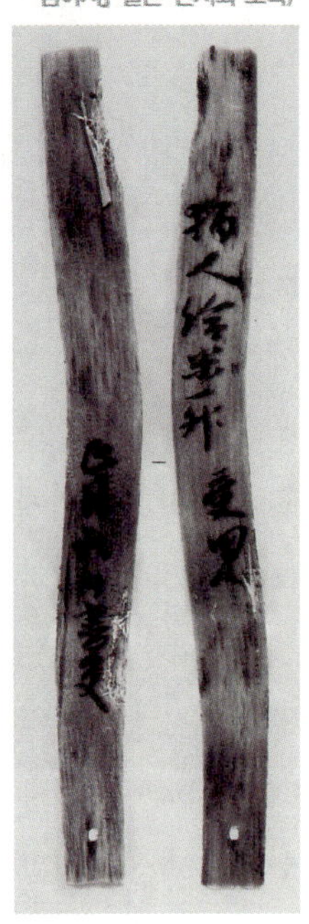

■ 발해인을 맥인(고구려인)으로 쓴 일본 목간 (「파도를 넘어서」 일본 전시회 도록)

다. 그리고 이 경기를 보면서 지은 시가 일본 문집에 전해진다. 그런가 하면 어느 가을밤에 다듬이 소리를 들으면서 고국에 있는 부인을 그리워하면서 지은 무척 서정적인 발해 사신의 시도 일본 문집에 남아 있다.

작년(1995) 가을에 노토반도 부근에 있는 이시카와(石川) 박물관에서 "파도를 넘어서"라는 주제로 특별전이 열렸다. 고대와 중세의 문화교류전이었는데, 도록을 들쳐 보니 근래에 새로이 발견된 발해 관련 목간이 들어 있었다. 발해 사람을 '맥인(貊人)' 즉 '고구려인' 이라 한 것이나, 발해 특산물인 '초피(貂皮, 즉 담비 가죽)' 란 글자가 쓰여진 것도 처음 볼 수 있었다.

발해에서 일본에 35차례, 일본에서 발해에

13차례 사신을 파견하였다. 그만큼 문화적 교류도 많았고, 그 자취도 제법 여기저기 남아 있다. 우리 땅에서는 종적을 감춘 듯한 발해 역사이지만, 만주와 연해주는 물론이요, 일본 땅에서도 살아 숨쉬고 있으니 신기할 따름이다.

대무예가 아룁니다. 산과 물이 다르고 나라 땅이 다르지만, 대왕의 가르침과 지략을 오래전부터 들어와서, 고개 숙여 우러르는 마음이 더할 뿐이었습니다.

엎드려 생각건대, 대왕의 나라는 하늘로부터 명을 받아 일본이 건국된 이래, 대대로 훌륭한 임금이 이어지고, 자손이 크게 번성하였습니다. 무예는 욕되게 여러 나라를 주관하고 외람되게 여러 번국(藩國)을 아우르게 되어, 고구려의 옛 터전을 수복하고 부여의 풍속을 소유하게 되었습니다.

그러나, 멀리 하늘 끝에 있어 길이 막히고, 큰 바다가 저 멀리까지 펼쳐져 있어서, 지금껏 소식을 통하지 못하고, 좋은 일과 불행한 일에 제대로 축하하고 위문하지 못하였습니다. 어진 나라와 가까이 하여 서로 돕고 의지하는 일은 옛날의 가르침에 따르고자 하였지만, 사신을 보내 이웃 나라를 방문하는 일이 오늘에야 시작되게 되었습니다.

삼가 영원장군·낭장 고인의(高仁義), 유장군·과의도위 덕주(德周), 별장 사나루(舍那婁) 등 24인으로 하여금 편지를 휴대하고, 아울러 담비 가죽 300장을 받들어 가져가도록 하였습니다. 보내는 토산물이 비록 천한 것이지만 변변치 못한 물건을 바치는 정성이나마 나타내고자 하며, 가죽 예물이 진귀한 것이 못 되어 말없이 꾸짖음에 부끄러워 할 따름입니다. 이치대로 일을 주관하고자 하나 한계가 있고, 우러러 뵙고자 하나 기약이 없지만, 때때로 소식을 받들며 영원히 이웃 나라와 돈독히 지내고자 합니다.

20장

지명에 얽힌 역사

아시아에서도 제일 동쪽에 있는 나라가 우리 나라다. 그러기에 흔히 극동 지역이라 부른다.

그런데 기이하게도 두만강 너머에 유럽 국가가 이마를 맞대고 있다. 러시아 연해주가 바로 그곳이다.

남북 통일이 되지 않아서 아직은 실감이 나지 않지만, 강만 하나 넘으면 코 큰 서양인이 사는 땅이라 생각하면 어딘가 이상한 느낌이 든다. 사람만 그런 것이 아니다. 온갖 지명도 발음하기조차 어려운 러시아 말로 되어 있으니 더더욱 그러하다.

지난 해(1995)에도 여름 한 달을 연해주에서 보냈다. 바다에 면해 있다고 하여 프리모리예라 하는데, 우리는 러시아 말을 그대로 쓰지 않고 오래전부터 이를 번역하여 연해주라 불러왔다. 그만큼 우리와 밀접했던 곳이다. 그곳의 수도인 블라디보스토크에서 북쪽으로 440여 km나 떨어진 그야말로 시골에 도착하였다. 맑은 날 산 위에 펼쳐진 무지개를 보았다. 무지개가 아니라 오로라였다.

새까맣게 달라붙는 모기가 얼마나 드센지 청바지를 뚫고 들어왔다. 종아리를 너무 물린 나머지 귀국할 즈음에는 물린 곳마다 벌집처럼 곪아 터져 버린 일행도 있었다. 나는 교육 자료로 삼기 위해서 그 모습을 얼른 사진으로 담았다.

동네 꼬마들이 호기심어린 눈초리로 숙소를 배회하더니 어느날 몰래 들어와 먹을 것을 몽땅 훔쳐가버렸다. 심지어는 겔포스마저 달작지근하 니까 모두 뜯어 먹고 껍질만 남기고 사라졌다. 그 뒤로 동네 꼬마들은 우 리만 보면 고개를 못들고 지나쳤다. 그 바람에 그날부터 우리들은 과거 못먹던 시절로 시간 여행을 하지 않으면 안되었다.

물론 피서를 위해서 그곳에 갔던 것은 아니었다.

그곳에도 우리 역사가 살아 숨쉬고 있기 때문에 갔다.

우수리 강가의 조그만 시골에도 발해 시대의 성터가 떡 버티고 있었 다. 성 안에는 밀이 자라고 있어 잘 남아 있는 성벽이 바람막이 역할을 하고 있었다. 그러나 트랙터가 드나들기 어렵다고 성 문을 불도저로 밀 어부쳐 버렸다.

연해주는 인구가 적은 곳이기에 1천 년전의 모습을 그대로 간직한 채 성터들이 곳곳에 우뚝 서 있다. 이곳도 예외는 아니었다. 이를 작년(1995) 7월부터 8월까지 러시아 학자들과 함께 공동으로 발굴하였다. 그 유적은 동네 이름을 따서 마리야노프카 성터로 불린다. 왜 우리 역사 유적인데 읽기도 어려운 러시아 이름이 붙어 있을까 괜스레 짜증이 난다.

러시아 땅이니 그렇겠지 하겠지만, 거기에는 더 깊은 사연이 있다. 그 들 지명 속에는 러시아 역사가 녹아 있다. 연해주의 지명들이 많이 바뀌

▌마리야노프카 성터 발굴 모습

었고 지금도 바뀌고 있는데, 여기에는 그들의 역사가 고스란히 담겨 있는 것이다.

　하나는 소련 혁명을 상징하는 이름이라 해서 제정러시아 시대의 이름으로 되돌아가는 것이고, 다른 하나는 중국식 이름이라 해서 러시아식으로 바꾸는 것이다. 혁명의 냄새를 없애고, 중국의 냄새를 없애는 작업이 이루어지고 있다.

　시베리아를 삼키고 계속 뻗어오던 제정러시아는 1860년에 중국과 조약을 맺어 연해주를 독차지했다. 그렇지만 지금까지도 러시아와 중국 사이에는 국경이 확정되지 않아서 두 나라 사이에 회담이 열리고 있고, 중국인의 뇌리 속에는 아직도 빼앗긴 땅으로 남아 있다.

　그런가 하면 1917년에 혁명이 일어나 소련이라 불리더니 이제는 소비에트 혁명을 청산하고 다시 러시아로 되돌아갔다.

　이러한 역사들이 지명 속에 배어 있다.

블라디보스토크 중심가를 이루는 '10월 25일 혁명 거리' 는 알레웃스카야 거리로 바뀌었고, '레닌 거리' 는 제정러시아 시대의 스베트란스카야 거리로 바뀌었다. 이제 러시아에서는 레닌, 스탈린의 이름이 서서히 사라지고 있으니, 언젠가는 중국의 장춘시에만 스탈린 거리가 남아 있을지 모를 일이다.

우리에게 문제가 되는 것은 그 다음의 경우이다. 우수리스크 옆을 흐르는 강물은 과거에 수이푼(綏芬)이라는 중국식 지명이었는데, 지금은 벌판을 의미하는 라즈돌나야로 변경되었다.

일제 시대에 한인들이 몰려 살았던 차피고우(夾皮溝)는 크로우노프카라는 이름으로 바뀌었고, 한인 빨치산들이 크게 활약하였던 수찬(蘇城, 水淸)은 파르티잔스크로 바뀌어 있었다.

그뿐만 아니다.

　　마이헤(麥河)는 아르쵸모프카 강으로

　　레푸(勒富) 강은 일리스타야 강으로

　　다우비헤(刀畢河)는 아르세니예프카 강으로

　　얀치헤(鹽州河)는 추카노프카 강으로

심지어는 현지 토착민들의 고유 지명마저 바꾸는 바람에 역사 지명을 고증해 내는 작업도 어렵게 만들고 있었다. 그러하니 과거에 얘기하던 유적이 바로 이 유적인지 아닌지 현지를 가서 확인하지 않으면 분간이 안 된다.

이것은 물론 자기 땅으로 확고히 만들려는 의도임이 분명하다. 블라디보스토크란 말이 동방을 지배하겠다는 의미이니, 그들의 꿍꿍이는 이미 여기에 함축되어 있다. 그런 의도를 알고 있는 중국은 러시아 논문을 번역할 때면 과거의 지명으로 되돌려 번역하곤 한다. 알게 모르게 싸움을 벌이고 있다.

그런데 문제는 여기서 끝나지 않는다. 연해주가 자기들 땅이라고 하여 이를 확고히 하는 작업은 그렇다 치자.

여기서 한 술 더 떠서 이제는 그 땅에서 펼쳐졌던 과거의 역사마저 자기들 역사라고 주장한다. 중국인들이 만주를 차지하더니 만주에서 일어난 부여, 고구려, 발해 역사를 자기들 것이라고 주장하고, 연해주에 걸쳐 있었던 발해 역사를 러시아아인은 자기네 역사라고 주장한다. 땅을 차지하더니 역사마저 챙기고 있다. 이제는 떨어져 나갈 생각을 말라는 입막음이다.

지금 발해 역사를 두고 중국인과 러시아아인은 서로 자기들 것이라 하고, 우리는 우리대로 우리 것이라 한다. 하나의 역사가 갈가리 찢어지고 있다. 그뿐만 아니다. 중국에서 발견된 발해 유적은 중국 이름으로 붙여지고, 러시아에서 발견된 것은 러시아 이름으로, 북한에서 발견된 것은

▌〈서울거리 2A〉 건물

순 우리말로 붙여지고 있으니, 대조영이 지하에서 한탄할 일이다.

그런 와중에 아직도 살아 남아 우리를 즐겁게 하는 지명이 하나 있다. 매번 블라디보스토크에 갈 때마다 주변 사람들에게 수소문하였으나 아는 사람이 없어서 실패를 거듭하다가 이제야 확인한 곳이다. 마침 우리를 안내했던 학생 집이 바로 그곳이라고 해서 곧바로 찾을 수 있었다.

세울스카야 울리차(서울 거리) 2A번지.

서울이란 말이 블라디보스토크 도심에 당당히 자리잡고 있었다.

눈에 번쩍 뜨이는 이름 아닌가?

새로 간행된 블라디보스토크 도시 지도를 샀더니 그곳에도 서울 거리가 나타나 있었다.

과거에 한인들이 많이 살았고 독립운동의 근거지이기도 했던 신한촌이 바로 그곳에 있었다. 서쪽으로 바다를 내려다보는 언덕 위, 지금은 보

잘 것 없는 이 거리에 한인들의 발자취는 찾을 길 없고 러시아인들만 살고 있었다. 마침 이 거리 이름이 달려 있는 집을 찾아 주인을 만났으나 자기들은 근래에 이사와서 왜 이 이름이 붙어 있는지 알지 못했다.

그러나, 현지 학자들도 제대로 모르는 그 이름이 앞으로 얼마나 남아 있을지는 알 수 없었다.

21장

함께 지켜야 할 발해 유적

근래에 두만강 삼각지대 개발 계획이 자주 매스컴에 오르내리고 있고, 연해주 나호드카에도 한국공단이 들어설 계획이라고 한다. 종래에는 적성국가로 분류되어 꿈도 꾸지 못하였던 중국과 러시아에까지 이렇게 손길이 미치고 있는 것은 올림픽 개최를 전후하여 적극적으로 추진되었던 북방정책의 결과이다. 이것은 또한 이 지역으로 우회하여 북한의 경제개방을 유도하겠다는 현 정부의 전략과도 연계되어 있다고 한다. 새삼 우리 경제의 활동 반경이 크게 확대된 것을 절감할 수가 있다.

그러나 이들 지역에 우리 역사의 자취들이 숨쉬고 있다는 사실을 아는 사람은 드문 것 같다. 엄연히 이곳에는 고구려, 발해의 숨결이 살아 있다. 두만강 삼각지대 개발 구역 안에 속하는 연해주의 자루비노 (Зарубино) 항구와 만주의 훈춘시(琿春市)를 철도로 연결하려는 계획이 현

재 추진되고 있으며, 그 주변에는 경제특구를 설정하여 공단을 세울 예정이다. 이와 같은 곳에 우리의 역사 유적들이 자리잡고 있다.

훈춘시에는 고구려 때에 동북 방면의 최전선에 설치하였던 책성(柵城) 성터가 남아 있다. 이 유적은 두만강 바로 건너 북한 산줄기가 지척에 보이는 곳에 위치하고 있다. 발해 때에 5경(京)의 하나로서 일시적으로 수도가 되었던 동경용원부(東京龍原府)의 자리인 팔련성(八連城)도 거의 경작지로 변한 채 폐허화되어 있다. 인공위성으로 찍은 만주 사진을 본 적이 있는데, 두만강가에서 이 성터 모습을 희미하게 발견할 수 있었다.

자루비노 항구와 훈춘시의 중간쯤에 있는 크라스키노(Краскино) 마을 부근에도 발해 때의 한 지방도시인 염주(鹽州)의 성터가 잘 보존되어 있다. 물론 러시아인들이 유적을 의도적으로 복원한 것이 아니라, 인구 밀도가 적다보니까 사람의 손길을 타지 않아서 1천여 년전의 모습을 간직한 채 늪지대에 방치되어 있다. 발해에서 일본으로 파견되던 사신들은

이 도시에서 배를 타고 동해바다의 해류를 이용하여 바다를 건너갔다. 그만큼 이곳은 발해 당시에도 국제적인 도시였다.

그뿐만 아니라 두만강으로 더 가까이에 있는 하싼(Хасан)이란 도시는 조선 말기에 우리 나라 사람들이 국경을 넘어와 처음으로 정착한 곳이었다. 1937년에 스탈린이 중앙아시아로 강제 이주시키기까지 이들 지역에는 한인들이 집단으로 거주하고 있었다. 이곳에 한인들이 경작하던 벼들이 아직도 야생으로 자라고 있는 사진을 본 적이 있다.

한편 블라디보스토크 동남쪽 바닷가에 있는 나호드카 항구와 보스토치니 항구를 중심으로 또 다른 경제특구가 지정되어 한참 개발이 추진되고 있다. 여기에는 여러 나라와 어깨를 나란히 하여 우리 나라의 공단도 들어설 예정이다. 그런데 이 경제특구에 포함되어 있는 파르티잔스크(Партизанск) 부근에도 발해 시대에 사용되었던 니콜라예프카(Николаевка) 성터가 자리잡고 있다. 이 성은 금나라 때에도 사용되었다.

그 뒤 수백 년의 세월이 흐르는 동안에도 흙으로 쌓은 높이 10m의 성벽이 거의 원형대로 남아 있으며, 적의 공격을 저지하기 위하여 성벽 밖에 인공적으로 물을 돌린 해자(垓字) 시설도 그대로였다. 그러나 경제특구 조성 계획 도면을 잠시 들여다 보니 이 부근이 비행장 후보지의 하나로 되어 있어 언제 사라질지도 모르는 처지였다. 지금 성벽을 뚫고 지나가고 있는 러시아인들의 철로가 이 유적의 운명을 상징적으로 보여준다.

이처럼 만주와 연해주에는 고구려와 발해 유적이 곳곳에 남아 있으며, 미처 연구자들의 손길이 미치기도 전에 훼손될 운명에 처해 있다. 과거 1960년대 이래 우리 나라에서 경제개발의 논리를 내세워 수많은 유적들을 파괴해 버렸다. 최근에 대구 시지동 유적을 건축업자들이 의도적으로 밀어버린 것처럼 아직도 반복되고 있는 우리의 모습을 현지인들이 그대로 따를 것이다.

역사적 유산이라는 것은 민족의 긍지를 심어주는 커다란 정신적 자신이 되면서, 나아가 외국인들에게 우리가 이제 막 성장한 신흥 공업국이 아니라 유구한 역사적 연원을 가진 민족이라는 것을 내세울 수 있는 중요한 관광자원이 된다는 사실을 늦게서야 깨달아도 다시는 되찾을 수 없는 것이다.

이러한 시행착오를 연해주에서, 그리고 만주에서 다시 범할 위기에 있다. 더구나 현지인들에게는 이들 유적이 자기 조상들과 직접적인 연관이 없기 때문에 그만큼 애착도 적은 편이다. 과거 우리들이 되뇌었던 것처럼 경제적 어려움에 처해 있는 이 마당에 유적 파괴 정도는 감수해야 되지 않겠느냐는 반응들이다.

이리하여 지난(1993) 4월 말에 블라디보스토크에서 열린 제2차 한 러극동협회 총회에서 필자는 이들 유적들이 동아시아인들의 공동 자산이므로, 경제 개발을 추진하면서 이들 유적을 복원하는 사업도 병행하여 관광자원으로 활용하자고 제안한 바 있다. 그러나 그러한 견해가 얼마나 받아들여질지는 미지수이다.

그러면 이러한 유적들이 왜 발해사 연구에 중요한 것인가?

발해에 관한 기록으로는 자신이 남긴 것이 없고, 당나라 사람이 기록한 것이나 일본 사람이 기록한 것이 고작이다. 그러니 제대로 된 체계적인 역사 기록이 있을 리가 없다. 근래에 이르러 발해 유적이 다수 발견되고 또한 발굴됨에 따라 이러한 문헌상의 한계성을 보충해주고 있다. 더구나 무덤 속에서 발견되는 묘지명(墓誌銘)같은 것은 발해인들이 직접 남긴 것이기 때문에 중요하기 이를 데 없다. 지금까지 두 공주 무덤에서 각각의 묘지명이 발견되었지만, 앞으로 더 많이 발견될 것은 틀림없다. 발해 유적 조사는 아직도 초창기이기 때문이다.

이렇게 발해 스스로가 남긴 역사 기록이 없기 때문에 연구자들이 현지를 뛰어다니지 않을 수 없다. 그러면 왜 체계적인 기록이 그토록 남아 있지 않게 되었을까. 발해 사람들이 이민족인 거란에 멸망당하여 그 백성들이 요동지방으로 강제 이주됨으로써, 그들의 역사를 스스로 챙길 여력이 없었기 때문이다.

그렇다고 하여 그 유민이 대량으로 밀려들어 왔던 고려에서 이들의 역사를 정리해주지도 않았다. 고려 태조때에는 거란이 사신과 낙타를 보내오자, 발해를 멸망시킨 무도(無道)한 나라라고 꾸짖으면서 사신을 섬으로 유배시키고 낙타를 만부교(萬夫橋) 아래에 묶어 놓아 굶겨 죽인 일까지 있었다. 그러나 고려가 끝내 발해사를 쓰지는 않았다. 그러기에 조선시대 실학자인 유득공이 『발해고』 서문에서 이를 한탄하였다.

유득공은 이러한 역사의식을 가지고 발해사를 집필하였다. 조선시대 전기와 중기만 하여도 발해사는 우리 역사로 여겨지지 않고 있었으니, 얼마나 큰 인식의 전환인가를 가늠해볼 수 있다. 유득공을 비롯한 여러

실학자들이 발해사 복원을 위해 이렇게 노력했기에 200여 년이 지난 우리는 떳떳이 발해사가 우리 역사라고 큰소리칠 수 있게 되었다. 만일에 이마저 없었다면 발해사가 우리 역사에서 자리잡을 기회를 놓쳐버렸을 것이다.

그러나 지금도 발해사가 우리 역사에서 완전히 제자리를 찾은 것은 아니다. 근래에 이르러 국내에 발해사 연구자가 늘어나고 그에 따라 연구 결과가 어느 정도 축적됨에 따라 유득공의 뜻을 이어 이 시대를 '남북국시대'로 부르기 시작하였다. 신라와 발해가 동등하게 우리 역사의 범주가 됨으로써 비로소 발해사가 제자리를 찾기 시작한 것이다. 먼 훗날 통일이 되어 우리가 살고 있는 시대를 규정하게 된다면, 예를 들어 '남한시대'에 북한의 역사를 부록으로 달지는 않을 것이다. 장차 이 시대를 '남북한 분단시대'로 설정해야 되는 것과 마찬가지이다.

발해사 연구에는 이러한 특수한 사정이 있으므로 현지를 직접 답사하고, 유물을 직접 보지 않으면 안 된다. 그런 의미에서 현지의 유적들은 연구자들에게 하나 하나가 보배로운 존재들이다. 그러니 그 하나라도 잃어버린다면 그만큼 발해사 수수께끼를 푸는 고리를 잃어버리게 된다.

이제 중국과 러시아를 왕래할 수 있는 길이 열렸으므로 기본적인 문제는 해결되었지만, 아직까지도 북한의 함경도 일대에 널려 있는 유적들을 직접 가보지 못하고 있다. 발해 유적을 온전히 살펴보기 위해서는 이 지역을 가보지 않으면 안되니 안타깝기 그지없다. 그러나 그 날이 머지않아 올 것으로 생각한다. 그 때를 기다리면서 우선 가능한 만주와 연해주를 답사하지 않을 수 없다.

발해사가 우리 역사에서 정당한 자리를 차지하도록 하려면 우리 연구자들이 만주로, 연해주로 부단히 뛰어다녀야만 한다. 그러나 우리 연구자들에게만 의무가 주어져 있는 것은 아니다. 서두에서 언급하였듯이 사라질 위기에 있는 유적들을 보존하는 것은 정책 입안자들의 몫이기 때문이다.

경제 개발에 참여하는 사람들도 이러한 사실을 염두에 두고 있어야 할 것이다. 더구나 사업상 이곳을 왕래하는 사람들도 이곳에 우리 조상들의 숨결이 남아 있다는 사실을 알게 된다면 또 다른 감회를 가질 수 있을 것이다. 그렇게 모든 사람들이 혼연일체가 되어 우리의 역사 유적을 보존하게 된다면, 유득공이 한탄하였듯이 고려시대에 발해사를 남기지 못한 잘못을 조금이나마 만회할 수 있을 것이고, 또한 200여 년 뒤의 후세 사람들에 떳떳한 이 시대의 조상들이 될 것이다.

　　고려가 발해사를 짓지 않았으니, 고려의 국력이 떨치지 못하였음을 알 수 있다. 옛날에 고씨가 북쪽에 거주하여 고구려라 하였고, 부여씨가 서남쪽에 거주하여 백제라 하였으며, 박·석·김씨가 동남쪽에 거주하여 신라라 하였으니, 이것이 삼국으로 마땅히 삼국사(三國史)가 있어야 했는데 고려가 이를 편찬하였으니 옳은 일이다. 부여씨가 망하고 고씨가 망하자 김씨가 그 남쪽을 영유하였고, 대씨가 그 북쪽을 영유하여 발해라 하였으니, 이것이 남북국이라 부르는 것으로 마땅히 남북국사(南北國史)가 있어야 했음에도 고려가 이를 편찬하지 않은 것은 잘못된 일이다.

　　무릇 대씨는 누구인가? 바로 고구려 사람이다. 그가 소유한 땅은 누구의 땅인가? 바로 고구려 땅으로, 동쪽과 서쪽과 북쪽을 개척하여 이보다 더 넓혔던 것이다. 김씨가 망하고 대씨가 망한 뒤에 왕씨가 이를 통합하여 고려라 하였는데, 그 남쪽으로 김씨의 땅을 온전히 소유하게 되었지만, 그 북쪽으로는 대씨의 땅을 모두 소유하지 못하여, 그 나머지가 여진족에 들어가기도 하고 거란족에 들어가기도 하였다.

　　이 때에 고려를 위하여 계책을 세우는 사람이 급히 발해사를 써서, 이를 가지고 "왜 우리 발해 땅을 돌려주지 않는가? 발해 땅은 바로 고구려 땅이다"고 여진족을 꾸짖은 뒤에 장군 한 명을 보내서 그 땅을 거두어 오게 하였다면, 토문강 북쪽의 땅을 소유할 수 있었을 것이다. 또 이를 가지고 "왜 우리 발해 땅을 돌려주지 않는가? 발해 땅은 바로 고구려 땅이다"고 거란족을 꾸짖은 뒤에 장군 한 명을 보내서 그 땅을 거두어 오게 하였다면, 압록강 서쪽의 땅을 소유할 수 있었을 것이다. 그러나 끝내 발해사를 쓰지 않아서 토문강 북쪽과 압록강 서쪽이 누구의 땅인지 알지 못하게 되어, 여진족을 꾸짖으려 해도 할 말이 없고, 거란족을 꾸짖으려 해도 할 말이 없게 되었다. 고려가 마침내 약한 나라가 된 것은 발해 땅을 얻지 못하였기 때문이니, 크게 한탄할 일이다.

누가 "발해는 요나라에 멸망되었으니 고려가 무슨 수로 그 역사를 쓰겠는가?"고 말할지 모르나, 그렇지는 않다. 발해는 중국제도를 본받았으니 반드시 사관(史官)을 두었을 것이다. 또 발해 수도인 홀한성(忽汗城)이 격파되어 고려로 도망해 온 사람들이 세자 이하 10여 만 명이나 되니, 사관이 없으면 반드시 역사서라도 있었을 것이고, 사관이 없고 역사서가 없다고 하더라도 세자에게 물어 보았다면 역대 발해왕의 사적을 알 수 있었을 것이고, 은계종에게 물어 보았다면 발해의 예법을 알 수 있었을 것이고, 10여 만 명에게 물어 보았다면 모르는 것이 없었을 것이다. 장건장은 당나라 사람이었으면서도 오히려 『발해국기』를 지었는데, 고려 사람이 어찌 홀로 발해 역사를 지을 수 없었단 말인가?

아, 문헌이 흩어진 지 수백 년이 지난 뒤에 역사서를 지으려 해도 자료를 얻을 수 없구나. 내가 규장각의 관료로 있으면서 궁중 도서를 많이 읽었으므로, 발해 역사를 편찬하여 군, 신, 지리, 직관, 의장, 물산, 국어, 국서, 속국의 9고(考)를 만들었다. 이를 세가(世家), 전(傳), 지(志)로 삼지 않고 고라 부른 것은, 아직 역사서로 완성하지 못하여 정식 역사서로 감히 자처할 수 없기 때문이다.

갑진년(1784) 윤3월 25일

22장 발해 유적의 조사

조사와 보존

　발해 유적에 대한 조사 경과를 발해의 중심지가 있던 만주 지역부터 살펴보겠다. 발해 유적에 대한 체계적인 조사는 1933년 일본인들이 주축이 되어 상경성(동경성)을 발굴하면서 시작되었다. 그로부터 해방이 되기 전까지 팔련성, 서고성 등과 같은 도성 유적을 중심으로 조사가 진행되었다.

　해방이 되어 중국인의 손으로 처음 발굴한 것이 육정산고분군이다. 이 고분군은 1949년에 발굴되었는데, 유명한 정혜공주 무덤도 이 때에 확인되었다. 그렇지만 1970년대까지 체계적인 학술 조사는 거의 이루어지지 않았고, 우연하게 발견된 유적들에 대한 발굴이 간헐적으로 진행되었다.

　1980년대에 들어와 지표 조사와 발굴이 본격화되면서 대상 유적이 성

■ 1993년에 발굴한 아브라모프카 Ⅲ-6호 말갈 집자리

터와 무덤에서 절터와 가마터[窯址] 등으로 확대되었고, 지역적으로도 5경에서 떨어진 발해 지방사회까지 범위가 넓어졌다.

특히 길림성에서는 1982년에서 86년 사이에 각 시·현 단위로 조사를 세밀하게 시행하여 선사에서 현대까지 도합 6,015곳의 유적과 293,481점의 유물을 확인하였다. 그 결과 1988년 전반기까지 48권으로 된 길림성 47개 시·현의 『문물지(文物志)』를 완간하였고, 1991년에는 이를 다시 종합한 『길림성지(吉林省志)』 문물지편(文物志篇)을 발간하였다. 비록 내부간행물로 되어 쉽게 입수하기가 어렵지만 이를 통하여 발해 유적과 유물을 자세히 파악할 수 있다.

현재 유적 발굴은 길림성 사회과학원 고고연구소 및 길림성박물관, 연변조선족자치주 박물관, 흑룡강성 사회과학원 고고연구소 등이 담당하고 있다. 발해 고고학자로는 정영진(鄭永振), 김태순(金太順), 박용연(朴龍淵)

등의 조선족 학자와 주궈천[朱國忱], 장타이샹[張泰湘], 쑨슈런[孫秀仁], 웨이춘청[魏存成], 왕사[王俠], 리젠차이[李健才], 리덴푸[李殿福] 등의 중국인 학자들이 있다.

러시아 연해주에서의 본격적인 조사는 1958년에 코프이토(Копыто) 절터, 1960년에 아브리코스(Абрикос) 절터를 발굴하면서 개시되었다. 그렇지만 1960년대에는 샤이가(Шайга) 성터를 발굴하면서 조사·연구가 금나라 때의 유적에 집중되었고, 1970년대에 들어 노보고르데예프카(Новогордеевка) 성터 등이 조사되면서 다시 발해 유적에 관심이 모아져 오늘에 이르고 있다.

지금까지 조사된 유적을 보면 성터가 제일 많고, 여기에 취락지, 절터들에 대한 조사가 병행되고 있다. 이에 반해서 고분에 대한 조사가 거의 이루어지지 않고 있어서 향후의 과제가 되고 있다.

유적 목록은 『연해주의 역사 유적 및 문화 유적 −자료 집성−』(스트류첸코 Стрюченко И.Г. 등 공저, 러시아과학원 극동지부 극동민족 역사학·고고학·민족학연구소, 1991, 러시아문) 제2부 고고 유적편에 망라되어 있고, 연구 성과는 『발해와 러시아 극동의 종족』(샤프쿠노프 편, 나우카출판사, 1994)에 종합되어 있다. 뒤의 책은 『러시아 연해주와 발해 역사』(민음사, 1996)란 제목으로 국내에 번역되었고, 중국에서도 번역되었다.

유적 발굴은 블라디보스토크에 있는 '러시아과학원 극동지부 극동민족 역사학·고고학·민족학 연구소(역사연구소라 약칭함)'가 주축이 되어 있고, 근래에는 극동대학에서도 발굴을 담당하고 있다. 발해 고고학자로는 샤프쿠노프(Шавкунов Э.В.) 교수가 중심이 되면서 볼딘(Болдин В.И.), 이블리예프(Ивлиев А.Л.), 디야코바(Дьякова О.В.) 등이 활동하고 있다.

북한 지역에서의 발해 유적 조사는 1980년대에 들어와서 시작되었다. 이미 1963~65년에 북한과 중국이 공동으로 만주에서 발해 유적을 발굴한 적이 있지만, 그 후로 양국의 입장에 틈이 벌어지면서 더 이상 계속되지 못하였다. 그러다가 1980년대에 들어와 함경도 일대에서 발해 유적을 찾는 작업이 활발히 벌어졌고, 그 결과 다수의 유적이 확인되었다.

이 지역에서 조사된 유적은 성터, 절터, 고분들인데, 구체적인 목록은 『조선고고연구』 1993년 3호부터 1995년 4호까지 게재된 「조선력사유적유물 지명표」(궁성희 작성)를 참고할 수 있다. 발해 고고학자로는 주영헌(朱榮憲)을 비롯하여 김종혁(金宗赫), 리준걸(李俊傑), 김지철(金志哲) 등이 대표적이다.

다음으로, 유적의 보존 상황에 대해서 살펴보겠다. 만주에서 출토된 유물들은 주로 길림성박물관, 연변박물관, 발해상경유지박물관(渤海上京遺址博物館) 등에 보관·전시되고 있고, 북경의 역사박물관에도 일부가 진열되어 있다. 또 각 시·현에 설치되어 문물 보호를 담당하고 있는 문관소(文管所, 문물관리소)에도 조금씩 보관되어 있다. 대만 고궁박물원에도 일부 소장되어 있다.

일제시대에 발굴된 유물들은 일본으로 옮겨져 동경대학 종합자료관, 경도대학 문학부 박물관, 오하라미술관(大原美術館) 등에 전시되어 있고, 심지어는 도야마현(富山縣)의 사이젠지(西禪寺)라는 절과 개인 소장가에게도 흘러 들어가 있다. 그리고 그 일부가 서울대학교 박물관에 남아 있기도 하다.

중국에서는 주요 유물들을 전국중점문물보호단위(全國重點文物保護單位) 또는 성문물보호단위(省文物保護單位)로 지정하여 보호하고 있다. 발해 유적으로는 육정산고분군, 용두산고분군, 영광탑, 상경성이 전국중점문물보호단위로 지정되어 있고, 그 밖에 많은 유적들이 성문물보호단위로 지정되어 있다.

러시아의 발해 유물은 블라디보스토크에 있는 역사연구소, 아르세니예프 박물관, 극동대학에 각기 소장되어 있다. 그런데 러시아에서는 중

요 유적들에 대해서 문화재 지정과 같은 보호 조치를 따로 취하지 않고, 조사와 발굴 및 보존을 연구소 중심으로 운영하고 있는 특징이 있다. 그리고 새로운 유적이 확인되면, 최초 발견자가 발굴 권한을 가지게 되는 독특한 체제를 가지고 있다. 다만 그 사람이 10년 동안 한 번도 발굴하지 않을 경우에는 다른 사람에게도 발굴 권한이 주어진다고 한다. 러시아 지역의 발굴에 참여할 경우에는 이 점을 고려할 필요가 있다.

북한에서의 발굴은 사회과학원 고고학연구소가 주관하고 있다. 남경 남해부 자리인 청해토성이 지정고적 173호로 지정되어 있는 것을 확인할 수 있으나, 그 밖의 자세한 사항은 파악하기 어렵다.

장도빈의 후예들

우리 나라 사람으로서 처음으로 연해주 유적을 답사한 인물로 장도빈(張道斌)을 손꼽을 수 있다. 그는 1912년 경 블라디보스토크로 망명하여 한국사 교재를 편찬하여 가르치면서, 한편으로 우수리스크(소왕령 또는 송왕령) 지역의 성터를 답사하여 이곳을 고구려 책성(柵城) 또는 발해 동경(東京) 소재지로 추정하였다. 그가 큰 구릉상에 성이 있다고 한 것으로 보아 우수리스크 시 남쪽 교외에 있는 크라스노야르(Краснояр) 성터를 지칭한 것으로 생각된다.

해방 이후 굳게 닫혀 있던 공산권의 문호가 1980년대 후반부터 열리면서 중국과 러시아의 발해 유적에 대한 접근도 가능하게 되었다. 이러한 초창기에 김성훈(중앙대학), 유재신(캐나다 토론토대학), 이진희(일본) 교수 등이 현지 유적을 답사하여 국내에 소개함으로써 선구적인 역할을 하였다.

1990년 8월에는 서울신문이 조사단을 구성하여 연변박물관을 방문하였다. 이 박물관에서 실시하기로 되어 있는 동청(東淸)고분군 발굴의 경비를 지원하는 것이 첫째 목적이었지만, 가능하다면 발굴 현장에 직접 참여하고자 하였다. 그러나 결과는 현지의 분위기를 고려하여 간단히 참관하는 데에 그치고 말았다. 아마 이것이 국내에서 현지 발굴에 참여하고

블라디보스토크 극동대학에 있는 장도빈 동상

자 한 첫번째 시도로 생각된다.

이후 많은 연구자들이 만주 지역의 발해 유적을 답사하기는 하였지만, 현지 사정으로 인해서 아직도 유적 발굴에 직접 참여하는 데에까지는 나아가지 못하고 있다. 중국의 발해 유물을 들여와 1995년 8월에 전시회를 열고자 KBS 사업단, 유네스코 등의 기관에서 몇 년 전부터 추진하였으나 이마저 중국측의 비협조로 성사되지 못하였다.

이러한 사정 때문에 자연히 중국보다는 통제가 덜 심한 러시아 연해주의 발해 유적에 눈을 돌리게 되었다. 연해주의 발해 유적에 대한 답사와 발굴은 고려학술문화재단(高麗學術文化財團)과 대륙연구소(大陸研究所)에서 각기 독자적으로 진행해 왔다.

먼저 고려학술문화재단에서는 조사단을 구성하여 1992년 8월 1차 답사를 시작으로 92년 11월, 93년 4월과 8월, 94년 3월과 8월에 걸쳐 도합 다섯 차례 현지 유적을 답사하였다. 발굴에 앞서서 발해 유적의 자세한 분포 상황을 파악하는 데에 일차적인 목적을 두었기 때문에 남쪽의 크라

고려학술문화재단 주최 남북한 및 러시아 학술회의(2007. 10. 블라디보스토크)

스키노(Краскино) 성터에서 북쪽의 마리야노프카(Марьяновка) 성터까지, 동쪽의 니콜라예프카(Николаевка) 성터에서 서쪽의 콘스탄치노프카(Константиновка) 취락지까지, 연해주 남부의 대부분 지역을 답사하였다. 그 결과 발해 유적이 상당히 넓은 지역에 분포해 있음을 눈으로 확인할 수 있었다. 특히 성터의 경우에는 만주 지역보다 훨씬 양호한 상태로 남아 있었다. 이러한 사정은 비단 발해 유적만이 아니라 다른 시대의 유적들도 동일하였다. 인구 밀도가 상대적으로 낮아서 유적이 덜 파괴되었기 때문이다.

조사에는 발해 유적에만 한정하지 않았다. 이곳의 발해 문화를 이해하기 위해서는 이전의 말갈 문화와 이후의 금나라 문화도 이해할 필요가 있기 때문이다. 이에 따라 다른 시대의 유적도 다수 답사하였고, 1993년 8월에는 광산 지대의 채석장 때문에 파괴 위험에 처해 있던 아브라모프카(Абрамовка)-Ⅲ 말갈 주거 유적을 극동대학 조사단과 함께 3주간에 걸쳐 발굴하였다. 이 유적은 우수리스크 동북쪽 약 60Km 떨어진 호롤(Хороль) 구역, 아브라모프카 강의 북쪽 평야 가운데에 솟아 있는 해발고도 130~150m의 얕은 야산 위에 자리잡고 있다. 옆에 있는 다른 야산에는 같은 시기의 말갈인들이 묻혀 있는 루자노프(Лузанов) 토광묘 고분군이 있다. 이밖에도 이 일대에는 구석기 시대부터 금나라 시기까지 다양한 유적이 널려 있다.

극동대학에서 1989년부터 92년까지 연차적으로 주거지 4기와 저장공을 발굴하였고, 이번에 5호 집자리(극동대학)와 6호 집자리(고려학술재단)를 각기 발굴하였다. 6호를 예로 들면 한 변의 길이가 4m 정도로 거의 정방형에 가깝고 바닥 깊이는 50cm 정도였다.

반면에 5호 집자리는 규모가 약간 크고 길쭉한 장방형을 띠고 있다. 한 가운데에 화덕 자리가 있고 그 주위로 4개의 기둥 구멍이 나 있으며,

네 귀퉁이에는 물건들을 놓을 수 있는 시설이 되어 있었다. 5호 집자리에서는 귀퉁이에 나무 궤짝을 놓았던 흔적이 발견되었다. 주목되는 것은 기둥과 서까래 등이 불에 탄 채 그대로 내려 앉아 있어서 지붕과 벽체의 구조를 잘 파악할 수 있었다는 점이다. 이들 유적에서는 말갈식 토기, 돌도끼, 숫돌, 화살촉 연마기 등이 출토되었는데, 그 일부를 국내에 들여와 보관하고 있다.

연대는 5~7세기 경으로 여겨지므로, 발해 건국 직전에 해당된다. 따라서 이 유적을 통하여 발해 건국 이전에 이곳의 원주민이었던 말갈족들의 생활 모습을 잘 헤아려 볼 수 있다. 이 유적에서처럼 말갈족들이 주로 얕은 야산 위에 주거를 이루고 있었는데, 발해 시대로 들어서면 평지로 내려오고 중요 지역에는 이를 방어하기 위한 성채가 등장하게 된다. 또 이전에는 화덕이 사용되다가 발해 시대가 되면 온돌 장치[炕]를 사용하게 된다. 이와 같은 비교 자료가 축적되어야만 발해 문화의 실상을 제대로 파악할 수 있을 것이다. 고려학술재단에서는 이러한 조사 자료들을 축적하여 『연해주에 남아 있는 발해』(1999)란 종합 자료집으로 간행하였다.

대륙연구소에서도 1992년에 연해주 유적을 답사하였고, 1993년 5·6월에 코르사코프카 절터와 크라스키노 고분, 우수리스크 절터를 발굴하여 그 결과를 『러시아 연해주 발해유적』(1994)이라는 책으로 펴냈고, 1994년 7·8월에도 크라스키노 성터 안에 있는 절터를 발굴하였다.

장차의 방안

한국사와 관련된 해외 유적들이 현재로서는 우리 손 안에 있는 것이 아니기 때문에 그 만큼 조심스러울 수밖에 없고, 여기에 접근하여 조사를 벌이는 데에도 많은 어려움이 뒤따른다.

더구나 고구려·부여·발해와 같이 만주나 연해주를 차지하고 있었던 나라들의 역사가 과연 현재 어느 나라 역사로 귀속되는가 하는 문제를 둘러싸고 국가간에 첨예하게 대립되어 있는 상황이기 때문에 이들 유적에 대한 접근은 더욱더 장애를 일으키고 있다.

여기에다가 이러한 역사의 귀속 문제가 단순히 학문적 논쟁 차원에 머무는 것이 아니라, 각 나라에서 현재의 영토적 연고권 문제와 연관시켜 생각하기 때문에 문제의 심각성은 더해진다. 발해 역사는 이러한 사정을 가장 단적으로 보여주고 있다.

이런 실정이기 때문에 상대국에 있는 발해 유적에 대한 접근이 어려울 수밖에 없다. 발해사의 경우에 사료가 별로 남아 있지 않아서 고고학 자료에 대한 종합적인 연구가 더욱더 필요하고 이에 따라 각국의 협조가 어느 분야보다도 중요한데, 거꾸로 현실은 이를 가로막고 있다.

중국의 경우에는 그들의 소수민족 정책 문제까지도 연결되어 있기 때문에 훨씬 폐쇄적이다. 이에 따라 한국인 학자의 접근을 막으려 하고 있

▌소콜로프카 유적 발굴 숙소(2007. 8)

고, 관련 유물을 국내에서 전시하는 것조차 허락하지 않고 있다. 심지어는 현지에서 개최되는 국제학술회의조차 제약이 가해지고 있는 것으로 알고 있다. 러시아는 상대적으로 통제가 적은 편이지만, 발해사의 귀속과 이에 따른 영토적 연고권 문제에서만은 경계를 게을리 하지 않고 있다. 그리고 잘 알고 있다시피 북한의 발해 유적에 대해서는 아직도 접근이 완전히 봉쇄되어 있다.

이런 까닭으로, 앞으로 발해 유적 조사를 추진하면서 다음 몇 가지 점을 고려할 필요가 있다.

첫째, 민족적 감정을 내세우지 말고 순수 학문적 차원에서 조용하고 차분하게 접근하는 것이 필요하다. 학술회의나 공동조사 결과를 그 즉시에 언론에 크게 홍보하여 그 후의 조사에 지장을 초래하거나, 관광객들의 잘못된 행동으로 인해서 학자들의 연구에까지 피해를 보게 하는 사례가 많이 벌어지고 있는 것은 주지의 사실이다.

우리 쪽의 언론에서 보도함으로써 그나마 이어지고 있던 러시아와 북한의 발해 유적 공동조사가 중단되어 버렸다는 얘기를 현지에서 들은 적도 있다. 따라서 현 단계로서는 현지를 연구할 수 있는 연구 인력을 키워 가면서 조용히 연구 자료를 축적해 나아가는 것이 가장 중요하다.

아울러 어느 역사나 어느 유적이 반드시 어느 한 나라에만 속해야 한다는 극단 논리를 지양하고 관련 국가들이 함께 지켜야 할 공동의 문화유산이라고 생각하는 인식의 전환이 필요하다. 다시 말해서 역사나 유적을 서로 공유하고 또 함께 연구할 수 있다는 마음가짐을 가지고 그 바탕을 마련할 수 있도록 노력하여야 할 것이다.

둘째, 정부의 정책도 이러한 점을 고려하면서 뒷받침되어야 할 것이다. 정부에서 두만강 삼각지대 개발을 추진하고 있고, 나호드카와 심양 등에 한국 공단을 조성하고 있는 것은 잘 알려져 있다. 그런데 이러한 정책 방향이 경제 진출에만 집중되어 있는 데에 문제가 있다. 근대에 들어서 세계 각국이 외국으로 뻗어나가면서 단순히 경제적 이익만 추구하였던 것은 아니다. 꾸준한 현지 조사를 통하여 학문적 축적을 이루었고, 이것이 단순히 순수 학문을 발전시키는 데에만 영향을 주었던 것이 아니라는 사실은 잘 알고 있다. 따라서 우리도 진출 지역에 대한 종합적 접근을 할 수 있는 여유와 식견을 가질 필요가 있다.

사라질 위기에 처해 있는 유적들을 보존하고 이에 대한 연구를 지원하는 것은 정책 입안자들의 몫이다. 관련 국가와 계획을 협의할 때에 경제 개발 문제만 아니라 대상 지역에 있는 유적을 공동으로 발굴하고 보존하는 문제도 함께 제의하여야 한다. 공단 조성으로 사라질 위험에 처한 유적을 발굴 조사하고 오히려 이를 복원하여 관광 자원으로도 활용한다면 그보다 더 좋은 일은 없을 것이다. 이렇게 함으로써 폐쇄적인 중국이나 북한의 유적에 대해서 우리가 자연스럽게 접근할 수 있는 계기도 마련할 수 있을 것이다.

필자는 1993년 4월에 블라디보스토크에서 열렸던 한 · 러극동협회 제2차 합동총회에서 "두만강 유역 개발계획 지역 안에 있는 역사 유적의 조사 및 보존에 관한 제안서"라는 것을 발표하여 경제 교류뿐 아니라 문화 보존에 공동으로 노력하고 이를 관광 자원으로도 활용하자는 제안을 하였고, 1994년 4월에 서울에서 열린 제3차 합동총회에서는 "미래를 위해 다같이 준비합시다"라는 주제로 경제에만 국한하지 말고 다방면에 걸친 교류를 통하여 미래를 준비하자고 발표한 적도 있다.

앞으로 정책 입안에는 이러한 문화적 측면도 고려하여야 할 것이다. 더구나 사업상 현지를 왕래하는 사람들도 그곳에 우리 조상들의 숨결이 남아 있다는 사실을 알게 된다면 또 다른 감회를 가질 수 있는 부수적인 효과를 거둘 수 있을 것이다.

셋째, 해외 발굴과 조사 및 발굴 유물에 대한 보존 체계를 세울 필요가 있다. 아직까지는 개인이나 언론 및 민간 단체의 차원에서 일이 진행되고 있는데, 상호간에 협조나 교류가 잘 이루어지고 있지 못하다. 물론 조사 자료나 발굴 유물도 각기 흩어져 있어서 전모가 제대로 파악되지 않고 있다. 그렇다고 정부에서 직접 개입하여 이를 통제하거나 조절하는 것도 문제를 야기시킬 수 있다. 따라서 공동 조사, 조사 자료의 공동 이용, 발굴 유물의 공동 전시 등과 같은 일을 추진하기 위해서는 적어도 이와 관련된 학회의 결성이 필요하다.

학문을 하는 사람들은 당장의 효과를 얻고자 하는 것보다 먼 미래를 내다보는 혜안을 지녀야 한다. 조선 후기에 실학자들이 발해의 역사를 재발견하고 이를 실증적으로 연구를 해준 덕택으로 200여 년 뒤의 후세 연구자들이 자신 있게 우리 역사라고 주장하고 또 연구할 수 있게 된 것이다. 그런 의미에서 적어도 200여 년 뒤를 준비하는 자세를 가지고 연구에 임할 필요가 있다.

23장

열린 역사, 열린 민족주의

　1997~8년에 하바드-옌칭연구소에 1년간 방문교수로 머물면서 고고학 과목들을 청강하는 기회를 가졌다. 램버그-칼롭스키 교수의 수업에서 마지막 시간에 다룬 주제는 고고학에서의 민족주의 문제였다. 영국 BBC 방송에 방영된 "Ice Mummies – Ice Maiden"이란 비디오 테이프를 수업시간에 보여주었는데, 알타이 지방에서 발견된 이 여자 미이라가 과연 몽골인인가 유럽인인가, 그리고 이 미이라를 어느 곳에 보관할 것인가를 두고 현지학자와 유럽학자 사이에 논쟁이 벌어지는 장면이 있었다.

　이를 출발점으로 하여 아프리카의 짐바브웨, 이집트, 그리고 마지막으로 중국의 예를 들면서, 각 지역의 폐쇄적인 민족주의가 고고학 연구에 어떻게 장애가 되고 있는가 하는 점을 설명하였다. 특히 중국에서는

필자도 그러한 경험을 하였기 때문에 그 교수의 강의에 공감하는 면이
있었다.

도가니 정책

수천 년 전의 말없는 유물을 다루기 때문에 이념과는 거리가 먼 듯한
고고학에서도 이와 같이 민족주의 문제가 대두되고 있는데, 역사학에서
문제가 되지 않을 리가 없다. 더구나 동아시아 국가들은 오래전부터 민
족국가를 유지해오면서 배타적인 민족주의적 성향을 강하게 띠어 왔다.
역사 해석에서도 물론 예외가 아니다. 특히 서로 중첩되는 지역에 있었
던 역사의 귀속 문제를 둘러싸고 서로 폐쇄적이고 배타적인 태도를 강하
게 표출해 왔다. 발해사도 그 대표적인 예이다.

필자는 1997년 5월에 발해 유적을 답사하면서 박물관과 유적지에서
여러 번 쫓겨났다. 어느 박물
관에서는 처음에 관람을 허락
하더니, 일일이 따라다니면서
메모도 하지 못하게 하였고,
마침내는 도중에 밖으로 나가
라고 하였다. 이러한 경험은
중국에 갈 때마다 매번 겪게
된다. 1991년도에는 어쩔 수
없이 일본 유학생으로 행세하
면서 답사를 한 적도 있다. 이
렇게 중국이 폐쇄적인 태도를
보이는 데에는 이유가 있다.

만주 땅이 지금 중국의 영

▌ 서양으로 흘러나간 발해시대 호리병

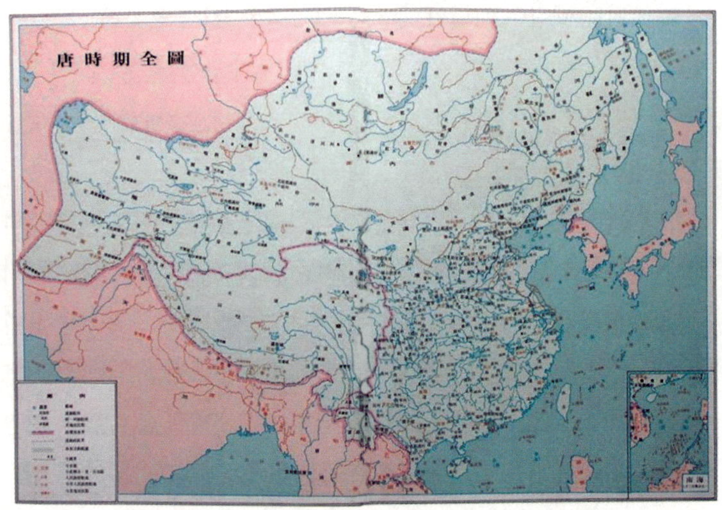

■ 중국인이 그린 당나라 전도. 발해 영토가 따로 표시되어 있지 않다.

토로 되어 있지만, 한국인에게는 어쩌면 정신적 고향처럼 되어 있는 곳이다. 때로는 한국인들이 남북 통일에 대한 염원을 만주 땅에서 빌어보기도 한다. 그러기에 일부 한국인들이 "만주는 우리 땅"이라고 하면서 태극기를 앞세우고 행진을 하였던 사건이 일어나, 중국 정부를 자극하기도 하였다. 한국의 언론도 때때로 이러한 분위기에 편승하였다.

중국정부에서는 이러한 한국인들의 태도에 대해서 우려를 하고 있다. 더구나 만주에 살고 있는 조선족은 한국이란 모국을 가지고 있기 때문에, 소수민족 정책의 차원에서도 신경을 쓰고 있다.

몇 년 전에 김영삼 대통령이 북경을 방문하였을 때에 교민 접견의 일환으로 조선족 대표들을 만나려 하였다. 러시아에 가서 고려인 대표를 만나거나, 미국에 가서 한국 교민 대표들을 접견하는 것처럼 외교적인 관례였기 때문이다. 그러나, 중국 정부에서는 이들이 한국 교민이 아니고 중국인일 뿐이라 하여 접견을 허용하지 않았다. 이 때문에 북경까지

왔던 조선족 대표들이 발길을 돌려야만 하였다. 이러한 사례는 중국의 소수민족 정책을 대변하는 것으로서, 만주의 역사에 대한 연구도 이러한 정책과 궤를 함께 하면서 이루어지고 있다.

주지하다시피 중국은 한족과 55개 소수민족으로 구성된 나라이다. 그런데 하나의 한족이 전체 인구의 94%를 차지하고 있는 반면에, 55개 소수민족이 전체 영토의 60% 정도를 차지하고 있다. 이와 같은 단순한 수치만으로도 티벳, 신강이나 다른 지역에서 일어나고 있는 소수민족 분리운동을 중국이 용납하지 않으려는 이유를 이해할 수 있다.

역사학도 이러한 중국의 정책을 뒷받침하고 있다. 이에 따라, 현재의 중국 영토 안에서 벌어졌던 과거의 역사는 모두 중국의 역사라는 논리를 세우고 있다. 현재의 소수민족들을 점차 흡수동화시켜 궁극적으로는 통일된 중화민족을 형성하는 이론적 토대를 제공하고자 하는 것이다. 과거에는 다양한 민족들이 결국 하나로 흡수 동화되어가는 도가니(Melting Pot)와 같은 것으로 미국 사회를 설명하다가, 최근에는 민족들이 서로 조화를 이루는 모자이크 또는 조각보(Quilt)와 같은 것으로 설명한다는 것을 책에서 읽은 적이 있다. 이를 중국의 소수민족 정책에 비긴다면, 궁극적으로는 도가니를 지향하고 있다고 할 수 있다.

영토란 시간이 흐름에 따라 항시 변하게 마련인데, 현재의 영토 범위로 인위적인 선을 그어놓고 그 안에서 이루어졌던 역사들을 모두 중국역사 속에 용해시키려 하고 있다. 다시 말해서 역사의 귀속 문제를 영토적 연고권과 연계시키고 있다. 이렇게 되니 한국학자들이 만주에서 일어난 고구려나 발해 역사를 한국사로 간주하는 것을 마치 만주 땅에 대한 연고권을 주장하는 것으로 오해를 하고 있다.

1996년 10월에 일본 니이가타에서 일본학자와 중국학자들이 모여 발해사 학술회의를 개최하였다. 여기서도 발해사가 한국사인지 중국사인지에 대해서 양국 학자들 사이에 논쟁이 벌어졌다는 말을 전해들었다. 여기에 참가한 한 중국학자는 한국학자들이 발해사를 한국사라 주장하면서 만주 땅을 차지하려 한다고 비난까지 하였다고 한다.

그런데, 최근에는 심지어 고구려 역사까지도 중국 역사라고 주장하기 시작하였다. 고구려는 만주에서 일어나 중간에 한반도의 평양으로 도읍을 옮긴 나라이다. 이 나라는 백제, 신라와 더불어 삼국을 이루면서 한국 고대사의 핵심을 이루었고, 전통적으로 한국사로 인정되어 왔다. 1960년대를 거치면서 중국에서 이러한 인식에 서서히 변화가 오기 시작하였다. 처음에는 영토를 기준으로 하여, 도읍지가 만주에 있던 시기까지는 중국사에 속하고, 평양으로 천도한 이후는 한국사에 속한다고 주장하더니, 1980년대에 들어와서는 고구려 멸망 때까지 모두 중국사에 속한다고 주장하기 시작하였다.

1993년 8월에 고구려의 수도였던 만주의 집안에서 한국과 중국 학자들 사이에 고구려 학술회의가 열렸다. 이 회의를 준비하면서 양국 학자들은 고구려 역사가 어느 나라의 역사인가에 관해서는 일체 언급을 하지 않기로 약속을 하였다. 그러나 토론이 진행되면서 이 문제가 불거져 나왔고, 결국은 북한의 원로학자인 박시형 선생이 "영토

▌집안 고구려 학술회의 신문기사

가 바뀌었다고 역사도 바뀌는가?" 하고 공개적으로 비판을 제기하면서 양국 학자들 사이에 심각한 언쟁이 오가다가 마침내 회의가 중단되고 말았다.

이 뒤로 학술회의를 준비했던 중국학자들이 견책을 받았고, 중국 정부의 금지 조치로 더 이상 만주의 역사에 대한 국제학술회의가 열리지 못하고 있다. 고구려의 첫 수도였던 환인 지방도 외국인에게 미개방 지역으로 다시 묶어버렸다.

이처럼 만주에서 일어났던 국가들에 대한 연구에서 한국과 중국이 서로 대립하고 있다. 고구려, 발해뿐만 아니라 고조선, 부여에 대한 연구에서도 역시 그러하다.

열린 역사를 위하여

이와 같은 대립은 기본적으로 현재의 영토적 지배에 대한 정당화 작업에 역사를 끌어들임으로써 나타나고 있다. 비단 중국학자들만이 아니다. 1860년대에 중국으로부터 연해주를 차지한 러시아인들이, 그들이 들어오기 전에 이 땅에서 이루어졌던 고중세 역사들마저 자기들 역사라고 고집하는 것도 이러한 태도에서 나온 것이다.

1960년대에 중국과 소련 사이에 영토 분쟁이 한창일 때에 발해사를 둘러싸고 역시 논쟁이 있었다. 이 때에 두 나라는 발해를 각자 자기 역사라고 주장하면서, 중국은 러시아의 주장을 패권주의에서 나온 것이라고 비난하였고, 러시아는 중국에 대해 중화주의를 벗어버리라고 하였다.

이렇게 영토 문제와 역사를 일치시키는 데에는 분명히 문제가 있다. 결국 역사가 현재의 정치적, 민족적 조작에 놀아날 수 있기 때문이다. 영토는 불변한 것이 아니다. 수천 년의 인류역사를 보면 영토는 가변적이다. 내가 그 땅을 얻으면 역사도 내 것이 되고, 그 땅을 잃으면 역사도 남의 것이 되는가? 역사의 귀속이 그렇게 오락가락 할 수는 없다.

역사는 객관적이어야 한다. 그렇게 될 수 없다고 하더라도 적어도 객관적인 것을 지향해야 한다. 그러기 위해서는 현재적인 목적을 일단 접어두고, 과거의 실체 자체를 캐는 데에 일차적 목표를 두어야 한다. 이를 위해서는 자료와 의견을 서로 자유롭게 교환할 수 있는 공동의 장이 마련되어야 할 것이다. 상대 국가의 유적을 자유롭게 방문하고 유적을 공동으로 발굴하는 것도 중요하다. 그것이 당장 어렵다면 적어도 기왕에 발굴된 자료를 공유할 필요가 있다.

무엇보다 중요한 점은, 과거의 역사에 대해서 개방적인 태도를 가져야 할 것이다. 발해사에 대해서 서로 자기 나라의 독점물로만 볼 것이 아니라, 일단 공동의 역사로 설정해봄직하다. 그럼으로써 상호 대립의 대상이 아니라 상호 이해의 대상으로 삼아보자는 것이다. 발해는 고구려계 사람들과 말갈계 사람들로 구성된 나라이다. 고구려의 연장에서 본다면 발해는 한국사에 속하지만, 말갈족의 입장에서 본다면 발해는 중국사에 속할 수 있다. 그 중 어느 한 측면만 바라보면서 다른 측면을 배제할 수는 없다.

이렇게 개방적인 태도를 가지게 되면 발해사뿐만 아니라 만주 지역에 있는 역사들에 좀더 여유를 가지고 접근할 수 있을 것이다. 그렇게 될 때에 역사학을 통해서도 동아시아 각국이 상호 협력할 수 있는 장이 마련될 수 있다. 열린 역사를 통하여 열린 민족주의를 이끌어낼 수 있을 것이기 때문이다.

21세기가 곧 닥치게 되었다. 이제 동아시아 각국도 편협하고 폐쇄적인 민족주의를 벗어나 대문이 활짝 열린 마당을 마련해야만 한다. 그리고 역사학도 여기에 일조를 해야만 할 것이다

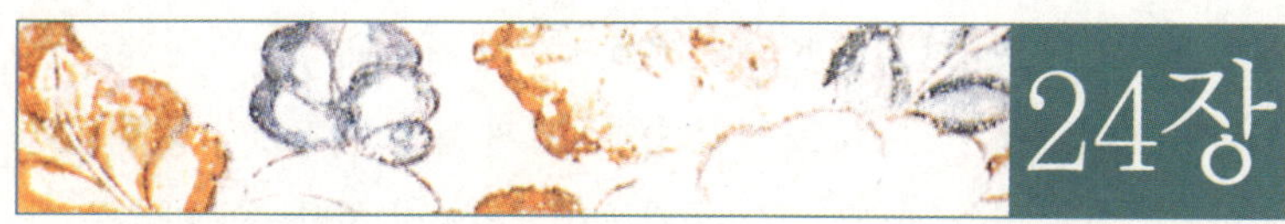

24장

백두에서 만주를 보다

가을빛이 물들기 시작한 압록강 상류를 따라 마침내 백두산에 올랐다. 조선족이 많이 사는 장백현에서 100km의 거리를 3시간 달려 정오에 정상에 오를 수 있었다. 중국에서 천지에 오르는 길은 세 개가 있는데, 장백폭포가 있는 북쪽 길 대신에 근래에 개방된 남쪽 길을 택하였다.

태풍 때문에 높은 하늘은 잔뜩 찌푸려 있었지만 천지는 맑게 전모를 드러내고 있어서 황홀감을 자아냈다. 열심히 사진을 찍다 돌아서니 우리가 선 자리에는 국경선을 알리는 비석이 버티고 있었다. 4호 경계비였다. 그러고 보니 우리는 북한 땅에 차를 세우고 두 나라를 오가며 천지에 푹 빠져 있었던 것이다. 북한의 장군봉이 오른편에 바짝 다가와 있는 것을 보고, 중국 군인이 동승한 이유를 깨달았다.

잠시 흥분을 가라앉힌 뒤에야 경계비 너머로 보이는 만주 벌판이 새삼 눈에 들어왔다. 백두산의 나이보다 8배나 더 오래 되었다는 망천아(望天鵝) 화산이 펑퍼짐한 치맛자락을 펼치며 여유롭게 서 있는 자태가 눈에 들어 왔다. 그 옆을 따라 장백산맥 수림지대가 펼쳐지며 한반도와 만주를 가 르고 있었다.

왼편으로 보이는 저 산줄기를 넘으면 우리가 답사를 시작한 심양에 이 르게 된다. 그 주변에 산 하나 없는 너른 평원이 바로 요하평원(遼河平原)이 다. 그러기에 청나라에 사신으로 갔던 박제가(朴齊家)가 압록강을 건너고 천산(千山)산맥을 넘어 지평선만 아득히 보이는 평야로 나오자, 오던 길을 되돌아보며 "이제 요동 1천리의 바깥 울타리를 넘었구나" 하고 탄식했던 것이다.

요하를 건너면 다시 요서산지(遼西山地)와 그 북쪽으로 대흥안령(大興安嶺) 산맥이 펼쳐지니, 이곳의 초원을 터전으로 삼아 살아온 사람들이 동호족 (東胡族)이다. 흉노족의 동쪽에 거주했기 때문에 '동쪽의 오랑캐' 란 이름이 붙여졌으니, 시대에 따라 선비, 오환, 거란, 실위, 몽골족으로 불렸다. 역 사상에 유명한 요나라와 원나라, 그리고 남북조시대의 북조 국가들인 북 위, 북주, 후연과 같은 나라들을 세운 주인공들이다.

이제 오른쪽으로 눈을 돌리면, 역시 산줄기 저 너머에 목단강(牡丹江)과 송화강(松花江) 하류에 형성된 분지들이 등장한다. 거기에 뿌리를 박고 살아왔던 사람들을 우리는 흔히 숙신족(肅愼族)이라 부른다.

이들도 시대에 따라 읍루, 물길, 말갈, 여진, 만주족으로 불리면서, 발해 건국에 참여하였고 금나라와 청나라를 세웠다. 지금 만족(滿族)이라 불리는 이들이 바로 그 후예이다.

이 두 집단을 사이에 두고 만주 한가운데에 살림을 차린 사람들이 예맥족이다. 송화강 중류에 자리잡았던 부여, 압록강 중류에서 일어난 고구려, 그 후예가 말갈과 연합하여 세운 발해가 바로 이들이 건설한 나라이다.

한반도의 6배가 넘는 광활한 대지에 역사를 꾸려갔던 주인공은 이처럼 크게 세 집단으로 나뉜다. 우리의 핏줄이 된 예맥족은 동부의 숙신족, 서부의 동호족을 좌우의 날개로 삼으며, 지금의 길림성과 요동지방을 무대로 오르내렸다. 그러나 아쉽게도 발해의 멸망과 함께 그들의 발자취는 한반도로 움추러 들어버렸고, 그 대신에 중원의 한족(漢族)들이 그 자리를 메워버렸다. 그리고 1천년이 흐른 뒤인 19세기 후반에 다시 압록강과 두만강을 건너기 시작하여 오늘날 중국에서 조선족, 러시아에서 고려인이라 불리게 되었다.

고구려의 첫 수도가 있는 환인(桓仁)에 들어서면서 우리 일행에게 질문을 하나 던졌다. 앞으로 고구려 유적을 보게 될 터인데, 고구려적인 신비감이나 스케일을 느낄 수 있는 곳이 두 가지가 있으니 그것을 한 번 찾아보라고 하였다. 그 하나가 오녀산성(五女山城)이다. 산성에 오르면 주변을 압도하는 진면목에 탄성을 지르지 않을 수 없다. 아래에서 바라보며 상상했던 것보다 더 호쾌한 기상을 느낄 수 있기 때문이다. 고구려 시조 고주몽이 이곳을 왜 택하였는지 알 만도 하다.

다른 하나는 집안(集安)에 그득한 적석총이다. 환도산성 아래에 펼쳐진 고분군은 경주의 고분과는 사뭇 다른 신비감을 자아낸다. 천추묘와 서대묘, 태왕릉 등을 방문하게 되면 마치 골재 채취장에 와 있는 착각을

집 크기와 비교되는 서대묘

일으킬 정도로 거대한 돌더미를 이루고 있다. 천추묘와 태왕릉은 둘레가 300m 전후이고, 높이가 15m나 된다. 장대한 스케일은 심양에서 단동으로 오다가 들른 봉황산성의 둘레가 16km인 점에서도 이미 실감하였다.

이런 나라가 수, 당과 대결을 벌이다가 결국은 무릎을 꿇고 말았다. 어쩌면 고구려가 너무 강했기 때문에 쉽게 멸망했는지도 모른다. 중국을 여행하는 한국인이면 누구나 아쉬움에 젖는 대목이다. 이런 생각을 하다 보니 새삼 만주 땅에 명멸했던 세력들이 시야에 들어왔다.

고구려와 같이 중국에 대적하며 호기를 부리다 사라진 나라가 있는가 하면, 부여나 옥저처럼 너무 힘이 약하기 때문에 강대국에 흡수된 나라도 있다. 그런가 하면 요, 금, 청처럼 만주에서 일어나 중원의 패권을 장악했지만 거꾸로 정체성을 잃어버리고 지금은 흔적조차 사라져 버린 민족도 있다. 청나라를 세운 만주족이 중원으로 들어갔지만 중국의 문화에 동화되어 지금은 자기 언어마저 잃어버린 사람들이 되었다. 정복한 민족이 오히려 정복되고 말았다. 이렇게 만주 땅에서 일어난 세력 가운데에는 너무 강했기 때문에 오히려 자신의 존재를 잃어버렸는가 하면, 너무 약했기 때문에 정복되기도 하였다.

10년 전에 중국 땅을 처음 밟아 역사박물관과 자금성, 만리장성을 돌아보면서 당혹스러움을 느낀 적이 있었다. 중국 문화의 깊이와 폭, 그리고 그 규모를 책으로는 익히 알고 있었던 터였지만, 현장에 와서 직접 목격한 순간 과연 우리 역사를 어떻게 가르쳐야 할 것인가 하는 의문이 계속 맴돌았다. 우리 역사의 시작인 고조선이 어디에 있었는지조차 막연하기만 한데, 같은 시대에 중원에서는 유교를 비롯한 온갖 사상이 무르익고 있었고, 춘추전국시대 전시실에는 각종 유물들이 가득 차 있었던 것이다.

그러다가 하나의 해답을 얻게 되었다. 강대국에 인접해 살아오면서 지금까지 흡수되지 않은 것 자체가 그 무엇보다도 위대하다는 생각이었다. 이제는 모든 주변 민족들이 중국의 소수민족으로 전락해버려 중국의 화폐 도안으로만 남아 있을 뿐이고, 독립된 국가라고는 우리나라와 몽골 정도이다. 우리가 만일에 강대한 세력을 키워 중국을 넘보았거나, 아니면 너무나 미약한 세력으로 전락하였더라면 우리의 존재마저 사라졌을지 모른다. 우리는 너무 강하지도 너무 약하지도 않았기에 우리 자신을 보존해왔던 것이다.

우리 민족이 앞으로도 과연 그런 위험한 줄타기를 계속 해야 할 것인지, 아니면 주변의 강대국들과 힘을 겨루며 동아시아 질서를 선도해나갈 것인지 자못 궁금해진다. 고주몽, 대조영, 야율아보기, 누르하치와 같은 영웅호걸들이 부침하였지만 이제는 중국의 일개 변방이 되어 버린 만주

땅을 바라보니 만감이 교차한다. 하산하려 하는데 그 맑던 천지에 갑자
기 구름이 덮이고 빗발이 흩뿌리기 시작한다. 우리 여정이 순탄치 않음
을 예고하는 듯하였다.

25장

오지(奧地)가 되어버린 발해

우리나라에서 제일 추운 지역이라고 배운 중강진이 건너다 보이는 곳에 임강(臨江)이 있다. 압록강 줄기가 북서쪽으로 흐르다 갑자기 남서쪽으로 꺾여 인상적인 곳이다. 고구려 수도 집안이 고향인 가이드도 여기서부터는 초행길이라 그 많던 말수가 갑자기 줄어들어 버렸다. 우리가 묵은 임강호텔에는 한국식 사우나 시설이 있었지만, 한국인 손님으로는 두 번째라고 귀띔한다. 임업과 광업으로 상상했던 것보다 풍족해보이는 이 도시는 발해 시대에 서경(西京)이 자리잡았던 곳이다.

그 서경 땅을 이번에 처음으로 밟아보게 되었다. 구비치는 압록강 퇴적물에 쌓여 지금의 임강 시가지 아래에 성터가 잠자고 있어, 안내 팻말 하나 찾아볼 수는 없었다. 그렇지만 발해시대에는 당나라로 가던 사신들이 배에 올라 멀리 서해 바다를 향해 출발하던 곳이다. 발해 수도에서 육로로 1천 리 길을 온 다음에 여기서 작은 배로 갈아타고 오리머리[鴨頭]처럼 푸르른 압록강을 따라 내려갔다. 여기서 2백리를 내려가면 고구려 수도 집안을 통과하게 되고, 다시 530리 길을 내려간 다음에 큰 배로 갈아타면 당나라로 갈 수 있었다.

이렇게 육로와 수로가 교차하는 곳이기에, 고구려 때에는 집안이 압록강의 중심도시였다면 발해 때에는 임강으로 그 중심이 옮겨져 있었다. 강가에 허름하게 걸쳐진 나무 다리를 건너 압록강 섬에 마련된 강심공원으로 발길을 돌리니, 강가에 매인 몇 척의 모터보트만이 지난 날 이곳에서 배를 타던 사신의 모습을 떠올리게 할 따름이었다.

그 동안 만주를 네 번이나 답사했지만, 이처럼 가보지 못한 발해 유적이 포함되어 있었기 때문에 이번 탐사에 흔쾌히 따라나설 수 있었다. 너무 오지가 되어서 망설이며 언젠가 가야겠다는 마음만 먹었던 유적들을 처음 대면할 수 있는 좋은 기회를 얻은 것이다.

임강에서 하룻밤을 보낸 뒤에 장백으로 향하였다. 거리는 245km밖에 되지 않았지만 비포장 도로를 달려 9시간만에 도착할 수 있었다. 무척 오랜 시간이 소요되는 길이었다. 일정에 쫓겨 다음날 새벽 6시에 일어나 영광탑으로 올라갔다. 사진으로만 보아온 발해시대의 탑을 이제 실견할 수 있어 자못 흥분되었다. 발해 탑으로

| 장백 영광탑

는 유일하게 1천년 이상 온전한 모습을 지켜 왔으니, 발해사 전공자로서 그 어찌 평정심을 지킬 수 있겠는가.

인구가 6만 5천명 정도라는 장백 도시를 북서쪽에서 에워싸고 있는 탑산공원을 차로 올랐다. 해발 869m의 평평한 대지에 올라서자 저 멀리 아침 안개에 싸여 점점 희미해져 가는 북한 산녘을 병풍으로 삼아 영광탑이 우뚝 서 있었다. 아침 일찍 올라왔기에 어스름한 안개와 어울려 그 신비스러움이 더욱 배가되었다.

탑이 시야에 들어오자마자 '아!' 만 연발하며 저마다 사진기를 들고 버스에서 뛰어내리다시피 한다. 가까이 다가가니 탑은 운무에 묻힌 장백과 북한의 혜산시, 그리고 그 사이를 흐르는 압록강을 수호신인 양 굽어보고 있었다. 혜산시의 언덕에 세워진 거대한 보천보전투승리기념탑도 발치 아래 내려다보일 따름이다. 좀더 가까이 굽어보려는 듯 13m 높이의 거무스름한 벽돌탑이 앞으로 숙여져 있었다. 지질학을 전공하는 원종관 교수께서 포행(creep)이라는 지질 현상 때문에 앞으로 기울어진 것이라고 일러주셨다. 마침 10여년전에 세운 안내문이 서 있기에 들여다 보았더니, 내 생일과 같은 날에 세워 발해사를 전공한 것도 우연이 아니구나 하는 공연한 생각을 가져보기도 하였다.

이제 서경이 있던 임강과 유일하게 남아 있는 발해 탑인 영광탑을 보았으니, 내 개인적으로는 이번 답사의 절정에 이른 셈이다. 그렇지만 국경선에는 이보다 더 많은 발해 유적들이 자리잡고 있다. 통일신라에 5소경(小京)이 있었듯이 발해에는 5경이 있었다. 저 북쪽 흑룡강성 영안(寧安)에 있었던 상경과 저 남쪽 함경남도 북청에 있었던 남경을 제외한 나머지 세 곳은 우리가 탐사하는 국경선을 따라 줄을 서 있다. 압록강에 서경 자리가 있고, 두만강에는 중경과 동경 성터가 있다.

두만강 하류에 위치한 동경은 지금 팔련성(八連城)이라 불린다. 훈춘에

■ 팔련성의 동네 아이들

서 서쪽으로 6km 떨어진 곳이다. 간밤의 폭우로 길이 엉망이 되는 바람에 도중에 하차하여 들판 길을 걷기 시작하였다. 드넓은 훈춘 벌판에 벼가 한참 익어가고 있어 석양과 더불어 황금빛을 이루고 있었다. 도로에 찬 물 때문에 건너뛰다 빠지기도 하면서 2km 정도를 걸어가니, 작은 개울가에 성터임을 알리는 비석이 두 개 서 있었다. 성벽의 흔적마저 제대로 찾기 어려울 정도로 폐허가 되어 있었다. 성 안은 온통 논으로 변해버렸고 고추잠자리떼만이 저녁노을 속에 가을 하늘을 뒤덮고 있었다.

서경이 당나라로 가는 거점도시라 한다면, 동경은 일본으로 가는 거점도시였다. 일본으로 가던 사신들이 이곳에서 쉰 다음에 연해주의 바닷가로 나아가 동해바다를 건넜다. 8세기 후반에는 약 10년간 이곳으로 도읍을 옮겼던 곳이기도 하다. 이곳의 너른 곡창지대를 염두에 두었는지도 모르겠다. 북부여의 아란불이 꿈을 꾸었을 때, 천제가 동해 바닷가의 가섭원으로 나라를 옮기라고 하면서 그곳은 토지가 비옥하여 왕도로 삼을 만하다고 한 곳이 바로 이곳이다. 동부여가 이렇게 시작되었고, 고구려 때에는 책성(柵城)이 설치되었던 요충지였다. 훈춘 평야와 두만강 건너 아오지 탄광에 피라미드처럼 쌓여 있는 채탄더미들을 보면, 혹시 고대에도 이곳의 노천 탄광이 중요시되었던 것이 아닌가 하는 상상도 해보았다.

이렇게 서경과 동경은 둘러볼 수 있었지만, 태풍 사오마이의 심술로 도로가 끊기는 바람에 중경 유적지 문턱에서 발길을 돌렸다. 할 수 없이 비바람을 맞으며 비암산의 일송정에 올라가 누런 논으로 가득찬 두도평야와 엄청난 흙탕물이 달리는 해란강을 바라볼 수밖에 없었다. 저 멀리 희미하게 보이는 곳이 중경 자리인 서고성(西古城)이 있다는 손짓만 해보였을 뿐이다.

이처럼 압록강과 두만강 연안에 3경이 몰려 있을 정도로 국경지대는 발해시대의 요충지였다. 당나라와 일본, 그리고 신라로 가는 사신들이 이곳에서 행장을 다시 꾸렸다. 그런가 하면 중경에서 쌀과 마포, 철이 생산되었으니 국가의 기간 산물이 여기서 나왔다. 그러나 지금은 국경선으로 가로막혀 중국의 변방이 되어버리고 말았다. 마음대로 넘나들던 강가에는 양국의 경비병만이 이따금 보일 뿐 인적이 끊어져 버렸다.

더구나 발해는 역사의 오지로 남게 될지도 모른다. 중국은 온통 돈벌기에 정신이 팔려 있다. 상인들은 돈 많이 벌기를 기원하며 쇠 금자가 세 개나 들어 있는 흠(鑫)자를 상호에 즐겨 쓴다. 그러니 누가 돈이 되지 않는 역사 연구에 매진하려 할 것인가. 연길에서 만난 발해사 전공자는 뒤를 이을 후배가 없다고 걱정이다. 애기를 들쳐업고 발굴현장을 뛰어다니던 어느 여성 고고학자와 같은 모습을 이제는 기대하기가 어렵다고 한다. 발해는 언제 오지에서 벗어나 번성했던 과거를 되찾을 수 있을까?

26장

고구려 수도에서 보낸
우울한 추석

내 연구실 책상에는 2000년 9월에 집안에서 사온 광개토왕릉비 모형이 놓여 있다. 새로 구입한 책들과 함께 높이 25cm의 묵직한 돌덩이를 힘겹게 끌고 다니다 보니, 마침내 가방 손잡이가 떨어지고 바퀴가 빠져서 고생했던 기억이 새롭다.

이번 일정은 압록강 하구에서 두만강 하구까지 2주일 동안 국경선을 따라 답사를 하게 되어 있었다. 그러는 과정에 우연히 추석을 고구려 수도에서 보내게 되었다. 추석 전날 밤 호텔 밖에서 열린 중국인들의 축제 소리가 들렸다. 낯선 악기 소리가 잠을 이루지 못하게 하였다. 챙챙거리는 바라 비슷한 소리와 날라리를 부는 듯한 소리가 어우러지는데, 흥겨움보다는 옛날 중공군이 인해전술로 공격해올 때 냈던 소리가 저럴 것이라는 생각이 불현듯 들었다. 고구려 때도 10월에 사람들이 모여서 하늘에 제사를 지내고 음주가무를 즐겼다고 하는데, 2천년전의 흥겨움을 느낄 수가 없었다.

추석날 아침에 호텔 로비에 모여 단체로 차례를 지냈다. 객지에서 각자 자기 조상을 추념하는 자리였지만, 고구려인의 넋을 위로하는 자리이기도 하였다. 그 전날 아침에는 내 제안으로 환인의 오녀산성에서 전망 좋은 자리를 택하여 누가 볼새라 숨죽여 고구려인에게 제사를 지낸 터였다. 이제는 댐으로 수몰되어 호수밖에 보이지 않는 비운의 고구려 발상지를 내려다보니 잠시 숙연한 마음이 들었다.

추석날은 중국에서도 휴일이어서 유적지 문이 닫혀 있었다. 그러나 관리인이 자리를 비웠기 때문에 오히려 호기를 맞았다. 보통 때는 안내인이 졸졸 따라다니며 사진을 찍지 못하게 감시를 한다. 7년전 이곳에 왔을 때도 그랬다. 그 당시에 안내인을 다른 곳으로 빼돌리는 작전을 편 끝에 우리가 보고 싶은 유적을 몰래 돌아보기도 하였다. 이렇게 남의 땅

▌ 올려다본 오녀산성

이 되어버린 곳에서 우리 역사를 찾아다니는 것이 결코 쉬운 일이 아니다. 한국식 기와건물로 지어졌던 집안의 기차역 건물이 이제는 사라져버렸고, 고구려란 명칭을 넣으면 회사건 단체건 허가를 받기가 어려운 곳이 되어버렸다. 그만큼 중국에서 신경을 곤두세우고 있는 역사의 땅이다. 심지어 중국학자들은 고구려 역사가 중국사이지 한국사가 아니라고 주장하고 있다.

집안 시가에 들어설 때에 가이드가 전해준 말은 충격적이었다. 5년 전에 도굴되었던 고구려 벽화 무덤이 올 7월에 다시 도굴되었다는 것이다. 장천(長川) 1호무덤의 벽화는 고구려인의 생활 장면을 가장 풍부하게 담고 있다. 특히나 무릎을 꿇은 채 머리를 땅에 대고 부처에 예불하는 모습이 인상적인 무덤이다. 그러나 이번 도굴로 거의 모든 벽화가 뜯겨져 사라졌다고 한다. 아직 범인은 잡히지 않았지만, 현지에서는 그 배후에 분명히 한국인이 있을 것으로 여기고 있다고 한다.

몇 년전 발해 수도를 갔을 때도 똑같은 경험을 하였다. 유적지나 박물관에서 계속 쫓겨났는데 곧 그 이유를 알게 되었다. 며칠 전에 도둑이 들어 유물을 훔치다가 경비원을 살해하는 사건이 벌어졌고, 나중에 그 도둑이 잡혀서 한국인이 시켰다고 진술하였다고 하니 우리를 보는 시선이 고울 리가 없다. 심지어는 한국 유학생이 발굴 현장의 인부를 꼬드겨서 유물을 빼돌렸다가 적발된 사건도 있었다. 역시 범인을 잡고보니 유물은 이미 한국으로 흘러들어간 뒤였다고 한다.

때로는 이런 일들이 마치 애국하는 것처럼 비쳐지기도 한다. 어느 단체에서는 모두 검은 옷을 입고 배에 태극기를 꽂은 채 압록강을 오르내리다 공안원과 몸싸움이 벌어지기도 하였다. 만약에 일본인들이 일장기를 내세우고 독도 주변을 맴돈다면 우리가 가만 있을 리가 없을 것이다. 현지학자들은 자기들끼리 말할 때에 '한국인'이 아니라 통상 '한국놈'

이라 부른다고 한다. 우리 입에 일본놈이란 말이 배어 있듯이.

만주 곳곳에서 이런 일들이 벌어져 오히려 우리 연구자에게 짐을 지우고 있다. 어느 지방박물관에 전시 유물을 보러갔다가 여권을 보자는 등 의심의 눈초리가 심상치가 않아서 도망치다시피 빠져나온 적도 있다. 그러니 무슨 수로 우리 역사를 연구해갈 수가 있겠는가.

둥근 보름달이 떠오를 무렵 압록강으로 바람을 쐬러 나갔다. 답답한 마음을 다소나마 풀어볼 심산이었다. 어스름한 보름달이 강건너 북한의 산등성이에서 둥실 떠오르기 시작하고, 강 건너 몇몇 집에 불빛이 들어왔다. 강물에 비친 달빛이 조금은 마음을 들뜨게 하였지만, 헐벗은 북한 산야에 펼쳐진 다락밭은 다시 한 번 이번 추석을 우울하게 만들었다.

27장

다시 찾은 발해의 도읍지

2001년 10월 12일, 발해를 다시 찾았다. 이번에 다섯 번째로 연변을 방문하지만 직항 비행기에서 격세지감을 느꼈다. 중국 땅에 첫 발을 디뎠던 1990년 8월에는 서울에서 홍콩을 거쳐 북경으로 8시간을 가서 하룻밤을 잔 뒤에 연길로 향했다. 이틀 여정이 11년만에 2시간 10분으로 대폭 줄었으니 연변이 얼마나 우리 가까이 다가왔는지를 실감하게 되었다.

변두리 땅이란 뜻을 가진 연변(延邊)은 1952년 9월 3일에 자치구로 탄생하여 55년 12월에 연변조선족자치주라는 현재의 이름으로 바뀌었다. 과거 만주(滿洲) 북간도(北間島) 땅이 이곳이지만 중국에서는 한국 땅 또는 일본 식민지란 이미지를 떠올린다고 하여 이 두 단어를 금기시하고 있다. 한반도의 $\frac{1}{5}$에 해당하는 넓이에 85만여 명의 조선족이 6개 시, 2개 현에 나뉘어 살고 있다. 그러나 지금은 조선족 비율이 40% 이하로 떨어져 앞으로 자치주 유지가 어렵지 않을까 걱정이 되는 곳이기도 하다.

　연변은 청산리전투와 봉오동전투가 벌어졌던 곳이요 발해의 중심지대였던 곳이기도 하다. 그러기에 세 가지 과거 여행이 가능하다. 현재의 조선족 삶에서 어린 시절을 회상할 수 있고, 독립군의 발자취에서 80여 년전 고난의 발자취를 돌아볼 수 있고, 곳곳에 흩어져 있는 성터와 무덤에서 1천여 년전 발해인의 모습을 떠올릴 수 있는 곳이다. 통일의 염원을 상징하는 백두산도 연변을 통해야 오를 수가 있다.

　상경성으로 떠나기 전에 연변의 발해 성터를 둘러보았다. 먼저 두만강을 끼고 훈춘으로 향했다. 두만강 저쪽 북한 땅에는 김일성 혁명사적지라는 온성군 왕재산기념탑이 산 너머로 빠끔히 보인다. 조금 더 가면 가을걷이한 낟가리 사이로 피라미드처럼 쌓아올린 검은 석탄더미들이 눈에 들어온다. 아오지 탄광이 가까이에 있다는 신호이다. 물론 훈춘에도 노천 탄광이 개발되어 있는데, 발붙일 곳이 없는 탈북자들이 이곳으

로 숨어들어 노동을 하다가 매몰 사고로 흔적도 없이 사라진다는 안타까운 얘기도 들렸다. 조금만 더 내려가면 3국의 국경과 동해를 한꺼번에 볼 수 있는 방천이 있다.

발해 동경이 있던 팔련성이란 성터가 오랜 풍상으로 그 흔적만 남긴 채 두만강 옆의 논과 억새 가운데 파묻혀 있다. 성 입구에 서 있는 안내비를 놓쳐버리면 어디부터 성터인지조차 알 수가 없을 정도이다. 그러나 자세히 찾아보면 궁전 건물의 주춧돌이 억새로 덮인 둔덕 여기저기에 흩어져 있고 그 앞으로 궁궐 담장과 문터도 확인할 수 있다. 성 내부의 구획은 지금 논둑과 밭둑으로 그대로 이용하고 있다. 이번에 서울대학교 박물관에서 발해 전시회를 준비하면서 우리나라 아리랑 위성에서 찍은 사진을 구했다. 해상도가 그리 높은 사진이 아니었는데도 두만강이 휘돌아 흐르는 곳에 둘레가 3km 가까운 팔련성이 내부 구획도 뚜렷이 나타났다. 여기가 8세기 후반 10년 가까이 도읍을 했던 곳이다.

발해 동경은 일본과 신라로 가는 교통로가 출발하는 곳이다. 여기서 바다로 나가면 일본으로 가게 되고 동해안을 따라 내려가면 신라로 갈 수가 있다. 이곳은 고구려 땅이었기에 고구려 전통도 많이 보인다. 발해전에서 하이라이트를 장식했던 이불병좌(二佛並坐) 불상도 여기서 발견된 것으로 고구려 신앙이 발해까지 지속된 것을 보여준다. 이불병좌상이란 석가와 다보를 함께 안치한 것으로 불국사의 석가탑과 다보탑을 연상하면 된다. 이 불상의 광배에는 연꽃에서 다시 태어나는 사람들이 표현되어 있는데 이것도 장천 1호분과 같은 고구려 벽화에서 볼 수 있는 장면이다. 여기서 몇 km 떨어지지 않은 연해주의 크라스키노 발해 성터에서 발견된 치성(雉城)도 요·금나라 방식이 아닌 고구려 방식으로 쌓아올렸다고 한다. 이처럼 고구려의 전통이 발해까지 면면히 계승되었던 곳이 훈춘 일대이다.

논이 많은 걸 보니 여기도 조선족을 쉽게 만날 수 있을 것이란 기대를 해도 좋다. 만주의 벼농사를 개척한 것은 다름아닌 조선족이었다. 그러니 만주 벌판에서 논을 만나면 조선족이 살고 있다는 증거로 삼아도 된다. 한족(漢族)이나 만주족이 사는 마을에는 흔히 옥수수 밭이 펼쳐져 있다. 되돌아오는 길에 역시 가을걷이를 하러 나온 조선족들을 만났다. 인사를 했더니 멀리서 왔는데 한 잔 하고 가라고 옷깃을 잡는다. 독한 배갈

서고성 발굴 현장

술기운을 따라 훈훈한 인심이 몸 속에 배어 올랐다. 길가에 세워진 옥수수 저장 창고가 고구려 시대의 부경이란 다락창고를 그대로 빼닮았다.

길을 되돌아나와 화룡에 있는 서고성(西古城)을 찾았다. 몇 차례 들른 곳이지만 이번만은 목적이 조금 달랐다. 발굴 현장을 보기 위해서였다. 내가 오면 현장을 보여주겠다는 책임자로부터의 전갈을 받고 이번에 맘먹고 찾아갔다. 우리 땅이라면 현장을 보는 것이 무슨 대수이겠느냐 마는 중국 땅인 마당에 그것은 얻기 힘든 기회였다.

연길에서 용정(龍井)을 거쳐 선구자 노래로 유명한 비암산 일송정을 스치듯 지나치면 해란강 주변 너른 곡창지대에 서고성이 누워 있다. 성 안팎이 모두 논이라서 언뜻 분간하기 어렵지만 둘레 2.7km의 성벽이 잘 남아 있다. 전에는 이곳을 거쳐 백두산으로 갔지만 지금은 안도(安圖)로 돌아서 가기 때문에 일부러 찾는 인적만 있을 뿐이다. 그런데도 근래에 감시자를 두어 외부인의 출입을 금지하고 있다.

마침 마을 옆의 밭을 발굴하고 있었다. 그곳이 궁전 자리이다. 2000년에 남쪽 성문터를 발굴하고, 그 뒤 2년간 3개의 궁전 자리를 발굴하였다. 내가 들른 곳은 1호 궁전과 그 부속건물 발굴 현장이었다. 경작으로 많이 파괴된 상태이지만 장방형 건물 대지, 회랑과 그 주변의 배수로 모습이 제법 잘 드러나 있었다. 발해 특유의 연꽃무늬 막새기와도 여기저기서 눈에 뜨였다. 사진을 찍지 못한 아쉬움을 달래며 뒷산으로 올라가 멀리 원경만 잡았다.

이 성터가 발해시대에 중경(中京)이 있던 곳이다. 8세기 전반 한때 도읍을 정한 적이 있고, 또 이곳을 거쳐야 당나라로 갈 수 있는 요충지였다. 조선족이 많이 사는 곳이기에 논농사가 많은 이 일대는 발해 시대에도 쌀이 특산물이었다. 발해 경제의 원천지였던 곳이다. 그렇기 때문인지 문왕은 넷째 딸 정효공주와 그 부마를 이곳에 파견하였고 1980년에 이들의 무덤이 부근에서 발굴되었다.

연변에는 발해의 5경(京) 가운데 2경뿐 아니라 대조영이 건국했던 동모산도 자리잡고 있다. 가히 발해의 핵심지대라 할 만하다. 이제 이곳을 떠나 상경성(上京城)을 향해 북행해야 한다. 출발하기 전에 인심이 살아 있는 연길 서시장에 들려서 선물용 잣과 호두를 조금 사고, 길가에서 산사나무 열매도 사서 씹어보았다. 시큼하고 떨떠름해서 입에 댕기지는 않지만 위장에 좋다고 한다. 사과와 배를 접붙여 두 가지 맛이 모두 나는 이 고장의 특산물 사과배도 입에 물었다. 좌판에 펼쳐놓은 나무빗도 몇 개 샀다. 어렸을 때 쓰던 빗이 이곳에는 아직도 남아 있다. 이렇게 추억을 어루만질 수 있는 곳이 바로 연변이다. 1991년에는 우는 여치까지 넣은 밀대 여치집을 20여 개 꿰어 메고 팔러다니는 장면을 뒷골목에서 목격한 적이 있는데, 그 때 감히 사진기를 들이대지 못했던 것이 지금도 후회가 된다. 여치들의 울음 소리가 아직도 귀에 쟁쟁하다.

춘양에서 만난 누에와 개구리 요리

1990년도에는 돈화로 돌아서 상경성으로 갔다. 그렇지만 1997년도에는 기차를 타고 왕청을 거쳐서 갔고, 이번에는 택시를 대절하여 같은 길로 갔다. 돈화를 거치면 300km쯤 되고 왕청을 거치면 250km쯤 된다. 도중에 춘양(春陽)이라는 시골에서 점심을 먹게 되었다. 장춘시(長春市)처럼 이곳도 기나긴 겨울에 따뜻한 봄빛을 그리며 지은 이름이리라. 시골 식당이다 보니 메뉴가 가관이다. 기름에 튀긴 누에와 산개구리 요리가 식탁에 올라왔다. 주방을 보니 꿈틀대는 누에와 펄펄 뛰는 개구리들이 담겨 있었다. 이를 산 채로 조리해서 올린 것이다. 도저히 손이 가지 않아서 밥과 술로 때웠지만 누에 요리만은 조금 입에 댔다. 그리고 주인에게 어떻게 누에를 키우는지 물었다. 발해에 대한 의문점 하나가 풀리는 순간이다.

발해 상경성 일대의 특산물로 명주[紬]가 있다. 그러나 북위 44도가 넘는 곳에 뽕나무가 자라지 못할 터인데 어떻게 누에를 키웠을까 하는 것이 궁금하였다. 주인 말을 들으니 함경도 지역까지는 뽕나무가 있지만 이곳에서는 참나무 잎으로 키운다고 하였다. 참나무가 밀집된 곳에 풀어 놓으면 나무를 옮겨다니며 잎을 갉아먹고 자란다는 것이다. 아마 발해 때에도 이렇게 멧누에를 키웠을 것이다. 이처럼 현지에 가야 문제가 풀리는 경우가 많다. 우리와 기후조건과 풍토가 다르니 그럴 수밖에 없다.

여기서 노야령이란 고개를 넘으면 길림성에서 흑룡강성으로 바뀌고

조금 있으면 발해 옛 도
읍지에 이르게 된다. 연
길에서 5시간이 걸렸다.
여름과 봄에 한 번 왔던
이곳은 이제 가을빛으로
물들어 있었다. 우리가
도착한 동경성진(東京城鎭)
은 전체 인구가 4만 명
정도 되는 소도시여서 묵

을 만한 곳조차 변변치 못했다. 그러나 1933년에 사륜마차 5대로 나누어
타고 이곳에 와서 조그만 소주판매점을 빌려 발굴단 숙소를 마련했던 일
본인들을 생각하면 그래도 호강하는 셈이다. 현재 영안시(寧安市)의 4대 개
발구역 가운데 동경성 공업개발구, 관광지인 발해도읍지 개발구와 경박
호 개발구가 이곳에 몰려 있다.

　10월 중순의 날씨라서 그런지 바람이 불고 날도 제법 쌀쌀하여 숙소
에서 파카로 갈아입었다. 상경성은 이곳에서 서쪽으로 10리 떨어진 발해
진에 있다. 오늘은 남는 시간을 이용하여 지프차로 발해 왕실 무덤이 있
는 삼령둔(三靈屯)과 발해 다리터가 아직도 뚜렷이 남아 있는 칠공교(七孔橋)
를 찾았다. 예로부터 삼릉(三陵)이 있다고 전해지던 곳에 발해 무덤 하나
가 땅 위로 입구를 드러내고 있다. 무덤 위에는 수호신처럼 고목이 한 그
루 자라고 그 옆에 '발해국 삼령분'이라 쓰인 큰 비석이 우두커니 서 있
다. 왕릉임에 틀림없지만 오래전에 도굴되어 입만 벌린 채 아무 말도 못
하고 있다. 전설처럼 전해지던 나머지 무덤은 1991년에 와서야 그 실체
를 드러냈다. 물리탐사를 통해 4기의 무덤이 더 있는 것이 확인되어 그
가운데 몇 기가 발굴되었다. 특히 2호 무덤에서는 꽃무늬와 인물 그림이

어우러진 벽화가 발견되었고, 4호 무덤에서는 세 가지 유약을 곱게 바르고 짐승 모양의 다리 세 개가 달린 예쁘장한 향로가 발굴되었다. 그러나 지금은 다시 묻어 놓아 무덤 위치마저 알 수가 없다.

돌아오는 길에 '발해 옥미(玉米)'란 회사 이름과 그 앞에 진열된 '현무호표 쌀' 등의 상품을 보고 얼른 차를 돌리게 했다. 발해집단이란 기업체에서 광고를 하기 위해서 길가에 내놓은 모양이다. 이곳의 특산물에 쌀이 있다. 모래, 화학비료, 염색소가 없다고 해서 '삼무대미(三無大米)'라 하여 중앙의 관리들에게 납품된다고 한다. 아니 이렇게 추운 곳에 쌀 농사라니 무슨 말인가? 그런 생각도 가져볼 만하다. 그러니 현지에 가지 않으면 아니 된다. 논바닥이 현무암이라 검기 때문에 햇빛을 받으면 뜨거워져 농사가 잘 된다고 한다. 북쪽 오지에 수도를 세웠던 발해 사람들도 이 혜택을 받았을 것이다.

명색이 호텔인 숙소가 난방이 되지 않아서 추위 속에 밤을 지샜다. 오늘은 성터를 돌아보기로 하였다. 228년 발해 역사 중 상경성은 160년 이상 도읍의 자리를 지켰다. 지금은 상경성이라 부르지만 청나라 때부터 불린 지명은 동경성(東京城)이다. 발해가 멸망한 뒤에 잊혀졌다가 청나라 초기부터 이곳에 유배되었던 지식인들의 기록에 다시 등장하면서 동경성이라 불렸다. 17세기 중반에 이곳에 추방되었던 한 사람은 "동경이라는 곳이 있는데 … 교각은 남아 있으나 다리 위의 널빤지는 사라졌고, 성문과 수레바퀴 자국은 남아 있으나 나라는 멸망하였고, 궁전 주춧돌은 남아 있으나 집은 찾아볼 수 없다. 거리 흔적은 남아 있으나 시장은 없고, 돌부처는 남아 있으나 절은 없다"고 적었다.

300여 년을 건너뛰어 지금도 이 유적들은 우리 앞에 살아 있다. 교각은 칠공교를 가리키고, 석불은 흥륭사 안에 있는 부처를 가리킨다. 성문과 궁전 주춧돌도 잘 볼 수가 있다. 궁궐의 정문인 오봉루 앞에서 표를

파는 노인 부부가 지금은 발굴중이니 사진을 찍지 말라는 말을 귀로 흘리면서 급히 사진기를 잡았다. 북경의 자금성에 입장하기도 전에 높다란 정문이 관광객의 목을 아프게 하듯이, 발해 성문도 당시 궁궐을 출입하던 사람들의 기를 꺾어놓았을 것이다. 그만큼 규모가 크다. 5m가 넘는 현무암 축대 위에 웅장한 기와 지붕을 이은 문루가 우뚝 서 있었을 것이다. 1980년대 초에 발굴하면서 후대 사람이 세운 허름한 절을 없애고 허물어진 축대도 손을 보아서 지금은 말끔히 보수되어 있다.

이 문을 통과하면 5개 궁전지가 남북 일직선으로 도열해 있다. 제1궁전지는 경복궁의 근정전과 같이 국가 대사와 관련된 행사를 하던 곳이다. 왕의 즉위식도 이곳에서 거행하였을 것이다. 폐허로 변한 발해 유적지이지만 오봉루와 함께 그나마 잘 남아 있는 궁전지이다. 지금은 길이 56m, 너비 27m, 높이 3.1m 크기의 현무암 축대와 그 위에 배열된 주춧돌만 남아 있다. 지금 모습은 몇 차례 발굴과 복원을 거치면서 정돈된 것이지만 원상대로 복원했는지 의심스러울 정도로 쌓은 것이 무성의해 보인다. 근래에 세운 안내판에 그려진 건물 복원도를 통하여 영화로웠던 그 당시를 상상해볼 수 있을 따름이다.

그 뒤로 이어지는 궁전들은 더 초라하다. 1997년에 들렀을 때만 해도 안내 비석이 없었으면 어디가 어딘지 모를 정도로 자취를 찾기가 어려웠다. 그런데 이번에 와보니 제2궁전지는 벽돌처럼 반듯하게 다듬은 현무암으로 깔끔하게 복원되어 있다. 너무 매끈하여 오히려 옛 정취를 잃어버리고 말았다. 전에 왔을 때만 해도 나무숲 속에 울룩불룩한 둔덕들만 보이던 곳이 이렇게 변했다. 어느 것이 발해를 더 잘 이해할 수 있게 해주는지 헷갈리게 한다.

유적도 시간의 흐름 속에 변해갈 수밖에 없다. 그러나 사람의 손이 많이 탈수록 원모습을 잃어버리게 마련이다. 중국인들이 오지 마라고 손사래를 쳐도 빨리 가보지 않으면 안되는 것이 이 때문이다. 유명한 석등이 있는 발해 절터에는 커다란 본존 불상도 하나 전해진다. 청나라 때 기록에 "성 남쪽에는 옛 절이 있는데 돌을 깎아 만든 큰 부처가 있다. 부처의 높이는 1장 6척인데 바람과 비의 침식을 받아 이끼가 끼고 얼룩이 졌다. 부처의 머리가 떨어졌는데 어떤 호사가가 그 머리를 다시 원래대로 맞춰놓았다"고 한 그 부처님이다. 이 부처의 머리는 문화혁명 때도 떨어졌고 그 이후에 다시 바뀌었다. 1960년대 사진에는 얼굴도 알아볼 수 없을 정도로 부서진 돌덩이처럼 되어 있는데, 지난번에 들렀을 때에는 요상한 중국인 얼굴 모습을 하고 있더니 이번에는 육계와 나발을 갖추었지만 너무나 현대적인 두상으로 변해 있었다. 근래에 중국에서 발해 북쪽 변경지대에 속하는 곳에 연화댐을 건설하였다. 지난번에 방문하였더니 수몰되기 전에 발굴한 발해 무덤이 파헤쳐진 채 드러나 있었다. 그러나 이번에 구입한 지도에는 거대한 수몰지로 표시되어 있었다.

제3궁전지부터는 발굴이 한창이었다. 마침 사람이 없어서 들킬세라 부랴부랴 셔터를 눌러대며 제5궁전지까지 이동하였다. 바닥에 빼곡이 깔린 기와들은 멸망 뒤 불타는 궁전에서 울분을 토하며 쏟아져 내려 저마다 함성을 지르는 듯하다. 전돌을 깔아만든 배수로도 드러나 있다. 편히 앉아 곰곰이 눈길을 응시해야 할 곳이지만 곁눈질하면서 무슨 도둑질을 하듯이 바삐 헤집고 다녀야 하는 것이 우리 처지이다. 더구나 KBS에서 발해 유적을 촬영하러 들어올 것이니 이를 막으라는 지시 공문이 내려와 있다는 얘기를 연길에서 이미 들은 터라서 더욱 긴장되지 않을 수 없다. 중국 당국에서 이런 일까지 신경을 쓰고 있으니 눈에 뜨이면 골치 아픈 일이 발생할 것이 뻔하다. 지난번에는 우리가 방문하기 직전 발해 유물을 훔치던 범인이 살인까지 저지른 사건이 발생하여 쫓겨나는 수모를 겪었다. 한국인이 사주한 것이라 자백하여 의심의 눈초리는 더 매서웠다. 그 때 유적 사진을 찍지 말라는 관리인의 말을 귀담아 두었던 차량 기사가 신고를 하겠다고 협박을 해서 우리 돈을 뜯어내기도 하였다. 이번에도 무사히 지나나 했더니 야외에 있는 석등을 비디오로 찍었다고 벌금을 무려 1500위안(24만원)을 내라고 한다. 겨우 직속상관과 연락이 된 덕분에 무마시킬 수 있었다.

마지막에 도착한 상경성 북문지도 잘 정비되어 있었다. 지난번까지만 해도 도로가 궁성을 통과하여 이곳을 지났는데 유적을 보존하기 위해서 우회도로를 내고 발굴한 뒤에 복원해 놓았다. 그러나 제2궁전지처럼 이미 옛 맛을 잃어버리고 말았다. 그대로 두었더라면 더 좋았을 것을 주변 경관과는 어울리지 않는 장면을 연출하고 말았다.

궁궐과 관청은 상경성 북쪽 가운데에 있었다. 여기서 남쪽 정문까지 너비 110m, 길이 2km가 넘는 대로가 뻗어 있다. 너비가 이쯤 되면 몇

복원된 상경성 북문지

대의 수레가 오갈 수 있었을까. 아무튼 보통 넓은 것은 아니다. 대로를 중심으로 그 동서에는 모두 80여 개의 블록이 설정된 주거지역이 펼쳐졌다. 이를 모두 감싸는 성벽은 16km가 넘는다. 조선시대 한양 도성의 둘레와 거의 같다고 하면 조금 감이 잡힐 것이다. 그러나 커다란 평야 한가운데에 있으니 훨씬 작아 보인다. 발해 당시에 동아시아에서 당나라 수도 다음으로 큰 도시였는데도 그렇다.

그 규모를 직접 느껴보기 위해서 1997년도에 성벽을 일주하였다. 9시 조금 못 미쳐 동쪽 벽을 출발하여 사진도 찍고 메모도 하면서 북쪽을 돌아서 동쪽 벽으로 꺾이는 곳에 도달하니 점심때가 되었다. 혹시 누가 신고를 할까봐 부리나케 움직였는데도 여기까지밖에 오지 못했다. 사들고 온 바나나와 사과배로 점심을 대신하였다. 그리고 남쪽 벽을 돌아 제자리에 오니 2시 가까이 되었다. 5시간이 걸렸다. 남쪽 벽을 걸을 때는 다리가 후들후들 떨려 왔다. 이렇게 고생을 하면서 한 바퀴를 돌고나니 성터가 내 가슴 속에 온전히 자리잡았다.

상경성을 멀리서 조망할 만한 주변의 산 하나를 찾았다. 산 정상이 평평하여 평정산이라 불리는 곳이다. 이곳 모퉁이에 바위 전망대가 있어 아래를 내려다보기에 안성맞춤이다. 지난번 처음 올랐을 때에는 부근에 발해 기와 조각들이 흩어져 있는 것을 발견했었다. 주변을 휘돌아 내려다볼 수 있을 정도로 전망이 좋은 만큼 초소나 망대가 이곳에 설치되어 있었을 것이다. 그러나 중국에서 아직 보고되지 않은 것을 보아서 내가 처음 발견한 것이 아닌가 생각된다.

이곳에 서니 그렇게 오랜 시간이 걸려서 돌았던 상경성이 저 멀리 희미하게 들어온다. 나무들이 성벽을 따라 직선으로 지나가고 있다. 그 너른 평야 한가운데에 조그만 구역으로 보이는 것이다. 아리랑 위성에서 눈밭 가운데 성터의 모습이 뚜렷하게 잡힐 정도로 큰 데도 말이다.

이렇게 만주 벌판에 서면 우리가 얼마나 작은 스케일의 세계에 살고 있는지 절감한다. 우리가 넓다고 하는 곳이 이곳에 오면 아무것도 아니다. 50여 년의 분단은 우리 의식을 더욱 작게 만들었다. 우리 땅이 대륙으로 이어져 있다는 사실조차 깨닫지 못하고 살아왔다. 남한이란 작은 울타리 안에 갇히게 만든 것이다. 만주 땅에 오면 그 감옥을 비로소 인식하게 된다. 상경성을 떠나 발해 건국지와 부여 유적지를 더 답사한 뒤 돌아온 9일간의 여정은 그러한 깨달음을 다시 한 번 일깨워주었다. 빨리 통일이 되어 직항 비행기가 아니라 자동차로 연변까지 갈 수 있는 날을 기다려본다. 북한 발해 유적도 들릴 겸해서 말이다.

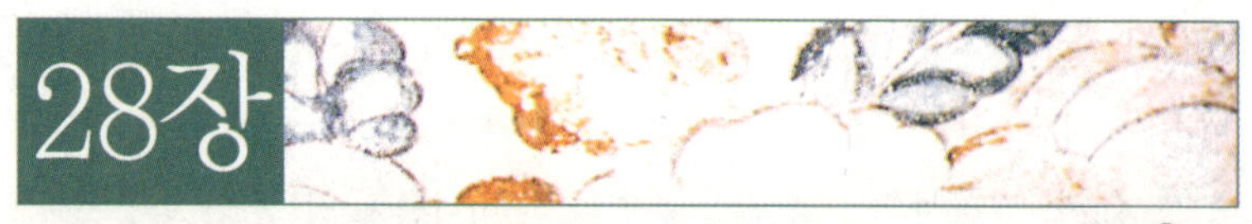

28장

발해는 과연 중국사인가? 

다시 발해를 다녀와서

2004년 5월에 잠시 틈을 내서 발해 유적들을 돌아보았다. 발해의 수도 방문은 이번이 네 번째이다. 1990년 처음 방문했을 때에는 아무 문제가 없더니 그 뒤로부터는 점차 발해 궁전터에 접근하기가 어려워지고 있다. 이번에도 조용히 남의 눈에 띄지 않게 부랴부랴 휙 훑고 재빨리 빠져나왔다. 외부 사람의 접근이 금지되어 있어서 공안원이나 현지인 눈에 뜨이면 골치 아픈 일이 벌어지기 때문이다.

나무 숲에 가려진 채 잔적만 남아 있던 제2궁전터가 2001년도에는 번 듯하게 복원되어 있었고, 그 뒤로 이어지는 제3, 4, 5궁전터에서는 발굴 작업이 한창 진행되고 있었다. 그런데 3년 만에 다시 들르니 그 발굴 자리에 제3, 제4궁전터가 새로 꾸며져 있었고, 제5궁전터도 주춧돌이 노출

된 채 복원을 기다리고 있었다. 그러나 내 눈에는 너무나 어설프게 보였다. 특히 제3, 제4궁전터는 학문적 근거도 없이 추정만 가지고 부실하게 만들어져 있었다. 제4궁전터에서는 독특하게 온돌이 발견되었는데, 이번에 보니 건물 내부의 구들은 안 보이고 뒤쪽에 굴뚝만 이상하게 덧붙여져 있었다.

이렇게 부랴부랴 복원을 서두르는 데는 이유가 있었다. 길림성에서 집안의 고구려 유적을 대대적으로 정비하여 유네스코 세계문화유산 등록을 하는 것에 자극을 받아서, 흑룡강성에서도 발해 유적을 등록시키려 하고 있다. 3년간 2억 위안(약 300억원)을 들여서 유적지를 정비하여 곧 등록 신청을 하겠다고 한다. 중앙의 적극적인 지원을 받아서 이루어지는 일이라 한다. 그 정비 작업의 일환으로 궁전터를 복원하고 있다. 그러나 만약에 내가 유네스코 평가위원이 된다면 원상 회복을 조건으로 내걸고 싶다. 이곳의 발해 유적은 마치 추하게 화장을 한 모습을 하고 있어 역사적 진실성이 결여되어 있기 때문이다.

얼마전 한 신문사로부터 중국이 발해 유적도 등록하려 하는데 글을 하나 써야 되지 않겠는가 하고 제의를 해왔으나 완곡히 거절했다. 고구려 유적이 만주 집안과 북한 평양에 집중되어 있으니 중국이 의도하는 독자 등록을 저지하고 공동 등록을 하자고 제의할 수 있지만, 발해 유적은 중국 땅에 집중되어 있으니 북한에 남아 있는 극소수의 유적과 함께 공동 등록을 하자고 할 수도 없고 그렇다고 등록을 저지할 수도 없는 노릇이니 뭐라 얘기해야 할지 난처하기 때문이었다. 우리 역사이지만 중국 땅에 대부분 남아 있는 발해 유적을 어찌 해야 할지 당혹스럽다. 역시 품안에 있을 때에야 내 자식이지 품 떠나면 어려운 일이다. 고구려도 그렇지 않은가? 아무리 내 역사라 해도 저쪽 나라에 있는 유적과 유물에 제대로 접근할 수 없으니 내 자식으로 만들기가 쉽지 않은 것이다.

발해 왕궁터 앞에도 안내판이 서 있다. 그 안내문은 예외없이 "발해국은 우리나라(중국) 당나라 시기의 지방민족정권이다. 말갈족인 속말말갈을 주체로 하여 698년에 건립되어 15명의 왕이 재위했다. … "로 시작한다. 이것은 중국에서 발해사를 바라보는 공식 입장으로서 연구자들은 이 시각을 벗어나서 다른 얘기를 할 수가 없다. 사회주의 체제 아래에서는 한 번 지침이 내려지면 이를 어길 수가 없다. 그러니 고구려사 왜곡을 두고 학술 차원의 문제이지 정부 차원의 일이 아니라 하는 중국측의 해명은 거짓이 분명하다.

그러면 이제부터 이 공식의 허점을 우리 시각에서 분석해보도록 하겠다.

중국의 지방세력인가?

중국인들이 주장하는 첫번째 명제는 발해가 독립국가가 아니었고 당나라 지방세력에 불과하다는 것이다. 이에 따라 중국에서 당나라 역사지도를 그리면서 발해 국경선을 표시하지 않고 당나라 영토 안에 넣어버린 것도 있다.

주장의 근거는 이렇다. 발해는 당나라에 귀부하여 조공을 했고 그 대가로 책봉을 받았다. 이 책봉과 조공 관계가 복속국의 증거라는 것이다. 다음으로 당나라는 발해에 홀한주를 설치하여 발해 왕을 홀한주도독(忽汗州都督)으로 임명했으니, 역사서에 비록 발해국, 발해왕국이라 했지만 이것은 독립국이 아니었으며, 그 통치자는 당나라 변방 행정구역의 책임자로서 당나라 지방관리였을 뿐이라는 것이다.

그러나 이에 대해서 당장 반론을 제기할 수 있다. "고구려, 백제, 신라도 책봉과 조공 관계에 있었고 고려와 조선도 마찬가지인데, 어찌 발해만 독립국가가 아니란 말인가? 그런 논리라면 삼국도 다 가져가야 하지 않겠는가?" 몇 년 전에 중국학자와 토론하는 과정에서 이렇게 반박했더니 통역을 맡았던 조선족 학자가 나중에 정색을 하면서 정말 그렇게 하면 어찌 하느냐고 걱정하면서 나무랐다. 책봉과 조공을 들먹이며 발해를 빼앗으려는 것은 현재의 국경선을 역사의 경계선으로 착각하고 있기 때문이 아닌가 하고 반박했다.

그런데 중국 동북공정의 대표적 이론가인 쑨진지[孫進己]는 이 반론에 대해서 근래에 다시 응답했다. "고구려가 중국의 지방 정권이었다고 말하는 것은 바로 고구려의 전반적인 역사 속에서 귀속이 주를 이루었기 때문이다. 또한 신라와 백제를 중국의 지방 정권이 아니라고 하는 것은 한 동안

신라나 백제도 중국의 중앙과 지방의 관직을 수여받기는 했지만, 그건 단지 그들의 전체 역사 속에서 일시적인 현상이었기 때문이다."고 주장했다. 현재의 영토가 기준이 아니라 과거 고구려의 속성이 그러하다는 것이다. 그런데 어찌 고구려가 백제와 신라보다 중국에 더 순종적이었다고 단언할 수가 있는가? 이것은 현재의 국경선을 기준으로 역사의 귀속을 따지는 것은 문제가 있지 않는가 하는 반론과 삼국이 모두 중국의 책봉·조공 관계를 맺었는데 유독 고구려만 중국사라고 하는 것은 모순이 아니냐는 반론에 대한 대답이다.

그러면서 한 술 더 떠서 고구려는 '지방할거정권'이 아니라 '지방자치정권'이라 주장했다. 중국에 반항하던 시기는 '지방할거정권'이란 칭호가 마땅하지만 복종하던 시기는 '지방자치정권'이라 함이 당연하다고 하면서, 고구려는 반항보다는 복종을 위주로 했으므로 그 기본 성격은 지방자치정권이라 주장했다. 고구려의 독립성을 더욱 약화시키는 용어로 전환하기 시작한 것이다.

이렇게 그들은 한층 주장을 가다듬어가고 있지만, 우리 시각에서는 억지로밖에 보이지 않는다. 책봉과 조공 관계는 동아시아에서 국가간에 벌어졌던 통상적 교류의 한 형태에 불과하다. 더욱 이것은 상대국의 독립성을 인정하는 바탕 위에서 이루어졌던 것이다.

다음으로 발해 왕이 지방행정의 책임자에 불과하다는 논리의 허구성은 통일신라도 계림주가 되고 그 왕이 계림주대도독(鷄林州大都督)이나 계림주자사(鷄林州刺史)로 임명된 데에서 금방 알 수가 있다. 만일에 그들의 주장을 따른다면 통일신라까지 그들의 역사가 되는 것이다. 그럼에도 그렇게 주장하지 않는 것은 그 배후에 정치적 의도가 깔려 있어서이다.

필자는 이미 여러 사료를 근거로 들어서 이들의 아집을 공격한 적이 있다. 첫째는 발해 유학생들이 당나라에 가서 응시한 과거시험이 빈공과

였다는 사실을 들었다. 빈공과는 빈공진사과(賓貢進士科)를 줄여서 부르는
것으로 손님[賓貢]으로 와 있는 외국학생들이 따로 치르는 시험이고, 내국
인들은 진사과를 보았다. 빈공과에는 신라, 발해, 페르시아 등의 학생들
이 응시했다. 이것만 보더라도 발해인은 당나라에서 외국인으로 간주되
었지 내국인은 분명 아니었다.

다른 한편으로 발해 왕을 황제로 부르거나 천손(天孫)으로 부른 사실도
들었다. 이것은 발해가 독립된 왕국이었을 뿐 아니라 때로는 황제국을
지향했던 사실을 반영한다. 황제국이라 함은 당나라와 대등한 국가를 지
향한 증거가 된다. 그런가 하면 발해 왕 아래에 허왕(許王)과 같은 왕들이
존재했다. 그렇다면 발해 왕은 '왕 위의 왕' 으로서 실제로는 황제와 같
은 처지에 있었던 것이다. 고려시대에도 이와 똑같았으니 고려국왕 아래
에 여러 왕들이 있었다. 이런데도 어찌 독립국가라 하지 않을 수 있겠는
가? 당나라는 9세기에 발해를 해동성국이라 불렀으니 '바다 건너 번성
한 나라' 인 발해는 그야말로 외국이었다.

이번 8월에 중국 요령성을 방문했다가 동북공정 소식지를 발견하고
내용을 훑어보았다. 거기에 필자의 주장을 반박하는 '발해국의 역사귀속
과 역사지위' 란 노학자의 글이 실려 있었다. 잠시 들여다보니 황제, 천손
이란 칭호는 내부적으로 참칭한 것이지 이것이 결코 당나라 복속국인 사
실을 반증하는 것이 아니라 했다. 각주에 내 논문이 인용되어 있기에 담
당자에게 복사 좀 하자고 했더니 표지에 쓰인 '내부참고열람용[內部參閱]'
이란 글씨를 지적하면서 안된다고 했다.

누가 건국주체인가?

두번째 명제는 발해 건국의 주체세력이 고구려인이 아니라 속말말갈
인이라는 것이다. 말갈족은 만주 동부 일대에 흩어져 살던 종족으로 고

구려에 비해 훨씬 낙후되어 있었다. 그 가운데서 속말말갈은 현재의 길림성 길림시 일대에 살던 집단을 이른다. 속말은 길림시 옆으로 흐르는 송화강을 당시에는 속말수라 했던 데서 유래되었다.

발해 건국세력에 말갈족이 분명히 들어가 있었지만 주체세력은 아니었다. 사료에는 대조영 또는 그의 아버지 걸걸중상이 고구려인인지 말갈인인지 명확히 언급하지 않았지만 이들과 함께 행동한 또 하나의 집단은 말갈 추장이 지휘한 것으로 명시되어 있다. 여기서 추정할 수 있듯이 대조영은 분명 순수한 말갈족은 아니었던 것 같다. 필자는 고구려에 귀화한 말갈계 고구려인으로 판단하고 있다.

속말말갈은 남쪽의 고구려 세력과 서쪽의 중국 세력에 밀리면서 일부는 중원으로 들어갔고 일부는 고구려로 들어가서 활동했다. 당시는 종족 이동이 빈번하던 시절이었다. 나당전쟁 때에 당나라 장수였던 이근행(李謹行)은 속말말갈계 당나라 사람이었고, 또 다른 당나라 장수 이다조(李多祚)는 말갈인으로 고구려에 귀화했다가 다시 당나라로 들어간 인물이었으며, 대조영은 속말말갈의 혈통을 지닌 고구려인이었다. 이런 사람들을 두고 혈통만 따져서 모두 말갈인이라 할 수 있는가? 중국 역사서에서 이근행, 이다조 모두 당나라 사람으로 인정하고 있듯이 대조영은 고구려인으로 보아야 할 것이다. 그러기에 "말갈인 대조영은 고구려의 별종"이라 했다. 고구려는 여러 종족을 포괄한 다종족국가였다.

대조영 개인보다 더 중요한 것은 발해를 이끌어 나갔던 통치집단의 구성이다. 지금까지 알려진 발해인을 분석하면 대씨 다음으로 고씨가 대다수를 점하고 말갈계 이름으로 보이는 것은 극소수에 불과하다. 이것은 발해 지배층에서 고구려계의 고씨가 주축을 이루었음을 의미한다. 아울러 대조영이 말갈계 국가가 아니라 고구려계 국가를 추구했음을 반영하는 것이기도 하다.

현재 중국 길림성 돈화시 육정산고분군에는 초창기 지배자들이 묻혀 있다. 그런데 여기서 발굴된 상층부 무덤은 모두 고구려 양식을 띠고 있다. 돌로 쌓은 돌방무덤 형태이다. 특히 대조영의 증손녀인 정혜공주의 무덤은 고구려 지배층 무덤의 양식을 그대로 따르고 있다. 반면에 말갈족은 흙무덤을 썼는데, 이 고분군의 하층부 무덤에서 일부만 보일 뿐이다. 이렇게 무덤에서도 고구려계 사람들의 체취를 다분히 느낄 수가 있다.

그런가 하면 발해 궁궐지 가운데 왕이 침식하던 건물지 두 곳에서 온돌이 발견되었다. 당시의 온돌은 지금과 달리 방 일부에만 고래를 시설했다. 이러한 온돌은 고구려를 비롯한 한반도 계통의 국가에서만 발견된다. 따라서 과거에 일본학자도 지적했듯이 이것은 분명 고구려로부터 계승된 시설이다. 기와 건물지에서 발견되는 와당의 연꽃 무늬도 고구려 영향을 받은 것임은 주지의 사실이다.

그러기에 최치원은 "옛날의 고구려가 지금의 발해가 되었다"고 했고,

"고구려 유민들이 모여서 나라를 세웠다"고도 지적했다. 처음으로 일본과 국교를 맺을 때에 그 국서(國書)에서 발해가 "고구려의 옛 땅을 회복했다"고 천명한 것은 스스로 고구려 영토를 계승했음을 일본에 각인시키려한 것이다. 일본측 기록에는 발해가 8세기에 고려국이라 칭했던 사실도 보인다. 그리고 발해 사신이 일본에 갔을 때에는 이를 접대하기 위해서 일부러 고구려계 사람을 선발하기도 했다.

발해 왕은 일본 천황에 대해서 자신을 천손이라 일컬었다. 중국의 천자, 일본의 천황에 대등한 천손을 내세운 것이다. 그런데 1980년대에 북한에서 발굴된 발해 절터에서 천손이란 명문이 발견되었다. 고구려 시대에 만들어진 금동판이었음이 확인되어 고구려의 천손 의식이 발해 지배층에까지 계승되었던 사실을 확인하는 계기가 되었다.

시대를 내려오면 발해 유민이 세운 나라에 정안국(定安國)이 있다. 이들이 981년에 송나라에 보낸 국서에서 자신은 "본래 고구려의 옛 땅에 세운 발해 유민들"이라 했으니 고구려와 발해를 계승한 국가로 자임한 것을 볼 수 있다. 그러기에 송나라 역사 편찬자는 정안국을 마한(馬韓)의 무리라고 서술했는데, 이 때의 마한은 고구려를 가리킨다.

이렇게 여러 기록에서 발해가 고구려계 국가로 인식되고 있었던 사실을 확인할 수 있는데도 중국이 발해를 굳이 미개한 말갈족 계통의 나라로 주장하는 이유는 이렇다. 말갈은 뒤에 여진족과 만주족으로 명칭이 바뀐다. 여진족은 금나라를 세웠고, 만주족은 청나라를 세웠다. 이 두 나라는 중원을 정복했지만 지금은 중국에 거의 동화되어 만족(만주족)이란 이름으로 겨우 명맥만 유지하고 있다. 이에 따라 이들이 세운 금나라, 청나라의 역사는 모두 중국사에 속해 있다. 이런 종족 집단에 발해를 연결해야 발해사가 중국사란 논리에 부합한다. 이런 이유로 발해에서 고구려를 삭제하려 하고 있다.

그런데 지금 동북공정이 진행되면서 발해뿐만 아니라 고구려와 고조선마저 우리에게서 빼앗으려 한다. 발해와 부여는 확고하게 자기네 것이 되었다고 판단하고 이제는 다른 역사마저 손아귀에 넣으려 한다. 만약에 이들의 책략이 성공하면 발해가 굳이 고구려계 국가냐 아니면 말갈계 국가냐 하는 논쟁을 할 필요가 없게 된다. 둘 다 중국사라고 하니 그렇다. 신라계 국가만 한국사라고 주장하고 있으니 앞으로 점점 더 가공할 만한 일이 벌어질 것 같다.

나머지 말

지금까지 중국에서 내세우는 명제의 허구성을 드러내보고자 했다. 사실 발해사가 중국사라고 하는 논리는 학문적이기보다 정치적인 문제이다. 고구려의 역사가 한국사라는 사실을 중국이 지금까지 몰라서 자기네 것이라 주장하는 것은 아니다. 최근의 연구를 통하여 고구려가 한국사에 속한다는 지금까지의 생각이 오류였음을 밝혀냈다는 것이다. 그러니 저 우언라이[周恩來]가 고구려와 발해를 한국사라 했던 1960년대의 발언을 끄집어낸들 그 당시에는 잘 모르고 한 말이라 하면 그만이다.

고구려 문제가 불거졌을 때에 중국 당국에서는 지방의 학자들이 벌이는 사업이라 자신들은 관여할 수 없다고 해명했다. 지난(2004) 8월에 주한 중국대사는 "중국은 역사 문제를 현실화하지 말고 학술 문제는 정치화하지 말자는 입장"이라고 하면서 "이 문제는 냉정하게 양국 학자 간 교류를 통해 해결하도록 쌍방이 노력해야 한다"고 했다. 그러나 지난 2월에 학술 차원에서 문제를 풀어가자고 한 양국의 협정은 불과 몇 개월만에 깨져버렸으니, 8월 말에 중국 특사가 내한하여 이를 정치화하지 말자고 다시 한 번 합의한 것은 본질을 호도하고 있을 뿐이다. 학술 교류를 통한 해결을 이야기하면서 다른 한편으로는 국내 학술회의에 중국학자들이 참석하는 것을 허락하지 않고 있기 때문이다. 심지어는 70대의 노학자가 일본 대학의 초청으로 발해사 특강을 하려 했지만, 이마저 당국에서 허락하지 않아서 출국을 못했다고 한다. 이것은 학문 세계가 아니라 정치 세계의 문제인 것이다. 이러니 학자들의 교류를 통하여 문제를 해결할 길은 요원하다.

아직 끝나지 않은 '동북공정'

중국 길림시는 부여국이 일어났던 곳이다. 1980년대부터 이곳에서 부여 왕실의 무덤이 발굴되고 있지만, 아직도 공개가 되지 않아 수수께끼에 묻혀 있다. 2005년 7월에 이 도시에 있는 용담산성(龍潭山城)을 방문하였다. 가장 북쪽에 있는 고구려 성터이다. 부여에서 갈라져나온 고구려가 나중에 세력을 뻗쳐 북쪽으로 여기까지 올라왔기 때문이다. 길림시를 벗어나면 산이 없는 허허벌판이 펼쳐진다. 산에 의지해 살아온 우리 민족으로서는 낯선 풍경일 수밖에 없다. 따라서 산지 끝자락인 길림시는 우리 역사무대의 북쪽 한계선이 되었다.

한참을 걸어 올라가니 성문 앞에 '고구려인은 결코 조선인이 아니다'는 안내판이 새롭게 붙어 있었다. 고구려인은 고조선과 무관하고 오히려 중국의 은상(殷商)에서 갈라져 나왔다고 설명되어 있었다. 한국사에서 떼

어내 중국사에 갖다 붙이려는 의도를 공개적으로 드러낸 것이다. 더구나 제목만 보면 마치 과거의 고조선뿐 아니라 현재의 조선과 무관하다는 인상까지 심어주었다. 중국에서는 한국을 흔히 조선, 남조선이라 부르기 때문이다. 귀국한 뒤에 국내 신문에 사진을 제보하여 기사화되자 이 안내판은 즉시 철거되었다. 이것만 보아도 이런 일을 벌이지 않겠다는 1년 전의 한·중간 합의를 제대로 지켜나갈지 의문스러웠다. 사실 중국의 한국사 왜곡은 현재진행형일 따름이다.

금년(2007) 1월 말에 논란이 많았던 동북공정 사업이 종결되었다. 동북공정은 국가의 주도 아래 2002년 2월부터 5년간 중국 동북지방(만주)의 역사와 정책을 연구해온 사업이다. 그러나 이것은 단순한 연구 사업이 아니라 우리 역사를 중국 것으로 만들려는 목적도 지니고 있다. 국내에서는 시작된 지 1년 반이 지난 2003년 7월에 처음 언론에 보도되었다. 마침 고구려 유적을 유네스코 세계문화유산에 등록시키기 위해서 외부인의 출입을 차단한 채 대대적으로 유적을 보수하고 있다는 사실까지 알려지면서 국내 여론이 들끓기 시작하였다. 연일 이슈가 되어 언론에 오르내리자 이 사태를 심각하게 여긴 중국에서 2004년 2월에 외교부 부부장을 파견하여 이 문제를 학술 차원에서 풀어나가기로 합의하였다.

그 뒤에 주춤하던 여론은 그 해 7월에 고구려 유적의 유네스코 등재가 성사된 뒤에 다시 바뀌었다. 중국에서 대대적으로 고구려는 중국사라고 선전하기 시작하였고, 몇 개월 전에 중국 외교부 홈페이지의 한국 안내문에서 고구려를 삭제한 사실도 알려지면서 중국을 성토하는 분위기가 고조되었다. 이 해 8월 아테네 올림픽에서 한국 여자 양궁이 중국을 아슬아슬하게 누르고 우승을 차지하자, 서울신문에서는 '고주몽의 딸들 中 도전 눌렀다' 는 표제어를 뽑았다. 주몽이란 이름은 원래 활을 잘 쏘는 사람이란 뜻이다. 그러기에 한국 낭자군을 '고주몽의 딸들' 이라 표현했다. 그러면서 중국 도전을 눌렀다는 것은 양궁뿐 아니라 동북공정도 염두에 둔 말이었다. 이처럼 스포츠 기사에서도 동북공정이 활용될 정도였다. 이리하여 8월 말에 다시 중국이 외교부 부부장을 파견하여 정치적 개입을 하지 않고 학술교류를 위해 노력한다는 5개항에 합의하였다. 그러나 중국 외교부 홈페이지에서 고구려는 끝내 복구되지 못하였다. 오히려 정부 수립 이전의 한국 역사가 모두 삭제되는 수모를 겪었다. 물론 학술교류도 지금까지 제대로 이루어지지 않고 있다.

동북공정이 국내에서 초미의 관심사가 되었을 때에 그 중심에 있었던 것은 학계가 아니라 언론이었다. 이때까지만 해도 중국에 대한 체계적인 연구 기관이나 자료 수집 시스템이 없었다. 우연히 중국에 여행을 갔던 기자가 현지에서 전해 듣고 취재를 해서 국내에 알려지게 된 것이다. 그 후로 언론이 앞서가고 학자들이 뒤따라가는 형국이 이루어졌다. 작년 (2006)부터 올해까지 방송 3사가 경쟁적으로 고구려, 발해를 주제로 한 드라마를 방영하였으니, MBC의 '주몽', SBS의 '연개소문', KBS의 '대조영'이 그것이다. 특히 주몽은 시청률에서 신기록을 이룰 정도로 국민들에게 고구려 열풍을 일으켰다. 그런데 작년 9월 초에 KBS를 필두로 하여 갑자기 동북공정 문제가 재차 불거졌는데, 드라마 띄우기 일환처럼 생각되었다. 동북공정을 언론에서 상업적으로 이용한 것이 아닌가 해서 다소 씁쓸했다.

학계에서는 동북공정을 비판하면서 고구려가 우리 역사임을 밝히는 학술회의가 주류를 이루었다. 어떤 연구자들은 탈민족주의만이 이를 해결할 수 있다고 주장하였다. 국가나 민족의 경계를 허물어야 한다는 것이다. 심지어 국사를 해체해야 한다는 주장까지 나왔다. 그러나 중국과 일본 모두 국가주의, 민족주의를 강화해가는 마당에 우리만 옷을 벗는다고 해결될 일이 아니다. 반면에 어떤 연구자들은 더욱 민족주의를 부추

▌고구려 백암성

기는 방향으로 나아갔다. 금년 2월에 교육인적자원부는 갑자기 교과서 일부를 수정한다고 발표하였다. 청동기시대의 시작을 대폭 끌어올리고, 단군조선에 대한 기술도 일부 수정한다는 것이었다. 그러면서 언론에서는 중국 동북공정에 대응하고, 고조선을 신화에서 역사로 끌어올리게 되었다고 평가하였다. 그러나 학계의 의견 수렴이 제대로 이루어진 것은 아니었다. 더구나 엄밀성과 보수성을 지켜야 할 국사 교과서가 일부 정치인과 여론에 좌지우지되는 것은 문제가 심각하다. 동북공정을 비판하면서 그와 동일한 방법으로 대응하면 아무런 소용이 없다.

1년간 외국에 머물다 돌아온 터라 그 동안 무슨 책이 나왔나 해서 시중의 큰 서점을 들려보았다. 놀랍게도 한국고대사 서가에는 재야역사학자들의 책이 화려한 제목을 달고 전문연구자의 책을 압도하면서 독자를 현혹시키고 있었다. 국사편찬위원회에서 제공하는 논저목록에도 몇 년 전부터 이들의 역사책이 등재되기 시작하였다. 이 책들이 얼마나 팔리는지는 모르겠지만, 일본의 극우서적이나 중국식 역사에 대응한다는 명분으로 또 다른 왜곡을 불러오고 있었다.

다른 한편, 2004년 2월 동북공정에 대응하기 위해서 고구려연구재단을 만들어 연구 결과물을 쏟아냈으나 2년 반 만에 해체되는 운명을 맞았다. 그 대신에 동북아역사재단이 2006년 9월에 출범하였다. 이제 막 태어나 진로를 모색하고 있는 만큼, 앞으로 정치적 입김이나 국수주의적 여론을 어떻게 헤쳐 나아가느냐, 그리고 지금 당장의 대응이 아니라 장기간의 안목을 지닌 긴 호흡을 어떻게 만들어가느냐에 성공의 열쇠가 있다는 생각이 든다.

국내의 반발에 대해서 동북공정을 이끌었던 리성[厲聲]은 "2002년부터 2004년까지 선정된 항목 중에서 고구려역사 연구과제는 8개로서 총 94개의 항목 가운데 8.5%를 차지하므로 국외의 일부 사람들이 말하는 '동북공정'은 바로 '고구려역사를 빼앗기' 위해 만들어진 프로젝트라는 설은 정황파악을 하지 못한 것이고 또한 편면적인 것이다.”고 반박하였다. 그러나 비율의 문제가 아니다. 고구려 역사를 공개적으로 중국사로 만드는 작업 자체가 우리에게는 중요한 것이다.

중국은 이미 1980년대 초에 발해사를 자기 것으로 만들어버렸다. '말갈족이 주체가 되어 세운 지방정권'이라는 논리를 이때에 개발하였다. 1992년 한중수교와 더불어 한국인들이 백두산과 고구려 유적을 답사하면서 우리 것이라고 외쳐대는 데에 자극받아 1990년대 후반부터는 고구려를 중국사로 만드는 작업에 본격적으로 착수하였다. 그리고 동북공정이 시작되면서 이 작업이 노골화되었다.

동북공정의 핵심 역할을 한 마다정[馬大正]은 '변방의 민중'[邊衆]이란 필명으로 공산당 기관지인 『광명일보(光明日報)』 2003년 6월 24일자에 '고구려는 중국의 소수민족 정권'이라는 글을 기고하였다. 이것이 고구려 연구의 지침이 되었다. 나중에 “2003년 6월에 '고구려민족은 중국역사상의 변강민족이고 고구려국은 중국역사상의 변강민족정권'이라고 주장한 주류관점이 처음으로 『광명일보』 학술지에 공개적으로 발표되었다”고 평가되었다.

그렇지만 여기에 그치지

광명일보의 마다정 기사

光明日報

试论高句丽历史研究的几个问题

边众

高句丽，也简称为高丽，是西汉到隋唐时期东北地区出现的一个有重要影响的边疆民族。

高句丽的先人周秦时期一直生活在东北地区。公元前108年，汉武帝设四郡管辖辽东及朝鲜半岛北部，其中玄菟郡高句丽县就是高句丽人的聚居地。公元前37年，夫余人朱蒙在玄菟郡高句丽县辖区内建立政权，起初定都纥升骨城（今辽宁桓仁县城附近），公元3年（汉平帝元始三年）迁都国内城（今吉林集安市）。公元427年迁都平壤城（今平壤市）。高句丽鼎盛时期其势力范围包括吉林东南部、辽河以东和朝鲜半岛北部。公元668年，高句丽被唐王朝联合朝鲜半岛东南部的新罗所灭，在历史上持续了705年之久。

鉴于高句丽存在的700多年间，其主要活动范围都在中国中原王朝管辖地区，并与中原王朝保持着隶属关系，高句丽政权的性质应是受中原王朝制约和地方政权管辖的古代边疆民族政权。当然，这种管辖关系随中原王朝控制力的消长而时疏时密。现就高句丽历史研究中的几个相关问题略述见解，以就教于学界同仁。

一、高句丽是我国东北历史上的少数民族政权

周秦之际其先人就生活在浑江、鸭绿江流域，中心区域在今辽宁省桓仁县、新宾县，吉林省集安市、通化市一带。我们认为高句丽民族是我国东北历史上的一个民族，高句丽政权是我国东北历史上的边疆民族政权，主要基于以下几方面原因：

第一，从高句丽民族起源看，我国学者目前研究情况尽管存在一些分歧，大体上有秽貊说、夫余说、高夷说、商人说、炎帝说等，但无论何种说法，都充分肯定高句丽民族的先人的活动范围在周秦之际就在我国东北地区之内。周人一直认为“肃慎、燕、亳，吾北土也”（《左传》昭公九年）。由此可见，周武王克商以后，周人对东北地区的经营是很明确的，势力已超越今日东北的范围。

多年的考古调查与发掘表明，浑江流域一些新石器时代晚期至青铜时代的文化遗存，如桓仁县台西沟遗址、姚山遗址、凤鸣遗址，集安市大朱仙沟遗址、二道崖子遗址、东村遗

않고 이제는 고조선과 한민족 형성에까지 손을 뻗치기 시작하였다. 단군조선은 역사적 사실이 아니라고 하면서 신화로 치부해버린다. 그리고 기자조선과 위만조선을 세운 기자와 위만은 중국에서 건너온 사람이었으니 이들 나라는 중국의 식민정권이라는 것이다. 우리 역사가 중국의 식민지에서 비롯되었다고 하니 일제 식민사관이나 별 차이가 없게 되어버렸다. 그런가 하면 한민족의 구성성분에 중국에서 건너간 사람들이 많이 섞여 있다는 주장까지 등장한다. 한 논문에서 "삼한의 근간이 되는 민족은 한족(韓族)으로서 화하족(華夏族) 계열인 주(周)나라 종족의 한 지파에 속하고, 이 외에도 동이에 속하는 진(辰)·진(秦) 등 여러 민족이 있었다. 따라서 삼한은 중국 대륙의 내지로부터 한반도로 옮겨 들어간 고민족(古民族)인 것이다"고 주장한다.

이것은 단지 하나의 역사가 중국으로 넘어가느냐 마느냐 하는 문제가 아니다. 중국 견해를 따르다 보면 우리 역사의 기본적인 체계가 무너지고 만다. 한국민족은 예족, 맥족, 한족이 근간이 되었다. 예족은 부여와 동예, 맥족은 고구려, 한족은 삼한을 이루었다. 그런데 한반도 북부와 만주를 무대로 한 예족과 맥족의 역사를 모두 중국사로 가져가려 한다. 기자조선 – 위만조선 – 한사군 – 고구려 – 발해로 이어지는 역사가 모두 중국사라는 것이다. 그러면 우리 무대는 한반도 남부로 줄어들고 만다. 여기에 가야사를 임나(任那)라 해서 일본이 가져가면 우리에게는 신라와 백제만 남는다. 나아가 삼한 사람도 중국에서 건너왔다고 하게 되면 우리의 정체성은 흔적없이 사라지고 말 것이다.

이제 동북공정이 종결되었다고 해서 이런 왜곡 작업이 끝난 것은 아니다. 동북공정 사업 이전에 발해, 고구려 왜곡이 시작되었듯이 이후에도 그 작업은 계속 될 것이다. 동북공정은 단지 표면에 드러난 하나의 사업에 불과할 뿐이다. 갈수록 더 조직적이고 체계적으로 논리를 개발해나갈 것이다.

　동북공정 과정에서 표출된 역사논리는 우리가 꼭 기억해야 할 두 가지 큰 특징이 있다. 첫째는 처음으로 국가가 주도하고 나섰다는 점이다. 이전까지는 어디까지나 개별 연구자의 견해 차원이었다. 물론 중국에서는 체제에 거슬리는 의견을 제기하기 어려우므로 개인의 발표라 하더라도 집단이나 국가 견해를 대변한다. 그렇지만 이번에는 국가사업으로서 공개적으로 이를 조직화하고 체계화하려 하였다는 데에서 우려하지 않을 수 없다. 중국에서는 학자들 차원의 문제라고 해명한 적이 있으나 이것은 사실과 다르다.

　둘째는 중국 영토 안의 역사에 그치지 않고 국경을 넘어서 한반도 북부, 나아가 한반도 전체의 역사까지 넘본다는 점이다. 평양 천도 이후의 고구려사뿐 아니라 평양에 내내 있었다는 고조선까지 중국사로 다루기 시작하였고, 나아가 한반도의 민족 구성에 한족(漢族)의 요소를 끼워넣는 등 한국사 전체를 중국사로 흡수하려는 듯한 태도가 나타나고 있다. 이것은 유사시 북한에 대한 연고권 주장을 염두에 둔 것이라는 의심을 지울 수 없다.

　이 두 가지는 우리가 심각하게 생각해야 할 점이다. 그런데, 이들의 주장을 자세히 들여다보면 역사 해석에도 근본적인 문제가 있는 것을 발견할 수 있다. 중국의 역사 논리에서 두 가지 잣대가 편의에 따라 적용되거나, 강자의 우위만 대변하고 있는 것이다. 한 마디로 말해서 상대방을 배려하지 않는 자기중심적인 사고를 그대로 표출하고 있다. 예를 들어 단군신화와 같은 한국 신화는 신빙성이 없다고 치지도외하면서 중국의 건국신화는 역사적 사실로 인정한다. 자기 것은 믿을 수 있고 남의 것은 믿을 수 없다는 식이다. 연구자의 입장에서는 바로 이러한 논리적 허점을 파고들어야 그들의 주장에 제대로 대응할 수 있을 것으로 생각된다.

첫째, 영토론과 속성론의 이중 논리이다. 중국은 자신의 현재 영토 안에서 일어난 과거의 역사는 모두 중국사라는 주장을 견지하고 있다. 이것을 영토론이라 부를 수 있다. 만주에서 일어난 부여, 발해, 고구려가 이 영토론의 희생양이 되었다. 그런데 중국 영토 밖에 있는 역사도 중국의 역사로 간주하고 있는 부분이 있다. 고구려가 평양으로 옮긴 이후는 영토론만으로 자신의 역사라 주장할 수 없다. 이리하여 고구려가 멸망한 뒤에 대다수의 주민이 중국으로 들어갔고, 중국에 항상 복종적이었다는 등 다른 논리를 내세운다. 이를 속성론이라 부를 수 있다. 고조선이 한반도 북부에 있었다고 하면서 중국의 역사라고 주장하는 것도 중국의 식민지라는 속성론에 입각한 것이다.

중국의 역사 논리에는 이 두 가지 시각이 섞여 있다. 현재의 영토 안에 있던 역사는 영토론에, 영토 밖에 있던 역사는 속성론에 의지하고 있다. 현재 영토는 당연히 중국 것이라고 하면서, 지금 외국 땅이 되어버린 투바공화국, 조어도, 남사군도는 원래부터 자신의 땅이라는 논리를 내세우는 영토 분쟁과 동일한 성격을 띠고 있다. 그렇다면 우리는 이를 이용하여 반론을 제기할 수 있다. 한반도에서 일어난 역사는 모두 한국사이고, 만주에서 일어난 부여, 고구려, 발해는 그 속성으로 볼 때에 한국사에 속하는 것이라고 반박할 수 있다.

중요한 점은 현재의 영토가 역사 귀속의 근거가 될 수 없다는 사실이다. 중국이 인도와 관계가 좋지 않을 때에 『서유기』로 유명한 당나라 현장법사가 불법을 구해서 방문했던 곳을 파키스탄으로 적기도 하였다고 한다. 당시에는 인도(천축국)였지만 지금은 파키스탄 땅이 되어 있기 때문이다. 이처럼 영토가 바뀐다고 역사가 바뀔 수 있겠는가. 석가모니가 태어난 룸비니는 현재 네팔 땅이 되었다. 그렇다고 누구도 석가모니를 네팔인이라 하지 않고 인도인으로 인식하고 있다. 칸트는 쾨니히스베르크

칼리닌그라드 위치(조선일보 2007. 12. 5)

출신인데 이곳은 2차대전후에 소련령으로 강제 편입되어 지금은 러시아연방의 칼리닌그라드가 되어 있다. 그렇다고 그를 러시아인으로 부르지 않는다.

둘째, 중국은 다수 중심의 논리에 기울어져 있다. 헌법에서 중국은 여러 민족이 공동으로 이룩한 국가로 규정하고 있지만, 실제로는 한족(漢族)이 역사의 주체이고 소수민족은 점차 여기에 흡수되어 장차 하나의 중화민족(中華民族)을 이룰 것으로 보고 있다. 이 사고를 역사 설명에도 그대로 투영시켜 '소수민족정권'이란 용어를 사용하고 있다. 다수와 소수를 구별하고 있는 것이다.

고구려가 멸망한 뒤에 다수가 어디로 갔는가 하는 점이 고구려가 어디로 귀속될 수 있는가를 설명하는 중요한 기준이 된다고 주장한다. 고구려인의 의사에 반하여 강제로 끌려갔는지 여부는 따지지 않는다. 중국 외부에서 정복해 들어간 민족은 인구 대비에서 볼 때에 한족에 비교할 수 없을 정도로 소수일 수밖에 없다. 요, 금, 원, 청나라가 이민족 왕조임에도 불구하고 이런 논리에 입각하면 중국의 역사란 결론이 나온다. 예를 들어서 요나라를 설명할 때에 '거란인이 건립하고 한족이 주체가 된 북방 대국'이라는 식으로 설명한다. 그런데, 원나라의 경우에는 영토로만 따지면 전통적인 중국 땅이 절대 다수를 차지하지 않는다. 이에 따라 원나라가 '대원(大元)'이라는 한자식 국호를 채택하고 한법(漢法)을 시행했다는 근거 등을 들어서 중국 역대왕조의 계보를 잇는 정통왕조라고 주장한다.

이것은 소수의 지배자가 아니라 다수의 민중이 역사의 주체라는 마르크스주의 사관을 그들에게 유리하게 해석하고 있는 것이다. 극단적으로 말하면 인구가 많은 집단은 항상 역사의 주체가 될 수 있다는 말이 된다. 또 인구가 많은 집단이 다른 집단을 정복하면 자신의 역사가 되지만, 소수 집단이 다수 집단을 지배해도 결코 자신의 역사가 될 수 없다는 논리적 모순을 안고 있다. 역사에서 다수와 강자의 논리만 남게 되는 위험성이 있다.

셋째, 지배자주체론과 피지배주체론이 교차되고 있다. 요나라를 설명한 부분은 마르크스주의에 입각하여 다수의 피지배자를 주체로 설정한 것이다. 발해에 대해서도 다수의 말갈족이 주체가 된 역사로 설명한다. 그러나 때로는 그 반대의 주장도 보인다. 기자조선과 위만조선이 중국의 역사라는 논리는 고조선의 주민이 아니라 기자와 위만이 중국에서 온 지배자였다는 데에 근거를 둔다. 두 가지 주체론이 자신의 편의에 따라 적

용되고 있는 것이다.

넷째, 정치와 학술이 교차되고 있다. 정치화되는 것을 반대한다면서 자신들의 연구는 정치 문제라고 강조한다. 마대정의 글 하나만 보아도 이런 모순이 보인다. "우리들이 종사하는 것은 학술 연구로 우리들은 일부 사람들과 일부 국가가 역사 문제를 현실화하고 학술 문제를 정치화하는 것에 반대한다."고 하면서, "첫 번째는 정치 의식이다. 이 공정의 직접적인 목적은 국가의 장기적인 통치와 오랜 안정을 위한 것이고, 국가 통일, 민족 단결, 변강 안정 등을 이러한 커다란 목적의 출발점으로 삼아야 할 것이다. 이 정치 의식은 이 공정으로부터 체계화되거나 시작될 수 있을 것이다."고 주장한다. 이처럼 한국측의 반론은 정치화하는 것이라 비판하면서 자신들은 정치의식에서 출발해야 한다고 강조한다. 한편에서 학문적 엄밀성을 의미하는 실사구시(實事求是)를 강조하며, 다른 한편에서는 정치성을 요구하고 있다.

역사의 분쟁은 동아시아에서만 일어나는 것이 아니다. 1992년에 독

마케도니아 역사 논쟁

Why is Greece Stealing the Macedonian History?

Historian and Professor Eugene Borza who is credited as "Macedonian specialist" by the American Philological Association, and who have done extensive studies regarding the ethnicity of the ancient Macedonians, had also presented in-depth analysis on the modern Greek position which claims that the ancient Macedonians "were Greek". In his *In the Shadow of Olympus* (p.91-92) Borza writes:

"Thus, **long before there was a sufficient ancient evidence** to argue about the ethnic identity--as revealed by language--of the ancient Macedonians, there emerged a "Greek" position claiming that the Macedonian language was Greek, and that thus the inhabitants were Greek."

The modern Greeks have therefore, developed a position that the Macedonians were Greek, **long before** there was sufficient ancient evidence to argue about their ethnicity. Yet although modern historiography had long abandoned this prematurely established "Greek" position, modern Greeks are still its most zealous defenders **despite** the overwhelming evidence available today, which overwhelmingly shows that the Macedonians were not Greeks but a distinct nation. Borza continues:

"For example, recent work describes the funerary stelae found in the tumulus covering the royal tombs at Vergina. These stelae date from the fourth and early third centuries, and the preponderance of names are Greek... The excavator of Vergina, Manolis Andronikos, in a useful summary of the epigraphic evidence, writes: *"In the most unambivalent way this evidence confirms the opinion of those historians who maintain that the Macedonians were a Greek tribe, like all the others who lived on Greek territory, and shows that the theory that they were of Illyrian or Thracian descent and were hellenized by Philip and Alexander rests on no objective criteria."* Manolis Andronikos Vergina:The Royal Tombs, 83-85."

립한 마케도니아와 이웃국가 그리스 사이에 벌어지는 역사 논쟁도 흥미로운 사례이다. 고대 마케도니아가 분리되어 현재 일부는 그리스 북부 지방이 되었지만, 나머지는 옛 유고 연방에서 떨어져나와 독립국가가 되었다. 이 때 마케도니아 명칭을 두고 그리스는 자신의 지방 명칭을 국명으로 사용하는 것이 부적절하다고 이의를 제기하였고, 이에 따라 옛 유고마케도니아공화국(Former Yugoslav Republic of Macedonia)이란 국명으로 유엔에 가입하였다. 또 국기 문양으로는 고대 마케도니아 왕릉에서 발견된 문양인 '16개 햇살의 태양'(Vergina Sun)을 채택하였으나 역시 이의가 제기되었다. 이리하여 현재는 햇살을 8개로 줄이고 태양 형태도 일부 수정하여 사용하고 있다. 2007년 초에는 마케도니아에 알렉산더라는 공항 이름을 채택함으로써 논쟁이 다시 불거졌다. 고대 마케도니아는 알렉산더대왕과 아리스토텔레스의 출신지이기 때문이다.

마케도니아공화국측 주장을 담고 있는 한 인터넷 사이트에서 '그리스는 왜 마케도니아 역사를 훔치는가?(Why is Greece stealing the Macedonian history?)'란 제목의 글이 올라와 있는 것을 발견하였다. 이것은 동북공정 문제가 불거진 초창기에 필자가 쓴 논문인 '중국의 한국고대사 빼앗기 공작'과 이를 영어로 번역한 'China's Attempt at "Stealing" Parts of Ancient Korean History'란 논문 제목을 연상시켰다. 역사를 빼앗고 훔치는 일은 동서양을 막론하고 어디에서나 일어나고 있다.

그런가 하면 터키와 몽골처럼 역사를 통해 친선을 다지는 경우도 있다. 2005년 7월에 터키 수상이 몽골을 방문했을 때에 돌궐(Turk) 비문을 찾아가 자기 조상의 역사라고 하였다. 몽골 땅의 동부에는 흉노족의 유적이 남아 있고, 서부에는 돌궐족의 유적이 남아 있다. 그러나 몽골에서는 아무런 반발도 없었고 오히려 우호적이었다. 터키는 비문에 이르는 고속도로를 건설해주고 박물관을 세워주기로 하였다고 한다. 터키는 멀리 유럽

동남부와 소아시아 반도에 있는 나라이다. 비록 그곳에서 수세기에 걸쳐 다양한 종족과 피가 섞였지만, 이들은 중앙아시아 선조로부터 피를 물려받은 순수한 터키인이라는 민족의식을 가지고 있다. 이런 두 가지 사례를 보면, 중국과 우리가 지향해야 할 바가 무엇인지 알 수 있다.

동북공정은 국내에서 중국에 대한 경각심을 불러 일으켰다. 당시에 서서히 불기 시작한 '반미친중'의 정서에 찬 물을 끼얹은 것이다. 중국으로서는 당혹스러웠을 것이다. 한국으로부터 거센 비판을 받을 줄을 미처 몰랐다는 후문이다. 중국식 역사관이 주변국가와 크게 마찰을 빚은 첫 사례일 것이다. 그런 점에서 중국의 일방주의적 역사관이 다른 나라의 반발을 불러올 수 있다는 사실을 처음으로 인식하는 계기가 되었을 것이다. 상대방이 존재한다는 사실을 비로소 깨달은 것이다.

우리에게는 한국사의 정체성을 숙고하는 전기가 되었다. 과거부터 너무나 당연하게 우리 역사로 여겨오던 고조선, 고구려, 부여, 발해가 왜 한국사인지, 왜 한국사가 되어야 하는지 논리적으로 설명해가지 않으면 안 되는 시점에 이른 것이다. 함께 살아온 부모가 과연 내 부모인지를 어느날 갑자기 논리적으로 설명하라고 하면 당황스러울 수밖에 없다. 그러나 이제는 그리 해야만 할 때가 되었다. 더구나 한 국내연구자가 신라정통론까지 제기하면서 고구려, 발해 등을 떼어내는 데에 나섰으니 학술적 정리가 필요한 시점에 와 있다.

2006년 12월에 멕시코를 여행하면서 갑자기 떠오른 생각이 있었다. 인디오는 멕시코 역사로서 당당히 자리매김 되고 있는데, 왜 인디언은 원주민(Native, First Nation)으로 불리면서도 미국이나 캐나다의 역사에서 제 자리를 찾을 수 없는 것인가? 이런 차이는 어디에서 연유된 것일까에 대해서 고민하다가 결국은 국가의 주체가 누구냐, 그 국민이 어디에서 정체성을 찾느냐 하는 데에 따라 달라진다는 결론을 얻었다. 미국이나 캐나다는 어디까지나 유럽인의 국가로서 인디언은 그야말로 소수민족으로 전락되어버린 데에 비해서, 멕시코 국민은 60%가 스페인인과 혼혈된 메스티소 (mestizo)임에도 이들은 스페인이 아닌 인디오에서 자신의 뿌리를 찾고 있다. 이처럼 역사의 귀속은 정체성과 직접 관련되어 있다. 우리가 누구인지, 우리 역사가 어디까지인지에 대한 우리 나름의 논리가 개발되어 있어야 한다. 앞으로 우리에 대한 정체성을 정립해갈 필요가 있다.

요령성박물관의 고구려실 영어 표기

인디오에서 자신의 뿌리를 찾고 있다. 이처럼 역사의 귀속은 정체성과 직접 관련되어 있다. 우리가 누구인지, 우리 역사가 어디까지인지에 대한 우리 나름의 논리가 개발되어 있어야 한다. 앞으로 우리에 대한 정체성을 정립해갈 필요가 있다.

2005년 4월에 하버드대학 옌칭도서관을 방문하였을 때에 그곳 사서가 한 말도 기억해둘 만하다. 세계에서 많이 받아들여지고 있는 미국 국회도서관 분류체계에 따르면 고구려는 분명 한국사로 되어 있다는 것이다. 고구려사는 어느 나라에서 발행한 책이든 도서관에서 한국사로 분류된다고 한다. 그러면서 발해사는 아쉽게도 중국사로 분류되어 있다는 말을 덧붙였다. 또 중국 사람들이 고구려사를 자기네 것이라고 하면서 막상 유네스코에 등재할 때에는 중국어 발음인 'Gaogouli'가 아니라 우리 발음인 'Koguryo'로 표기하였다. 그들이 미처 깨닫지 못하고 실수한 부분이다. 이런 조그만 일들을 모아나가면 고구려는 결코 우리 품을 떠나지 않을 것이다.

30장
나의 발해사 연구 여정

인기를 끌었던 대조영 드라마가 막을 내렸다. 사람들은 발해사를 전 공하는 필자가 그 드라마를 왜 보지 않는지 의아해 하지만, 전문가가 보면 줄거리에 몰입하지 못하고 어디가 잘못 되었는지 비평적으로 보기 때문에 재미가 없다고 둘러댄다. 사실 우리 사회는 사극에서 역사 지식을 얻는다고 생각하지만, 그 대부분은 허구에 불과하다. 드라마 대조영도 몇 줄 안 되는 역사 사실을 토대로 수개월 분량의 얘기를 꾸려냈다. 더구나 한 줌도 안되는 역사적 사실마저도 뒤틀려 있으니, 드라마는 재미로 봐야지 역사로 봐서는 안 된다.

드라마 대조영은 멀게만 느껴졌던 발해 역사를 가까이 다가오게 하였다. 지난 연말에 이 드라마를 즐기는 사람들로부터 발해 역사를 특별히 얘기해달라는 요청도 받았다. 조만간 중국이 발해 유적을 유네스코에 세계문화유산으로 등록하려 하면 그 관심은 더욱 커질 것이다.

아무리 그래도 발해에 대한 사람들의 열기는 드라마 주몽에 미치지 못하는 것 같다. 고구려에 대한 관심을 발해가 따라가기 어려운 것도 사실이다. 그만큼 우리에게는 거리감이 있는 역사이기도 하다. 사실 국립중앙박물관에 발해실이 처음 꾸려진 것은 2005년도에 용산으로 옮긴 뒤이다. 더구나 채울 유물이 없어서 복제품을 활용해야만 했다. 발해가 우리로부터 멀리 있었다는 사실을 잘 상징해준다.

필자가 발해사에 관심을 갖게 된 것은 벌써 30년이 넘었다. 고등학교 때부터 구상해서 지금까지 가지고 있는 좌우명이 있다. "남이 가지 않는 길을 가겠다"는 것과 "계구(鷄口, 닭주둥이)가 될 지언정 우후(牛後, 쇠꼬리)는 안 되겠다"는 것이다. 그래서 흔히 가려는 학과 대신에 국사학과에 진학했고, 거기서 발해사를 선택했다. 학부에 들어와서 처음에는 무엇을 연구할 것인가를 고민하면서 기마민족이나 샤머니즘에도 빠져보았으나 내 역량 밖이었다. 시베리아 샤머니즘에서 조금 가까이 시야를 돌리니 만주 땅이 보였고 거기에 발해가 있었다. 학교에서 우리 역사로 가르치지만 연구자가 거의 없이 허허벌판에 버려져 외로이 있었다. 그래서 그곳에 한 번 매진해보기로 마음 먹었다.

처음에는 어디부터 손을 대야 할지 막막했다. 남산에 있던 국립중앙도서관, 서울대학교 도서관, 국회도서관을 다니면서 논문과 저서의 목록을 작성하고 자료를 복사하는 일부터 시작했다. 두계 이병도 선생댁에 가서 책을 정리해드린 적이 있는데, 이 때에 두계 선생으로부터 1956년에 나온 정효공주 묘지명 관련 중국 논문을 구할 수 있었다. 그 자료를 건네면서 "김육불(金毓黻)이 아직 살아 있어"라고 하신 말이 기억에 남아 있다. 나중에 그것을 토대로 학부 졸업논문을 썼다. 1996년에 발해사 저서로 두계학술상을 받을 때에 당시의 추억을 떠올리기도 했다.

정해공주묘가 발굴된 육정산 고분군

　　중국잡지 『문물』에 실린 1973년 논문을 구하러 찾아다니다가 국립중앙박물관 도서실에 있는 것을 알게 되었다. 그런데 불온간행물로 취급되어 있었으니 복사는 커녕 일반 열람도 어려웠다. 마침 삼청동에 있는 경남대학교 극동문제연구소에 선배가 계셔서 편법으로 자료 복사 요청을 공문으로 발송한 뒤에 복사물을 구할 수 있었다. 복사물에는 불온간행물 표시의 도장이 페이지마다 찍혀 있었다. 당시에는 중국의 한자 간자체가 제대로 소개되어 있지 않아서 이를 읽는 데도 애를 먹었다. 홍콩에 사는 친척을 통해서 사전을 구해서 겨우 읽어나갈 수 있었다.

　　그렇게 돌아다니니 동료 학생들이 내 별명을 '송 발해'로 붙여주었다. 늦으막에 아들을 낳았을 때에도 이왕이면 발해와 관련된 이름을 짓겠다고 해서 진국(震國)에서 '진'을 따서 사용했다. 훨씬 나중에 알게 된 일지만, 연변대학의 발해사 원로연구자인 방학봉 선생은 별명이 '발해대왕', 일제시대에 발해를 연구했던 일본의 도리야마 기이치(鳥山喜一) 선생은 별

길림성고고연구소에서 만난 발해사 연구자들. 왼쪽부터 쑹위빈[宋玉彬],
한 명 걸러 왕샤[王俠], 필자, 엄장록(嚴長錄)

명이 '발해왕'이었다.

한편으로 학부에서 고고학을 부전공하면서 발굴 자료를 소화할 수 있는 힘을 키워나갔다. 1990년대 들어서 연해주에서 발해 유적을 발굴할 수 있었던 것도 이 때의 경험이 바탕이 되었다. 제일 많이 선택한 과목은 우리 학과 것이 아니라 고고학과 김원용 선생의 강의였을 정도로, 고고학과 연구실을 부지런히 드나들었다.

1983년부터는 홍콩의 삼련서점을 통해서 중국 잡지를 구독하기 시작했다. 중국이 적성국가였으니 홍콩에서 보내온 잡지나 서적이 정보기관에 수시로 압수되곤 했다. 1997년 5월에 발해, 부여 유적을 답사하고 마지막으로 장춘에 있는 길림성고고연구소를 방문했을 때였다. 만주국 황궁을 돌아본 뒤에 그 안에 있던 고고연구소를 한참 망설이다 들렀다. 중국 연구자와 만나면 대뜸 무엇 때문에 왔는지 경계를 하고, 오히려 우리가 보고자 하는 일을 방해할 우려가 있기 때문이었다. 그러나 발해사 연구자인 연구소 소장의 대우는 천만 뜻밖이었다.

내 논문을 읽었다고 하면서 저녁을 내기까지 하였다. 나중에 안 일이지만 그 소장은 암 투병중이었는데도 불구하고 나를 특별히 대해주었고, 그 후에 얼마 안 있어 작고하였다. 저녁 식사에는 쇠고기를 비롯해서 말고기, 양고기 등으로 만든 갖가지 만두가 나왔다. 그 자리에서 이런 말을 했다. 1980년대까지 나는 한국에서 적성국가 자료라고 해서 압수당하면서 고생고생해서 발해사를 공부했다. 중국과 문호가 트여서 1990년에 그리던 발해 땅을 처음 밟기 시작했는데, 이제는 중국에서 나를 한국 사람이라 해서 박대를 하며 보여주지를 않는다.

이런 취지의 말을 하면서 술을 엄청 마셨다. 중국이나 러시아의 연구자들과 속마음을 털어놓을 수 있는 것은 술자리에서이다. 내가 위장이 좋지 않기 때문에 그것이 항상 부담이 되었다. 여행 꾸러미에 술 깨는 약이 빠지지 않았다. 1991년 훈춘에 갔을 때에도 술을 무척 들이켰다. 나중에 들어보니 나를 시험해보았다는 것이다. 장춘에서도 얼마나 마셨던지 호텔 방에 돌아와 도저히 견딜 수 없어서 혼자 택시를 타고 병원 응급실에 갔다. 약을 먹었지만 밤새 잠을 못 이루고 고통스럽게 보내다가 북경행 비행기를 탔던 기억이 생생하다.

이런 내 호소가 먹혔던지 그 자리에 동석했던 한 연구자가 발해 유적발굴 책임자가 되어 다른 한국학자를 통해서 내게 연락을 했다. 내가 오면 현장을 보여주겠다는 것이다. 물론 비공식적이고 사진도 찍을 수 없었지만 누구도 경험하지 못한 대접이었다. 그렇지만 대부분의 유적은 지금도 도둑처럼 살짝 들어가서 사진을 열심히 찍고 부리나케 빠져나오는 형편이다. 발해 왕비 묘지명이 두 개나 발굴된 지 몇 년이 지났는데, 아직도 공개하지 않고 있을 정도로 폐쇄적이다. 사료 몇 자에 따라 크게 요동치는 것이 고대 역사 연구인데도 말이다.

처음에는 발해 유적만 답사하다가 점차 고구려, 부여 유적으로 확대하였고, 더 나아가 선비, 거란 등의 유적까지 포함하여 만주의 주요 역사 유적으로 폭을 넓혀갔다. 2007년 8월에는 저 멀리 가장 북쪽에 있는 선비족의 발상지 알선동(嘎仙洞)을 비롯하여 러시아와의 접경도시인 만주리(滿洲里)까지 다녀왔다. 1990년에 시작해서 2007년까지 15차례의 답사로 가고 싶은 만주의 역사 유적 방문을 일단락 지을 수 있었다. 매번 2500~3000km를 달리는 힘든 여정이었다. 2000년 9월에 압록강 끝에서 두만강 끝까지 국경선 답사를 할 때에는 보통 때도 야윈 내 몸이 3kg이나 축나고 말았다.

이렇게 해서 멀리 동쪽으로 러시아 국경과 접하고 있는 동녕(東寧)의 발해와 북옥저 유적에서 북쪽으로 알선동 선비 유적, 서쪽으로 적봉의 선사 유적, 남쪽으로 요동반도와 압록강변의 고구려 유적, 중앙에 있는 부

여 관련 유적들까지 두루 돌아보았다.

제대로 발해사를 연구하려면 역마살이 끼어 있어야 한다. 갈수록 컴퓨터 세대가 되어 혼자만의 공간에 눌러앉아 연구하는 버릇이 들어가는 것 같다. 움직이길 싫어하는 사람은 고대사를 할 자격이 없다. 현장에 가지 않고 상상만의 역사를 할 수는 없다. 기록이 적은 고대사는 더욱 그렇다.

3학년을 마치고 군복무 겸해서 잠시 쉬면서 여유를 가질 기회가 있었다. 그 무렵에 아르바이트를 하면서 두 달 월급 8만원을 받아서 책 한 권을 구했다. 그것이 『세계고고학사전』(평범사)이다. 학생 부모가 재일교포라서 일본 현지에서 사서 부쳐달라고 했던 책이다. 당시만 해도 외국에서 수입되는 책들은 검열을 받았다. 내가 필요한 부분은 북한, 중국, 러시아인데, 이곳은 칼로 도려지거나 검은 매직으로 짙게 지워져 있었다. 그래서 굳이 일본으로부터 원본을 구한 것이다.

이런 식으로 일본 자료를 통해서 러시아의 발해사 연구 정보를 처음 접할 수 있었다. 특히 에. 붸. 샤프쿠노프 선생이 쓴 책이 일본 연구자에 많이 인용되는 것을 보고 백방으로 구하려 노력했다. 마침 그 책이 경도대학 도서관에 소장된 것을 알게 되었고, 서울대학교 도서관을 통해서 복사 신청을 해서 받았다. 그 책이 바로 에. 붸. 샤프쿠노프 선생의 박사후보논문(깐디다뜨)인 『발해국과 연해주의 발해 문화 유적』(1968)이다.

받고보니 읽을 길이 막막했다. 그래서 1981년 대학원에 들어간 뒤에 마침 언어학과에 개설된 학부 1학년생용 러시아어 강좌를 수강했다. 러시아학과가 생긴 것은 훨씬 뒤의 일이었다. 문법이 워낙 어려워 고생이 참 많았고, 강의를 나오시는 선생님도 깐깐했던 기억이 있다. 사전도 없어서 북한에서 발행된 조로사전, 로조사전을 복사한 것을 또 복사해서 제대로 보이지 않는 것을 이용했다. 북한 논문도 쉬쉬 하며 몰래 복사해서 보던 시절이었다. 지금은 러시아어에 능숙한 고고학 연구자들이 많이 활동하고 있으니 금석지감을 느끼게 한다.

복사한 것만으로는 도판 사진을 제대로 활용할 수 없었다. 그래서 다시 경도대학에 마이크로필름 제작 신청을 해서 받았다. 그 다음 문제는 제대로 인화할 곳을 찾는 일이었다. 겨우 경향신문의 문화부장님에게 부탁해서 조그만 사진들로 인화할 수 있었다. 이런 과정을 거쳐 그 책의 일부를 번역하여 1985년에 소개할 수 있었다.

이렇게 해서 연해주의 발해 유적은 대충 파악할 수 있게 되었지만, 도대체 어디에 있는지 소재지를 파악할 만한 지도를 구할 수가 없었다. 국내에서는 그만큼 자세한 지도가 없었다. 다시 한 번 선배의 신세를 졌다. 지금 경남대학교 교수로 계신 선배가 미국에 유학중이었고, 그 선배에게 부탁해서 지도도서관에서 연해주 지도를 조각조각 복사한 것을 우송받을 수 있었다. 그 조각들을 이어붙여서 전체 지도를 만든 뒤에 당시에는 값비싼 전지 복사를 해서 다시 지도를 완성할 수 있었다. 그러나 지명이 너무 바뀌어서 유적지 위치를 확인하는 작업은 1992년 처음 연해주 땅을 밟은 뒤에야 가능하였다.

그 뒤로부터 2007년 10월에 북한학자들과 학술회의를 하기 위해서 블라디보스톡을 방문하기까지 13차례 연해주를 밟았다. 그 사이에 아브라모프카 말갈 주거지를 비롯하여 마리야노프카 발해 성터 등을 발굴할 수 있었다. 한 여름인데도 텐트 안에서 잠을 자다보면 새벽에 이슬 내리는 소리가 비가 오는 것으로 착각하게 만들 정도였다. 장이 탈나면 찬 새벽 기운에 며칠이고 수그러들 줄을 몰랐다. 그럴 경우에 러시아인들은 보드카 한 글라스에 소금을 타서 원샷 한다고 해서 따라 했다가 고생만 한 적도 있다.

그러나 그 너른 땅에 사람들이 적게 살았던 덕택으로 유적지 흔적이

■ 연해주 발굴 현장에서의 필자(2007. 8)

고스란이 남아 있는 것이 신기했다. 1500년전 말갈인들이 살았던 집자리가 지금도 움푹 패인 채 남아 있어 육안으로도 쉽게 구별이 갈 정도였다. 질경이가 우리 땅에서 보는 것보다 훨씬 크게 자랄 정도로 옥토로 덮힌 곳이다.

이 모든 경험은 고합그룹을 이끌었던 장치혁 회장의 뒷받침으로 가능할 수 있었다. 이렇게 해서 1990년대는 러시아 연해주의 발해 유적을 탐험하면서 실상을 파악하는 단계였다고 한다면, 21세기에 들어와서는 연해주를 연구하는 전공자가 다양하게 증가하는 단계로 접어들었다고 할 수 있다. 2007년 여름에만 해도 네 팀이 발굴에 참가했으니, 국립문화재연구소에서 말갈 및 발해 유적을 발굴했고, 한국전통문화학교 정석배 교수가 발해 무덤과 북옥저 집자리를 발굴했고, 부경대학교 강인욱 교수가 철기시대 집자리에서 고고학 연구에서 아주 중요한 철기유물을 발굴해 냈고, 동북아역사재단에서도 발해 성터를 따로 발굴했다. 이제는 팀도 많아졌고, 발해에만 집중되었던 것이 초기철기시대까지 확대되었다.

문제는 북한이다. 중국에서는 오지 말라고 하지만 북한은 아예 가지도 못하니 발해 실상을 파악하는 데에 큰 애로가 된다. 발해 땅은 지금의 만주 동부와 북한 함경도 지방, 러시아 연해주에 걸쳐 있었다. 더구나 5경의 하나인 남경남해부가 있던 성터가 함경남도에 있다. 그런 곳이 공백지대가 되어 있으니 지장이 없을 리가 없다. 지금으로서는 구글 사이트를 통해서 인공위성 사진으로 내려다보는 수밖에 별 도리가 없다.

발해의 동경용원부는 현재 훈춘의 팔련성에 있었다. 이것이 통설인데 근래에 북한에서는 함경북도 청진으로 끌어들이고 있다. 발해 동경에 속해 있던 염주의 소재지로 연해주 포시에트만에 있는 크라스키노 성터로 지목되고 있고, 일본으로 가던 사신이 배를 타던 항구가 바로 이곳이라고 생각해왔다. 그런데 북한에서는 겨울에 포시에트만이 얼기 때문에 배를 탈 수 없다고 주장하면서 청진설을 들고 나온 것이다. 발해에서 일본으로 갈 때에는 북서계절풍을 이용하기 위해서 초겨울에 출발했기 때문이다. 필자도 이 주장에 솔깃해서 크라스키노 발굴 현장에 가서 러시아 학자에게 물었더니 겨울철에 포시에트만이 얼지 않는다고 한다. 주변과 염도가 달라서 이곳만 얼지 않는다는 것이다. 북한학자들도 그곳에 가보지 않고 머리 속으로만 주장한 것을 알 수 있다. 현지 답사가 얼마나 중요한지를 실감할 수 있다. 북한의 발해 유적을 답사해야만 하는 이유가 바로 이 때문이다.

발해 역사와 관련된 종이 기록이 함경북도 개심사에서 1980년대에 발굴되었다고 하는데, 아직도 번역문만 소개되고 한자 원문을 알 수가 없다. 얼마전 북한학자에게 물었더니 잘 모르겠다고 하길래, 돌아가거든 그 원문을 찾아서 북한 학술지에 소개해달라고 부탁했다.

발해사 연구는 쉽게 하기 어렵다. 그러기에 우리 역사라고 하면서 제대로 손을 대지 못했던 것이다. 문헌 기록이 적어서 문헌사뿐 아니라 고고학 자료도 소화할 수 있는 능력을 키워야 한다. 발굴 보고서의 작성 과정과 속성을 이해하지 않고 입맛에 맞는 자료만 취해서는 제대로 된 연구 결과를 내놓을 수 없다. 여기에 언어의 습득도 중요하다. 발해사 연구는 중국과 러시아, 일본에서도 이루어지기 때문에 최소한 이들 언어로 된 자료를 읽어나갈 수 있어야 한다. 한문뿐 아니라 중국어, 러시아, 일본어 능력을 습득해야 한다.

나아가 그들과 토론할 수 있도록 말도 제대로 할 수 있어야 한다. 우리 세대의 어학 교육이 그러했듯이 필자는 자료를 읽을 정도만 되지 말을 하지 못해 항상 답답하게 생각해오고 있다. 옛날에는 중국이나 러시아를 간다는 생각조차 하지 못하였으니, 그렇게 갑자기 문호가 열릴 것이란 기대를 전혀 하지 못했던 것도 한 원인이다. 그러나 이제부터의 연구자는 이것도 겸비되어 있어야 한다.

만일 그렇게 된다면 한국사의 시야에서가 아니라 더 폭넓은 시야에서 우리 역사를 바라볼 수 있다. 그런 준비가 학부 때부터 이루어지지 않으면 이미 늦게 된다. 그래서 대학원생 가운데 발해사를 연구하겠다고 해도 꼭 권하지는 않는다. 연구의 어려움을 알고 있고, 미리 연구 토대를 마련하지 않으면 힘들다는 것을 알기 때문이다.

학부에서 고고학을 부전공하라고 학생들에게 권하곤 했는데, 이제는 학부 4학년 마지막에 가서 대학원에 갈까 말까를 정하니 준비된 대학원생을 얻기가 참 어렵다. 주지하다시피 고대사는 문헌기록이 적은데, 금석문처럼 새로운 사료를 발굴하길 고대하며 마냥 앉아있을 수만은 없다. 고대사 연구의 광맥은 고고 자료에 있는 것이다. 그렇지만 그를 제련할 수 있는 기술이 없으면 아무런 쓸모가 없다.

중국과 러시아를 다니면서 발해사에 대한 시각 충돌을 매번 경험했고, 동북공정이 일어나기 훨씬 전부터 그들의 역사 왜곡을 목격해왔다. 그래서 국내 연구자보다는 외국 연구자를 설복시킬 수 있는지를 항상 생각하면서 논문을 써왔다. 그 결과 그들로부터 객관적인 연구라는 평가를 듣기도 하였다.

최근에 중국에서 간행된 『발해국사』(2006)를 읽다보니 나에 대한 비판이 많이 들어 있었다. 저자를 보니 70세의 노학자 웨이궈중[魏國忠]이었다. 2001년 3월 하얼빈에서 비공개로 열린 발해사 학술회의 토론에서도 격론을 벌인 적이 있었다. 토론 중간에는 젊은 학자들이 한국학자에 제대로 대응하지 못한다고 질책을 했던 연구자이다. 그는 발해사가 중국사라는 주장을 앞장 서서 내세우고 있는 원로 연구자이다. 중국측의 주장을 비판한 내 논문에 많은 공박을 했지만, 내가 보기에는 객관적인 비판은 아니었다. 몇 개월전에 서울대박물관장에 당사자가 들린 적이 있어서 웃으면서 나를 많이 비판했다고 말했더니, 학술적인 비판은 좋은 것이라고

■ 크라스키노 성터의 온돌 유적(2005. 8)

웃어 넘겼다.

중국의 역사관 근저에는 발해사, 고구려사가 아니라 소수민족 문제가 도사리고 있는 것도 깨달았다. 그래서 동북공정이 불거지자마자 그 동안의 경험을 토대로 『역사비평』(2003)에 「중국의 한국고대사 빼앗기 공작」이란 글을 실었다. 그리고 그를 발전시켜 한·중·일 삼국의 역사 분쟁과 영토 분쟁을 폭넓게 다루어 『동아시아의 역사분쟁』(2007)이란 책으로 냈다.

그동안 발해사란 좁은 주제를 깊게 파들어가면서 논문을 써왔는데, 이제 50대로 넘어선 뒤에는 지금까지의 연구성과를 정리하면서 새로운 전환을 모색하고 있다. 한 번은 깊게 파보았으니, 이제는 넓게 섭렵해 보겠다는 생각이다. 그래서 10여년 전부터 『삼국사기』에서 시작해서 『고려사』를 거쳐 『조선왕조실록』에 이르기까지 틈틈이 읽으면서 자료를 뽑아왔다. 1980년대부터 염두에 둔 생활사에 대한 관심의 일환이었지만, 넓게는 한국적인 것을 찾고 그 뿌리가 어디에 있는지를 탐구하는 작업이다. 외국에 다녀보면 한국은 중국이나 일본의 아류로만 취급되고 있는 것을 실감할 수 있다. 이들과 다른 우리적인 것을 찾는 작업은 이래서 시작되었다.

그 하나로서 『한국 고대의 온돌』(2006)이란 연구서를 냈다. 한국문화를 대표하는 온돌의 기원과 전파를 밝히는 작업이었다. 다양한 주제로 지금 『토목학회』 잡지에 3년 동안 매달 글을 연재해오고 있고 앞으로도 3년 정도를 더 연재해야만 마무리가 될 듯하다. 우리 역사를 '인간과 자연', '가족과 혼인', '사회와 신분', '국가와 제도', '외교와 이민족'이란 다섯 개의 범주로 나누어 지금까지 독서해온 자료를 토대로 정리하고 있다. 그렇게 되면 넓게 바라 본 우리 역사를 마무리할 수 있을 것 같다.

어디 있냐, 부여야!

2004년 8월 2일부터 11일까지 열흘 동안 요북지역과 길림성 중부를 답사했다. 요령성 심양에서 출발하여 길림성 농안 북쪽까지 갔다가 돌아오는 도합 2,100여km의 강행군이었다. 중간에 갑자기 불면증 증세가 나타나 내 개인적으로는 어느 해보다도 고생스러웠다. 집에 돌아와보니 몸무게가 2kg 가량 빠져 있었다.

그러나 부여와 관련된 유적들을 실견해보았다는 점에서 아주 만족스런 답사였다. 특히 출발 직전인 7월 29~30일에 공주박물관에서 열린 한국고대사학회 학술회의에서 「부여사 연구 동향과 쟁점」이란 글을 발표한 터라서 당시의 의문점을 현장에서 직접 확인한 것은 발표문의 보강이란 측면에서 의미가 남달랐다.

후기 왕성을 찾아서

　부여 전기의 왕성이 현재의 길림시에 있었다는 사실은 동단산(東團山)·
남성자(南城子)고성과 모아산(帽兒山)고분군이 확인되면서 거의 수긍되고 있
다. 그러나 346년 이전 어느 시기에 서쪽으로 옮겨갔다는 후기 왕성의
소재지에 대해서는 의견이 좁혀지지 않고 있다. 기왕의 주장에는 농안(農
安)의 홍안고성(農安古城)이나 만금탑고성(萬金塔古城), 창도(昌圖) 사면성(四面城),
서풍(西豊) 성자산산성(城子山山城), 사평(四平) 일면성(一面城), 요원시(遼源市) 일대
등이 지목되어 왔다. 이번에 이 후보지들을 모두 다녀볼 수 있었다.

　답사 5일째인 8월 6일 오후, 개원(開原)에서 점심을 들고 창도 서쪽에
위치한 사면성으로 향했다. 이날따라 하늘이 맑아 새파란 하늘을 드러냈
고 바람도 불어서 시원하였다. 전에는 주로 8월 중순에 만주를 다녀가서
날씨가 대부분 이렇게 청명할 줄 알았는데, 이번에는 8월 초순으로 앞당
겨 와보니 흐린 날이 많았다. 이곳에서는 장마철이 8월 초까지 이어진다
고 하니, 앞으로는 8월 중순 이후로 날짜를 잡는 것이 좋을 것이다.

　이번 답사에서 새롭게 또 하나 느낀 것은 요령성의 개발 붐이었다. 가
는 곳마다 도로를 파헤쳐 포장공사를 하고 있었다. 그러나 우회로 대책
도 없이 길을 폐쇄하고 돌아가라고만 하니 가까운 길도 시간을 예측할
수 없었다. 길림성 도로는 이미 잘 포장되어 있는 반면에 요령성 도로는
이제 막 정비되고 있었다.

　도로 안내판이 제대로 갖추어져 있지 않아서 운전기사는 일일이 행인
에게 물어서 목적지를 가야했기 때문에 이 역시 시간을 잡아먹는 요인이
되었다. 그래서 나중에는 현지의 지리를 잘 아는 택시를 대절해서 앞세
우고 찾아다녔다. 창도를 거쳐 만정(滿井) 삼거리에서 왼쪽 길로 가야 하
는데 오른쪽 길로 가는 바람에 시골길을 물어물어 에돌아 사면성까지 2
시간이나 소요되었다. 돌아올 때의 시간에 비하면 두 배 이상이 걸렸다.

　사면성은 창도에서 27km 떨어진 아주 조그만 시골 마을이었다. 큰 길 옆에 '고성유지(古城遺址)'라 쓰인 문을 지나 100m 정도를 들어가자 시멘트로 만든 사면성지 안내판, 그리고 성급문물보호단위(省級文物保護單位)임을 알리는 돌 안내판이 눈에 들어왔다. 안내문에는 "불규칙한 방형으로 남벽 314m, 서벽 510m, 북벽 400m, 동벽 584m이고, 남·북에 두 개의 문이 있으며, 동·북벽에 해자[護城河]가 있다. 요대(遼代) 통주(通州) 치소였고 금대(金代) 귀인현(歸仁縣) 치소였다"고 설명되어 있다. 성벽은 동북벽과 북벽이 잘 남아 있었다. 북벽 중간에는 옹성 흔적도 보였다. 동북 모서리로는 하천이 스쳐 지나가고 있는데 성벽 모서리에 올라서자 하천과 비교되어 제법 높아 보였다. 성 내부에는 사람키를 훌쩍 넘긴 옥수수들이 자라고 있었다. 평지성인데도 동쪽이 서쪽보다 낮아서 성 전체가 동쪽으로 기울어진 모습이었다. 45분 가량 서벽-내부-동벽-북벽-서벽으로 돌아보고 귀로에 올랐다.

　사면성을 다녀오니 이곳의 지형이 선하게 떠올랐다. 완전한 평지가 아니고 아주 나지막한 구릉이 이어졌다. 그러고 보니 지도책의 지형이 눈에 들어왔다. 요령성의 주요 도시들인 안산(鞍山), 요양, 심양과 무순, 철령으로 이어지는 선이 동부 산지와 중부 대평원지대의 경계를 이루고 있었다. 동부 산지에서 대평원으로 나오는 길목에서 도시들이 발전한 것이다. 물론 산지에서 흘러나오는 강물도 도시 성립의 주요한 요인이 되었다. 고구려 산성도 바로 이러한 선을 따라 1차방어선이 구축되어 있다. 그리고 이보다 평원쪽으로 조금 더 나아간 곳에 창도의 사면성처럼 요·금시대의 성들이 자리잡고 있다. 이처럼 평지에서 일어난 요·금과 산골에서 일어난 고구려가 선호하는 입지 조건이 서로 비교되는 것을 알 수 있다.

　다음날 아침 철령을 출발하여 건재장촌(建材場村) 석관묘 고분군과 이가

성자산산성 입구

태(李家台) 유적을 거쳐서 오후 3시에 양천(凉泉)에 도착하였다. 성자산산성(城子山山城)을 들르기 위해서였다. 지도에 풍경구(風景區)로 표시되어 있기에 유람지역인 줄 알았더니 무척 접근하기 어려운 오지였다. 우리가 탄 버스도 조금 가다가 연반하(碾盤河) 하천이 나오니 걸음을 멈추었다. 더운 여름날 그냥 걸어가기로 하였다. 도중에 돌을 나르는 마차를 만나 올라탔지만 너무나 덜컹대서 엉덩이가 아파 다시 내렸다. 걷다가 하천 자갈 사이에서 우연히 10원짜리 동전을 주웠다. 누군가 우리나라 연구자가 이 길을 우리처럼 고생하며 걷다가 흘린 것이리라. 걷다가 너무 힘들어 우당탕탕 하는 마차에 다시 올라탔다. 이렇게 계곡을 따라 한참 들어가야 산성 입구가 나온다. 다른 고구려 산성과 다르게 최진보산성(催陣堡山城)과 이 성이 유독 산골 깊숙히 자리잡고 있다고 한다.

산성 가까이 가서도 위치를 몰라서 이 골 저 골을 뒤지다가 마침내 서문지(西門址)에 도달하였다. 역시 성급문물보호단위로 지정된 안내 비석이 좁은 골짜기 초입에 서 있었다. 주변에는 구멍이 패인 문저귀와 붉은 색

기와편이 눈에 뜨였다. 모두들 지쳐 있어 더 이상 안쪽으로 들어갈 엄두를 내지 못하였다. 고개를 들어보니 산 중턱에 문쪽을 향해 내려오는 성벽이 나무 숲 사이에 조금 자태를 드러냈다. 둘레가 10여km나 되는 성벽이 산자락을 타고 펼쳐져 있다고 한다. 왕멘허우(王綿厚)를 비롯한 요령성 연구자들이 이곳을 후기 부여 왕성으로 비정하고, 일부 국내연구자도 이 견해를 따르고 있으나, 일단 와보니 이런 오지에 왕성이 존재할 리가 없다는 확신이 섰다. 돌아오는 길에는 사슴농장에 있는 트럭을 빌려타고 버스가 기다리고 있는 곳까지 무사히 도착할 수 있었다. 정작 성 내부는 들여다보지도 못하였지만 도합 2시간 15분이 소요된 힘든 답사 길이었다.

이 날 밤 길림성으로 넘어가 요원(遼源)에서 묵었다. 나지막한 고개를 넘어 길림성으로 들어서니 도로도 4차선으로 확장되어 시원하게 달릴 수 있었다. 요원시도 생각보다 크고 깨끗한 것을 느낄 수 있었다. 무척 활기차고 부티가 나는 도시였다.

모처럼 잠을 푹 자고 일어났다. 이 도시에는 고구려 성이 세 개나 있다. 우리가 묵은 요원빈관이 산 위에 있어서 가까이에 있는 용수산성(龍首山城)이 눈 앞에 내려다 보였다. 지금은 용산공원(龍山公園)으로 변하여 많은 사람들이 드나드는 번잡한 곳이 되어 있었다. 성벽은 동요하(東遼河)가 내려다보이는 곳에 약간의 흔적이 있는 듯 보였지만 확실하지 않았고, 성 내부에서 고구려 기와편들이 산발적으로 발견되는 것 외에는 자취를 찾기가 어려웠다.

간단히 돌아본 뒤에 요원시 제1제약공장(百康藥業) 뒤쪽 산 위에 있는 성자산산성(城子山山城)을 찾았다. 칠일촌(七一村) 3대(隊)의 북쪽 산이라 하였지만 정확한 위치를 알지 못해서 택시를 대절하여 인도하게 했으나 엉뚱한 곳으로 가서 이 산성을 찾는 데에 많은 시간을 허비했다. 물 텀벙이 여기저기 생긴 마을 진창길을 지나 산에 오르자 동쪽 성벽이 바로 눈에 들어왔다. 토성벽을 올라서니 안에 계곡을 품고서 산 능선을 따라 둥글게 돌아가는 것이 보였다. 남쪽으로 계곡이 열린 곳에 필시 정문이 자리잡고 있었을 것이다. 내부에는 나무들이 들어차 있었고 그 사이로 염소들이 풀을 뜯고 있었다. 서쪽 벽 밖으로는 해자로 생각되는 도랑 흔적이 보였다. 성벽을 거의 한 바퀴 돌아서 내부의 계곡으로 내려오니 정문 가까이에 우물이 하나 있었다. 조 밭 사이 길가에 있는 이 우물 곁에는 성터를 알리는 비석이 쓰러져 있었다.

마지막으로 공농산성(工農山城)을 보고자 하였으나 강을 건너가야 하는 번거로움이 따랐다. 일정이 촉박하여 강 건너에서 공농산만 확인하고 돌아섰다. 그 산 어디에 성터가 남아 있는지 확인하지는 못하였다. 이 날따라 아침 안개가 끼어서 시야도 무척 흐렸다.

요원을 나서니 통화(通化)까지 196km 거리라는 교통표지판이 보였다. 집안에서 통화를 거쳐 이곳 동요하 상류로 나오게 되면 곧이어 요하 평원으로 이어질 수 있는 교통의 요지였다. 이종수씨는 이 일대가 길림시와 지형이 비슷하다고 하여 부여 후기 왕성이 이곳에 있었을 것으로 길림대학 박사논문에서 주장하였다고 한다.

채람(彩嵐)유적과 서차구(西岔溝)유적을 들른 뒤에 서풍(西豊)에서 출발하였다. 중간에 도로가 폐쇄되어 시골길로 한참 우회하고나서 마침내 길림성 경내로 들어서니 고속도로처럼 잘 정비되어 있었다. 이제부터는 산지를 벗어나 평야가 펼쳐졌다. 오늘은 사평(四平)에서 묵었다.

8월 9일 아침에 일찍 출발하여 도시 동쪽으로 일면성(一面城)을 찾아나섰다. 결핵병원 부근에 성터가 있었으나 주택가로 변하여 흔적을 찾을 길이 없었다. 다만 일면성촌소학교(一面城村小學校), 일면성촌 간판을 통하여 이곳에 성터가 있었다는 사실만 추측할 수 있었다.

사평에서 서쪽으로 30km쯤 떨어진 곳에 창도 팔면성(八面城)이 있다. 8면의 석경당이 출토되어 이런 이름이 붙었다고 하는데 요(遼) 한주(韓州)와 금(金) 유하현(柳河縣)의 치소였다. 지도에는 사평에서 가는 것이 도로 사정이 더 좋은 듯이 표시되어 있지만 실제로는 도로가 아주 나빠서 택시도 갈 수 없을 정도라고 한다. 차라리 사면성에서 북쪽으로 올라오는 길이 더 낫다고 한다. 그래서 이번에 가려던 계획을 취소하고 말았다.

고속도로를 타고 장춘을 거쳐 농안으로 향했다. 낮은 구릉지대가 펼쳐지는 것이 사면성 일대에서 보던 지형 그대로였다. 그러다가 공주령(公主嶺) 부근에서 평원지대로 변했고 그 이후로는 주변에 계속 산이 보이지 않았다. 9시 조금 못되어 사평을 출발하여 10시 15분에 장춘에 도착하였으나 기사가 지리를 모르는 바람에 시내를 통과하는 데에 1시간을 허비하였다. 외곽을 벗어나니 아주 잘 닦여진 도로가 나왔고 이를 따라 45분만에 농안 시내에 도달하였다.

망망대해같은 이런 평야에는 의지할 산이 없는데 어떻게 사람이 살까 하는 생각이 들었다. 그러다가 평원에는 물에 의지하여 도시가 형성되고 산간지대는 산자락에 의지하여 도시가 형성되는 것이 아닌가 하는 생각이 들었다.

화과(火鍋, 샤브샤브)로 점심을 먹고 도심에 서 있는 요탑(遼塔)을 돌아보았다. 이 탑은 황룡로(黃龍路)와 보탑가(寶塔街)가 만나는 곳에 있으며 농안고성의 서벽 밖 100m 지점에 해당한다. 그러나 농안고성의 성벽을 확인할 길이 없어서 일단 만금탑향(萬金塔鄕)으로 갔다가 돌아오는 길에 다시 들렀다. 연변의 유연산이 쓴 기행문에는 성터 일부가 남아 있다고 해서 흩어져 찾아보았으나 발견하지 못했다. 할 수 없이 동네 노인을 앞세워 현장으로 향했다. 그러나 이 노인이 기억하는 곳도 이미 주택들이 들어차 있어 제대로 파악이 되지 않았다. 오물더미가 가득찬 주택가에 물없는 도랑이 지나가는 것이 남벽 밖의 해자 흔적처럼 보였다. 그 아랫쪽 하수가 흘러가는 곳에 흙더미가 보여 혹시 성벽 잔해가 아닌가 생각했으나 판축 흔적이 보이지 않았다. 다만 이 일대가 동남쪽 모서리에 해당하는 것은 분명한 듯했다.

　『농안현문물지(農安縣文物志)』를 보니 방형 성지이고 동벽 936m, 남벽 984m, 서벽 937m, 북벽 983m로서 전체 둘레가 3,840m라고 한다. 4벽 모두 한가운데에 문이 있었다. 이곳에서는 한대(漢代)의 도장이 출토되는 등 부여 후기의 왕성으로 비정되기도 한다. 발해 부여부는 부여 지역에 설치했는데, 거란 태조가 이곳에서 황룡을 쏘아 떨어뜨렸다고 해서 황룡부(黃龍府)로 개명하였다. 이 때문인지 거리 곳곳에서 '황룡'이란 글자가 보였다. 요탑이 있는 곳에 황룡로가 있고, 그 부근에 황룡요탑초대소(黃龍遼塔招待所), 황룡실목업(黃龍實木業), 황룡부상무가(黃龍府商貿街) 등의 간판이 눈에 뜨였다.

▌농안고성의 흔적

동북쪽으로 만금탑향으로 떠났다. 마침 이곳으로 가는 청년을 태우고 길라잡이로 삼았다. 30km의 거리에 40분 정도가 소요되었다. 길 양쪽에 자라는 키 큰 미루나무 가로수가 인상적인 도로이다. 이 길은 약간의 구릉성 평지라서 장춘을 거쳐 농안으로 왔던 것과는 인상이 달랐다. 이런 지형으로 보아서 내 눈에는 부여인들이 의지하기에 농안보다는 만금탑이 더 나았을 것 같아 보였다.

『농안현문물지』에는 향정부(鄉政府) 소재지에 성터가 있다고 했으나 가 보니 이전한 새 청사였다. 과거 향정부가 있던 만금탑우성시장(萬金塔羽城市場)을 가보았으나 역시 주택가로 변하여 성벽 흔적을 찾을 길이 없었다. 다시 돌아나와 합랍해(哈拉海) 26km라 쓰인 이정표가 있는 곳에서 주택가 뒤편으로 돌아가 성벽이 남아 있다는 곳에도 가보았으나 옥수수밭으로 변하여 찾을 수 없었다. 농로에 기와편 몇 개만 찾아볼 수 있었다. 이 성터가 이통하변(伊通河邊)에 있다고 한 사실이 기억이 나서 주민에게 물어보았으나 이곳에서는 보이지 않는다고 하였다. 기록을 보니 2.5km 거리에서 서남에서 동북으로 흘러간다고 되어 있다. 성벽은 판축한 방형 토성으로서 동벽 820m, 서벽 810m, 북벽 792m, 남벽 800m로 전체 둘레가 3,222m였다고 한다. 북벽으로부터 108m 거리인 동북쪽 모서리 방향에 요탑(遼塔)의 기초부분이 남아 있었는데 1968년에 여기서 지궁(地宮)을 발견했다고 한다. 이곳은 요(遼) 상주(祥州)의 소재지로 비정되는 곳이다. 거리를 헤매니 주민이 만금탑 모형이라고 하면서 탑을 하나 손에 들고 와서 구경을 하였다. 그러나 만금탑 모형은 아닐 것이다.

이렇게 해서 부여 후기 왕성으로 지목되는 곳들을 모두 돌아볼 수 있었다. 그 결과 그 어느 곳도 바로 이곳이구나 하는 생각이 들지 않았다. 또한 그 어느 곳에도 아직 부여 것이라 단정할 만한 유적이나 유물이 발견되지 않는 것도 수수께끼이다.

사면성, 일면성, 성자산산성 및 요원시 일대는 고구려가 평원지대로 나오는 길목에 자리잡고 있다. 만약에 이들 가운데 하나로 옮겨갔다고 한다면, 부여를 쫓아낸 '백제'의 정체를 고구려로 단정할 수 없게 된다. 고구려에 쫓겨갔는데 고구려쪽으로 내려온다는 것은 상상하기 어렵기 때문이다. 사면성과 일면성은 과거 연구자들이 추정한 곳으로 지금은 별로 지지를 받고 있지 않다. 요원시에 비정하는 것도 통화시로 이어지는 교통로를 생각하건대 고구려에 쫓긴 것이라면 이해하기 어렵다.

성자산산성을 답사한 결과 이런 오지에 왕성을 두었을 리가 없다는 생각이 강하게 일었다. 1700년의 세월 변화로 당시에는 그렇지 않았는데 지금은 오지로 변한 것일까도 생각해보았지만, 아무래도 왕몐허우[王綿厚]를 비롯한 요령성 학자들이 여기로 비정하는 이유를 이해하기 어려웠다. 연구사를 보면 의식적이건 무의식적이건간에 요령성 학자와 길림성 학자들 사이에 서로 자기네 관할권 아래에 비정을 하려는 경향성이 보인다. 여기에는 상대방 지역에 대한 정보가 어두운 것도 한 몫을 하는 것 같다. 성자산산성에 상정하는 것도 그러한 소산이 아닌가 하는 느낌이다.

이렇게 고고 자료로 확증이 되지 않는다면, 어쩔 수 없이 문헌에 무게중심을 두지 않을 수 없다. 이럴 때에 그 후보지가 농안고성과 만금탑고성이다. 그러나 이렇게 비정해도 의문점이 사라지는 것은 아니다. 다른 세력에 쫓겨서 서쪽으로 옮겨갔다고 하는데, 이런 허허벌판에 자리를 잡았을까 하는 점이 그것이다. 이통하를 통하여 송화강으로 이어지는 교통의 편리성을 염두에 두었을 것이라 해도 그 견해가 얼른 와닿지는 않는다.

결국, 후기부여는 어디에 있는지 찾지 못했다. 이렇게 현지 실사와 고고 자료로도 확증이 되지 않는다면, 결국은 문헌으로 돌아가 잠정적인 결론을 낼 수밖에 없다는 생각이다. 앞으로 이 문제는 4~5세기 부여 유적이 확인되어야만 돌파구가 열릴 것이다.

서차구(西岔溝) 무덤의 주인공

이번 답사의 두 번째 목적은 서차구 무덤의 주인공이 과연 누구일까 하는 점이었다.

답사 7일째, 요원시 요원호텔을 출발하여 먼저 채람유적으로 향하였다. 요원시 외곽에서 서풍 쪽으로 시원한 4차선 도로로 14km를 달리면 화원(花園) 이정표가 나오는데 여기서 좌회전하였다. 시골 도로였지만 포장도 잘 되어 있었다. 10km를 남쪽으로 내려오니 석역향(石驛鄕)이 나오고 삼거리에서 다시 왼쪽으로 접어들어 비포장 길을 3km 가니 채람 마을에 도달하였다.

『동요현(東遼縣)문물지』 기록과 도면만 믿고 찾아갔으나 도저히 어디인지 찾을 수가 없었다. 이 마을에도 고구려 부경(桴京)의 유풍(遺風)인 다락창고가 집마다 보였다. 옥수수를 저장하고 있었다. 어느 한 집의 뒤켠에 있는 다락창고 사진을 찍고서 작은 개울과 옥수수밭을 따라 북쪽으로 가니 민가 세 채가 떨어져 있었다. 이곳에도 집 옆에 다락창고가 만들어져 있었고 마당에는 돼지와 닭, 송아지가 사람과 함께 거주하고 있었다. 집 주위에 울타리를 치고 그 안에 돼지를 키운 데에서 집 '가(家)' 자가 만들어졌다고 하는데, 여기서 그런 모습을 유추할 수 있었다. 2000년에 환인(桓仁) 미창구(米倉溝)무덤을 보고 돌아오면서 한 마을에서 마당에 돼지를 키우고 가운데 생활집은 고상창고처럼 사다리를 타고 올라가는 형태를 한 가옥을 본 적이 있는데, 아쉽게도 일행의 재촉 때문에 사진을 찍지 못한 것이 두고두고 후회스러웠다.

이 민가에서 물어보니 뒤쪽 산에서 옛날에 유물이 출토되었다고 한다. 그러나 올라가보니 옥수수에 뒤덮혀 지표조사도 하기 어려웠다. 할 수 없이 포기하고 내려오니 주택가 주변에 토기편들이 흩어져 있었다. 납작한 손잡이인 판이(板耳)도 눈에 뜨였다.

이곳에서 서차구유적과 동일한 유물들이 출토되었다. 1979년 두 개의 장방형 토광수혈묘가 파괴된 채 발견되었는데, 이 무덤과 주민들로부터 수집된 유물이 180여 점이었다. 이 중에는 한대(漢代) 동경과 동전을 비롯 하여 철검[雙鳥回首形銅柄鐵劍], 금실이나 은실로 꼬아 만든 귀걸이[穿珠扭環耳墜], 도금한 청동빗, 투조 및 부조의 청동 장식[獸紋銅牌飾], 마구 등이 출토되었 다. 그 이후 아직 정식 발굴은 되지 않고 있으나 동병철검이나 귀걸이는 서풍 서차구나 유수 노하심(老河深)유적에서 발견된 것과 동일하였다.

이 유적에서 멀지 않은 곳에 서차구 유적이 있다. 길림성과 요령성의 경계가 되는 낮은 고개에서 아침에 준비해온 KFC 햄버거로 점심을 때 웠다. 고구려인들도 집안에서 통화, 요원을 거쳐 이 고개를 넘은 뒤에 서 풍 성자산산성에 도달하고 청하(淸河)를 따라 개원(開原) 등 평야지대로 나 아갔을 것이다. 따라서 일찍부터 고구려 영역에 편입되었을 것이니 부여 가 길림에서 이곳으로 이주해왔다고 보기는 어렵겠다는 생각이 들었다.

서풍 시가지를 지나고 낙선향(樂善鄉)을 거쳐 북쪽으로 개울을 따라가다 가 다리를 건넌 뒤에 집중촌(執中村)에 도착하였다. 낙선향에서 3km, 서풍 에서 9km, 채람유적에서 52km의 거리였다. 채람 유적이 동요하(東遼河) 유역에 있고, 서차구 유적은 구하(寇河) 유역에 있어서 서로 수계(水系)가 다 르지만 작은 고개를 넘으면 서로 통할 수 있는 지리적 위치에 있다. 따라 서 양자를 아우르는 커다란 세력이 전한시대에 이 일대에 형성되어 있었 던 것 같다.

이 마을에서 서쪽으로 500m 쯤 떨어진 산 위에 유적이 있었다. 정식 보고서가 나오지 않아서 정확한 위치를 알 수는 없었지만 산 위에서 만

난 마을 사람들 얘기가 정상부에서 과거 일본인들이 파묻은 금이 나온다
고 하는 것으로 보아서 그 일대일 것으로 추정되었다.

이 유적은 1956년에 발견되어 이 해에 발굴을 끝냈다. 8,000㎡의 면적
에 450~500기의 무덤이 있을 것으로 추정되었는데, 이 가운데 63기를
발굴하였다. 무덤은 모두 장방형 토광묘로 단인장이었다. 대량의 유물이
출토된 거대한 발굴이었지만 아쉽게도 1960년에 발간된 간략 보고 외에
는 그 실체를 파악할 길이 없었다. 다행히 요령성 문물고고연구소 톈리
쿤[田立坤] 소장의 말에 따르면 당시 발굴 자료를 정리해서 2006년에 보고
서를 낼 예정이라 하니 그 때쯤이면 제대로 전모가 드러날 것이다.

이 유적의 주인공이 당시에는 흉노로 추정되었으나 도중에 동호, 선
비, 오환이란 설도 제기되었다. 그러다가 1980년과 이듬해에 유수 노하
심유적이 발굴되면서 부여설이 추가되었다. 동병철검이나 금·은의 실
로 꼬아 만든 귀걸이 등이 동일하기 때문이었다. 이에 따라 그 후에는 부
여설이 주종을 이루게 되었다.

　　그런데 문제는 서차구·채람의 유적이 노하심을 비롯한 부여 중심지와 너무 떨어져 있다는 점이다. 더구나 부여 중심지에서는 노하심보다 이른 시기의 유적이 아직 확인되지 않는데, 이들 연대는 이보다 이르다는 점도 의문스럽다. 이 자료만 가지고 본다면 서차구와 채람 일대에서 부여가 세력을 형성한 뒤에 길림시로 옮긴 것처럼 된다. 이런 점에서 이들 유적의 성격을 재고해볼 필요가 있다.

　　비록 서차구·채람 유적에서 출토된 유물에 노하심과 통하는 것들이 있지만, 이번 답사를 통하여 토기에서 상당히 다르다는 사실을 알게 되었다. 서차구 유적에서 300여 점의 토기가 출토되었다고 하지만 1960년의 보고서에는 고작 6점만 사진으로 소개가 되었을 뿐이다. 따라서 지금까지는 이 사진을 중심으로 노하심 유물이나 선비 유물과 비교하였다.

　　그런데 다행히 철령시박물관에 서차구 유물들이 전시되어 있었다. 여기에는 철도(鐵刀) 6점, 철모(鐵矛) 5점, 동경 5점, 철검 4점[鐵柄劍 2, 銅柄觸角式劍

▍철령시박물관의 서차구유물

1, 銅柄劍 1], 청동 장식 2점[鷹虎牛相搏透雕銅飾牌 1, 鷹牛相搏透雕銅飾牌 1], 각종 청동기[銅鏃, 五銖錢, 銅環, 獸面銅飾件, 銅鈴, 騎士提俘銅牌, 動物紋銅牌], 장식품[綠松石管狀珠, 綠松石扁狀珠, 녹송석·유리구슬]과 함께 토기 9점이 보였다. 토기는 왼편부터 홍갈도관(紅褐陶罐), 회도배(灰陶杯, 연질), 회도소관(灰陶小罐), 홍갈도소관(紅褐陶小罐), 회도창구관(灰陶敞口罐), 회도배(灰陶杯), 홍도호(紅陶壺), 회도소관(灰陶小罐), 회도창구관(灰陶敞口罐)으로 나열되어 있다.

그런데 이 토기들은 노하심 보고서에서 본 것들과 달랐다. 부여 유적에서 특징적인 쌍이호(雙耳壺)는 보이지 않고 선비 유물에서 익히 보아왔던 자그맣고 검은 색을 띠는 도관(陶罐)들이 주류를 이루고 있다. 우리가 심양에 도착하여 들렀던 문물고고연구소 전시실의 북표(北票) 라마동(喇嘛洞) 토기와 비슷하다는 생각이 들었다.

북표 라마동 고분군에서는 1993년부터 1998년까지 삼연(三燕)문화시기의 무덤 420기가 발굴되었다. 금년『고고학보(考古學報)』2기에 보고된 1998년도 발굴 보고서에는 부여 등의 문화요소를 흡수한 모용선비(慕容鮮卑) 문화로 설명하였으나, 텐리쿤은『요령고고문집(遼寧考古文集)』에 실은 논문에서 유수 노하심고분군과 유사하고 삼연문화와는 다른 점이 많다고 하여 모용선비에 잡혀온 부여인의 무덤으로 추정하였다. 그러나 선비족에 잡혀온 부여인들이 독립적인 집단묘를 대규모로 조성할 수 있었는지, 병기(兵器)와 함께 화려한 유물들을 소유하고 부장할 수 있었을까 하는 의문이 든다. 다시 말해서 이들이 독자적인 세력집단을 이루었다는 말이 되는데, 포로로 잡혀온 마당에 그것이 과연 가능할지 회의적이다.

그 어느 쪽으로 보아야 할지 지금 당장 판단하기는 어렵지만, 이 유적이 선비와 부여의 요소를 모두 지니고 있는 것은 분명하다. 그런데 문물고고연구소에서 본 토기는 역시 선비적인 모습을 띠고 있었다. 조양(朝陽) 북탑(北塔)에서 발굴을 하고 있다가 급히 돌아온 텐 소장은 서차구 유적은 부여와 무관하다고 얘기하였다. 그러면서 서차구 → 노하심 → 라마동으로 이어지는 부여문화를 염두에 두고 있었다.

이렇게 본다면 조금씩 내용은 다르고 연구자마다 성격 규정이 다르다. 그런데 동료 채람유적, 서풍 서차구유적, 북표 라마동유적이 중국 장성(長城)을 따라서 분포하고 있는 점이 주목된다. 그런 점에서 전한시대에 흉노를 견제하기 위해서 장성을 따라 배치했다는 오환(烏桓)의 존재에 새삼 주목하게 된다. 텐 소장은 오환이 일찍 한화(漢化)되어 유적을 확인하기 어렵다고 하였지만, 부여와 선비의 양면적인 모습을 띠고 있는 이들 유적이 오환의 자취로 볼 수 있을 듯하다.

적어도 채람과 서차구를 아우르는 세력이 전한시대에 존재하였을 터인데, 이 정도 세력이라면 적어도 역사 문헌에 나와야 한다는 생각이다. 그리고 그것은 분명 길림시 일대의 부여와는 다른 독립된 세력이었을 것이다. 그 존재는 선비적인 토기에서 볼 때에 이에 가까운 존재, 즉 오환이란 생각이 든다. 이들은 가까이에 있던 예맥족으로부터 장검(長劍)같은 이질적인 문화를 받아들였을 것이다. 그런 점에서 이들의 정체를 부여로 보기는 어렵겠다는 결론에 도달하게 된다.

글을 맺으며

10일간의 중국 답사는 주소도 없이 부여를 찾아 떠돌아다닌 기분이었다. 부여의 번지수를 알아보려 하였으나 결국 확인하지 못하고 되돌아왔다. 스스로 제 모습을 드러내길 기다릴 뿐이다. "어디 있냐, 부여야!" 하고 한 번 외쳐본다.

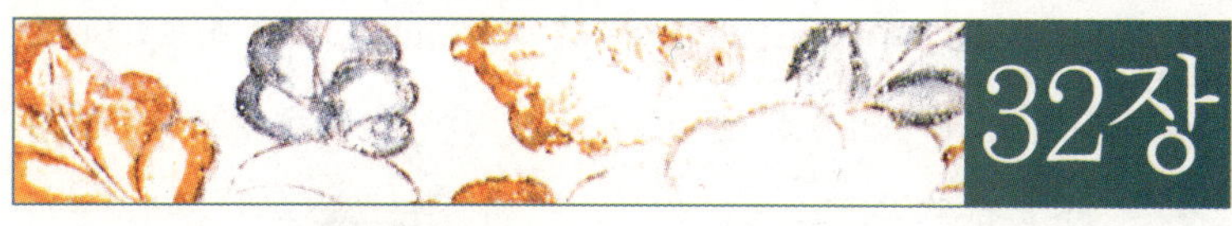

32장
민족이란 무엇인가

한민족은 유구한 역사를 이끌어온 단일민족이다. 이것은 한국인이면 누구가 알고 있는 명제이다. 그러나 단일민족은 과연 사실인가? 우리 민족은 어디에서 왔는가? 한민족은 언제 성립되었는가? 도대체 민족이란 무엇이고, 민족주의는 무엇이란 말인가? 이런 의문점들을 캐물어가다 보면 우리는 너무나 허약한 학문적 기반 위에 서 있는 것을 발견하게 된다. 단일민족이란 역사적 사실이라기보다는 이데올로기요 신화에 가까운 것이다. 그럼에도 그 의식은 외세로부터 우리 민족을 지탱해준 버팀돌이었으니, 이를 그냥 내칠 수도 없다. 과연 민족이란 무엇일까?

이념에서 민족으로

1980년대 이래 사회주의 붕괴와 더불어 세계의 이념 대립 구도가 무너지고 난 뒤에 그 빈 자리를 채운 것이 민족이다. 위에서 억누르던 이념이 사라지고 나니 민족 문제, 특히 억업받던 소수민족 문제가 불거져 나온 것이다. 유고의 코소보 사태를 비롯하여 쿠르드족과 동티모르의 독립 문제, 체첸 사태, 중앙아시아에서의 고려인 차별 등이 그 대표적인 것이다.

코소보 사태는 알바니아 회교도와 세르비아 정교의 세르비아 민족간의 싸움이다. 원래 유고슬라비아 연방을 구성하였지만 일부가 독립해나가고 그 와중에서 알바니아계가 독립을 요구하자 세르비아계가 탄압과 학살을 가하면서 촉발되었다. 쿠르드족은 터키, 이라크 등에 흩어져 살면서 독립 운동을 벌이고 있다. 인도네시아에 강제 합병되었던 동티모르도 우여곡절을 겪은 끝에 결국은 독립을 쟁취하였다.

소련의 해체로 러시아 남부의 아르메니아, 아제르바이잔, 그루지야는 독립하였으나 체첸은 계속 러시아내 공화국으로 묶여 있었던 회교국가이다. 1991년에 독립을 선언하였다가 러시아군의 진압으로 지금도 투쟁이 계속되고 있다. 고려인들은 러시아 연해주에 살다가 1937년에 스탈린이 강제로 중앙아시아에 이주시켰던 동포들로서, 현지의 타지크스탄, 우즈베키스탄이 독립하여 민족주의적 경향을 드러내자 견디지 못하고 다시 연해주로 복귀하고 있다.

이념에서 민족으로의 변화 추세는 한반도에서도 나타나고 있다. 1980년대까지는 남북한 사이에 이념 경쟁이 치열하였는데, 이제는 한민족이란 이름으로 서로 왕래를 하고 통일을 논하고 있다. 북한에서 비료를 지원해달라고 하면서 인도주의와 동포애에 호소를 한다. 남북한 모두 단군을 내세우는 것도 역시 민족을 이용하는 것이다. 1993년 개천절에 북한에서 단군릉을 발굴했다고 보도하였고 이듬해에 단군릉 준공식을 거행하였다. 물론 학술적 근거가 없는 것임에도 일부 남한학자들은 이에 덩

북한에서 생산하는 단군소주

달아 춤을 추고 북한에 가서 여기에 찬동하는 발언을 하였다. 2002년 개천절에 북한에서 발표된 '단군 및 고조선에 관한 북남역사학자들의 공동학술토론회 공동보도문'에서

"첫째, 단군은 실재한 역사적 인물이며 우리 민족의 첫 국가인 단군조선을 세운 건국시조이다.

둘째, 우리 민족은 유구한 역사를 가진 단군민족이며 우리는 『삼국유사』를 비롯한 여러 사서들에 고조선의 중심지가 평양이라는 기록을 중시한다.

셋째, 고조선은 오늘의 조선반도와 동북아시아의 넓은 지역을 기본영역으로 한 강대국이었다.

넷째, 북과 남의 역사학자들은 반만년의 유구한 민족사를 빛내고 우수한 민족성을 고수하기 위한 학술적 유대를 강화하고 협조를 공동으로 활발히 벌인다.

다섯째, 북과 남의 역사학자들은 민족 앞에 지닌 사명감을 깊이 간직하고 북남역사학자들의 연대를 강화하며 애국애족의 입장에서 민족사 연구를 심화시켜 나감으로써 우리 민족끼리 힘을 합쳐 조국을 통일하는 위업에 적극 이바지해 나갈 것이다."

고 발표하였다. 남한의 교과서에서도 단군과 고조선이 다소 과장되어 서술되어 있다. 1984년에 설문조사를 하였을 때에 22.8%가 곰이 사람을 낳았다는 단군신화를 믿는다고 답하였다. 주입식 교육의 위대한 결과물이다. 아무튼 단군은 남북한에서 모두 민족의식을 일깨우는 수단으로 작용하고 있고, 지금 남북한을 잇는 매개 역할을 하고 있다.

민족의 정의

그러면 이렇게 이슈가 되고 있는 민족이 무엇인지를 따져볼 필요가 있다. 동양에서는 전통적으로 인(人), 종(種), 족(族), 민(民), 유(類), 동포(同胞) 등을 사용하였지만, 현재 사용되는 '민족(民族)' 이란 말은 여기서 파생된 것이 아니라 영어 nation의 번역어이다. '경제(經濟)' 가 전통시대에는 나라를 잘 다스려 백성을 구제한다는 '경세제민(經世濟民)' 의 뜻이다가 근대에 서양의 economy로 전환되고, '문화(文化)' 가 무(武)가 아닌 문(文)으로 세상을 교화한다는 뜻이다가 서양의 culture로 변한 것과 비교가 된다. 이런 용어들은 우리가 만든 것이 아니라 먼저 근대화된 일본으로부터 차용하였다.

문제는 원어와 번역어 사이에 개념 차이가 발생한 것이다. 서양의 '네이션' 은 근대적인 개념으로서 국민국가(nation state)의 출현과 함께 확립된 말이다. 이 용어에는 '민족, 겨레' 란 뜻과 함께 '국민, 국가' 란 의미도 들어 있다. 오히려 정치적 의미를 지닌 후자에 비중을 더 두고 있는 말이다. 혈연에 중점을 둘 때에는 따로 인종이나 종족(race, ethnos)이란 말을 쓰게 된다. 그런데 동양에서는 민족이란 용어에 '족(族)'이 들어 있는 것처럼 혈통적 관념이 짙게 드리워져 있다. 마찬가지로 '족' 자가 들어간 가족(家族)이란 말이 혈연으로 맺어진 집단이므로 이 연장선에서 민족을 바라보고 있는 것인지 모르겠다. 이 때문에 서양의 정치적 개념과 동양의 혈통적 개념이 뒤섞여 나타나는 것이 현실이다.

그렇다면 도대체 민족이란 어떻게 정의할 수 있는가? 우리는 커다란 변화없이 한반도 안에서 살아왔고 다종족 국가의 경험도 거의 없었기 때문에, 민족을 너무나 당연한 존재로 생각해왔다. 그러기에 지금까지 학문적 연구의 필요성을 별로 느끼지 않았다. 그러나 이제는 감성의 대상이 아닌 이성의 대상이 되어야 할 때가 되었다.

민족의 개념에 대해서 깊이 천착한 것은 맑스주의자들이었다. 근대에 서구 제국주의의 식민지 지배에 저항하는 민족주의 운동이 크게 일어났고, 이러한 민족 문제의 근원을 탐구하기 위해서 민족의 개념과 형성 과정을 탐구하였던 것이다. 가장 많이 알려진 것은 소련의 레닌-스탈린 이론이다. 민족이란 "언어와 영토 그리고 경제생활의 공동체이며, 동시에 공통된 문화생활로 표출되는 심리적 본성의 공동체이다"고 정의를 내리면서, "이런 요소들 중에서 어느 하나라도 갖추어지지 않은 집단이 있다면 그 집단은 결코 민족이라 여겨질 수 없다"고 하였다. 따라서 민족이란 언어, 영토, 경제, 문화를 공유하는 집단이 된다.

그러나 이 개념은 우리가 받아들이기 어려운 측면이 있다. 맑스주의에서 프롤레타리아 계급의 연대를 우선시하므로 민족은 장차 소멸되어야 할 존재로 본다. 민족주의에 기대는 것은 과도적 수단에 불과하다. 천안문에 모택동의 사진과 함께 "세계인민 대단결 만세"란 구호가 써 있는 것도 프롤레타리아 계급의 국제 연대를 강조한 말이다. 실제는 중화민족주의적 태도를 취하면서 말이다. 그러기에 사회주의 국가에서 민족주의

▌천안문의 구호

는 민족분리주의를 의미하며 부르주아의 이데올로기로 치부하고 있다. 중국에서 민족주의란 티벳과 같은 소수민족 분리주의를 의미할 뿐이다. 이처럼 민족은 극복 대상이지 영원불멸한 존재로 보지 않고 있다.

그러나 우리에게는 민족이 지고한 존재요 영원한 존재로 각인되어 있다. 김일성이 생전에 "나는 공산주의자이며 민족주의자다"고 언급한 바 있는데, 이것은 공산주의 이념과 배치되는 것이다. 사회주의 국가 붕괴 후에 민족이 표출되어 나오는 것만 보아도 민족은 사라질 존재가 아닌 것이다.

또 하나의 문제는 경제의 공동성을 제시하고 있다는 점이다. 이 이론에 따르면 분단국가의 경우에 두 나라는 서로 다른 민족이 될 수밖에 없다. 이리하여 통일 이전에 동독에서 서독은 부르조아 민족이고, 자신들은 한 단계 발전한 사회주의 민족으로 정의를 내린 적이 있었다. 그러나 더 발달되었다는 동독이 붕괴되는 아이러니를 우리는 목격한 바 있다. 아무튼 이것도 우리의 관념과는 배치된다.

이에 따라 북한에서는 주체사관의 민족 이론을 내세웠다. "조선민족은 한 핏줄을 이어받으면서 하나의 문화와 하나의 언어를 가지고 몇 천년 동안 한 강토 위에서 살아온 단일민족입니다."고 정의를 내리고 있다. 여기서 민족의 구성 요소로 핏줄, 문화, 언어, 강토를 제시하고 있으니, 앞의 것과 비교하면 경제 요소가 핏줄로 바뀌어 있는 것을 발견할 수 있다. 이것은 우리가 일반적으로 느끼는 민족 관념과 일면 통한다고 할 수 있다.

그러나 이렇게 혈통을 한 요소로 삼게 되니 북한에서는 종족과 민족이 서로 혼용되고 있다. 또한 혈통은 변하는 것이 아니므로 민족은 자기 의사로 벗어날 수 없는 숙명적인 운명공동체가 되어버린다. 그리고 민족에 대한 최고 의무로서 반외세 애국주의를 강조하고 있다.

혈통을 자칫 강조하면 인류는 공동의 조상에서 갈라져 나왔다는 통설을 따를 때에, 어디서부터 끊어서 한민족이라 해야할지 막연하게 된다. 그런가 하면 외국에서 귀화한 한국인은 한국민족에 속할 수 없는 결격 사유를 가지게 된다. "조선인은 공통의 단일한 혈통을 지녀야만 하나의 민족이 되는데, 주현미같은 많은 중국계혼혈들이 우리나라에서 태어나 이 단일한 혈통을 흔들어 놓는다면 이것은 '민족을 뒤흔들어 놓는' 무서운 일이 아니겠는가?" 하는 비판도 1980년대 글에 보인다. 이런 점에서 혈통을 민족의 구성 요소에 넣는 것은 문제가 아닐 수 없다.

그렇다면 남한에서는 어떻게 연구를 해왔는가. 민족 통일이 지상과제임에도 불구하고 남한은 미국식 이론에 추종하다 보니 사회과학에서 연구 대상이 되지 못하였다고 사회학을 전공한 신용하 교수가 지적한 적이 있다. 미국에서는 소수민족이나 종족이 연구 대상이 될 지언정 민족은 아니라는 것이다.

1980년대 중반부터 학생운동이 NL(민족해방) 계열과 PD(민중민주주의) 계열로 분할되면서 민족 해방이 먼저냐 계급 해방이 먼저냐는 논쟁이 벌어졌다. 이 논쟁 과정에서 민족 이론에 관한 관심이 고조되었고, 이와 관련된 이론서들이 많이 출간되었다. 위에서 주현미 운운한 것도 PD계열이 NL계열을 비판하는 글에 나오는 것이다. 이와 함께 한민족 기원에 관한 국내 연구서들도 여러 편 발표되었다. 『한국고대사논총』 1(한국고대사회연구소 편, 1991)에 한국민족형성사가 특집으로 실렸고, 『한국 민족의 기원과 형성』 상·하권(한림과학원, 1996)도 발간되었다.

그러나 국내에서의 민족 연구는 이제 출발점에 있으므로 아직은 두드러진 민족 이론이 제시되지는 못하고 있다. 기왕의 연구들을 토대로 정리하면, 대체로 민족이란 언어와 영토를 바탕으로 한 동일한 역사적 경험이 중요하고, 코소보나 체첸의 사례처럼 때로는 종교도 중요한 요소가 된다. 이렇게 불변적이거나 장기지속적인 측면이 있는가 하면, 정치나 사회, 문화 등과 같이 가변적인 측면도 민족을 구성하는 요소가 된다. 따라서 민족은 북한에서 생각하는 것처럼 초자연적인 실체가 아니라 변화를 겪는 사회적 실체이다. 결국 민족은 영원 불멸한 존재는 아니다.

이렇게 민족을 정의하면 이론적으로는 옳겠지만, 우리가 느끼는 민족의 실체와는 괴리된 듯하다. 하나의 민족이란 이유 때문에 통일을 염원하고 있고, 우리 민족은 영원하길 바라고 있는 것이다. 그것은 스스로의 자각이 아니고 어쩌면 그렇게 배워왔는지도 모른다. 그럼에도 이 거리감은 우리 민족의 실상을 이론적으로 규명하기에는 아직 가야할 길이 멀었음을 의미할 수 있다. 아니면 우리가 민족에 대해서 잘못 느끼고 있는지도 모른다. 아무튼 민족의 이론화 작업은 이제 시작일 뿐이다.

33장

한민족의 뿌리

역사학은 시간의 학문이니, 이를 거슬러 올라가다 보면 역사의 출발점에 도달하게 된다. 이곳이 바로 우리의 뿌리요 우리의 근원이다. 사람이 나이가 들면 문중 행사에 부쩍 관심을 기울이고, 자기 시조가 누구이고 어떤 훌륭한 조상들이 있었는지 족보를 붙들고 손주들에게 열심히 설명하려든다. 한 나라의 역사도 마찬가지이다. 수많은 연구 주제가 있지만 민족의 뿌리에 관한 얘기만 나오면 누구나 주목하고 귀를 기울인다. 아마추어 역사가들도 제각기 일가견을 가지고 있는 관심사이기도 하다. 이런 점에서 역사 연구는 뿌리 찾기일지도 모른다.

개천절 노래 1절은 "우리가 물이라면 새암이 있고, 우리가 나무라면 뿌리가 있다. 이 나라 한아버님은 단군이시니, 이 나라 한아버님은 단군이시니."라 하여 우리의 뿌리를 단군으로 삼았다. 학생시절에 많이 불렀

일제시대에 수리되었을 때의 단군 무덤

던 '휘날리는 태극기' 란 노래도 "우리는 백의 민족 단군의 자손"으로 끝을 맺는다. 이처럼 우리는 모두 단군의 자손이라 믿고 있다. 아니 믿어야만 되는 분위기이다.

그러나 이것은 조선시대에 정착된 이념일 뿐이다. 조선은 고조선을 계승하려는 국가이므로 단군을 우리 민족의 시조로 내세우는 것은 당연하다. 이 때만 해도 단군조선 이전으로 역사가 올라갈 수 없었으니 민족의 시조가 될 수 있었다. 그러나 근대 학문이 도입되어 고고학 연구가 진행되면서 단군조선 이전에 구석기니 신석기니 하는 선사시대가 존재하였다는 사실이 밝혀져 뿌리 찾기는 더욱 시간을 거슬러 올라갈 수 있게 되었다.

이리하여 민족의 뿌리 찾기는 문헌기록보다는 고고학, 언어학에 의존하지 않을 수가 없다. 그러나 민족은 체질적이거나 물질적인 것보다 심

리적이고 사회적인 요인이 더 중요한 요소이므로 이들 학문의 연구 성격
과 일치하지 않는다. 이렇게 궁합이 맞지 않으니 뿌리찾기에 성과가 있
기를 기대하는 것은 무리일 것이다. 그럼에도 뭔가 나오길 기대하는 것
이 우리의 솔직한 심정이다.

이동이냐 본토기원이냐?

우리 민족은 시베리아로부터 이동해왔다고 배워 왔다. 그러기에 ‘민
족의 고향!’ 하면 몽골 초원이나 시베리아 광야가 머리에 떠오른다. 거기
서 말 타고 달리는 사람들도 연상될 것이다. 그렇지만 이것도 역사적 사
실보다는 이념적 산물에 가깝다.

조선시대에 민족의 시조로 단군이 숭배되었듯이 문명의 시조로 기자
(箕子)가 추앙되었다. 중국에서 들어와서 우리를 교화시켜줌으로써 소중
화(小中華)로 자처할 수 있는 계기를 마련해준 인물로 믿었다. 이처럼 한반
도의 문명은 중국으로부터 전수받은 것으로 여겨왔다. 게다가 일제시대
에 단군조선을 신화로 돌려버리고 기자조선과 위만조선은 중국에서 온
사람들이 통치하던 식민지정권으로 규정해버리니, 우리 역사는 중국의
식민지 지배를 받으면서 출발한 것처럼 왜곡되었다.

이렇게 되자 북한에서 우리 문화가 중국문화 일변도가 아니라는 사실
을 밝혀내서 식민주의사관을 극복하려 하였다. 그 과정에서 동검(銅劍),
청동거울 등과 같은 청동기들이 중국과 다르고 오히려 시베리아 지역과
통하는 면이 있다는 사실이 확인되었다. 이리하여 우리 청동기문화는 중
국의 영향을 받은 것이 아니요, 나아가 우리 민족도 중국에서 발상한 것
이 아닐 것이라는 생각을 가지면서 그 대안으로 시베리아에 주목하게 되
었다. 마침내 ‘시베리아 기원설’ 이 만들어진 것이다. 이것은 당시에 북
한학자들이 소련 자료에 의존하였고, 모든 것을 이동과 전파로 해석하려

는 비엔나학파의 영향을 받았던 데에도 원인이 있다.

　이렇게 해서 탄생된 학설이 남한에도 영향을 끼쳤다. 구석기시대와 신석기시대 사이에 시간적 공백이 있는 것으로 보아 구석기시대 사람들은 어디론가 떠나가고 신석기시대 사람들이 다시 한반도로 들어왔을 것이라 생각했다. 또 토기 양식 등을 볼 때 신석기문화와 청동기문화도 이질적이라 판단하여 서로 종족이 달랐을 것이라 막연히 추정하였다. 이런 주민교체설에 따라 청동기시대 사람이 우리 민족의 출발점이 되었고, 그들이 만든 청동기가 중국과 다르고 시베리아와 연결되는 것으로 보아 우리 민족은 이곳으로부터 이동해왔다고 추정하게 되었다.

　그러나 고고학 자료가 많이 축적된 지금에 와서는 이를 고수하기 어려운 상황이다. 구석기시대와 신석기시대 사이의 공백이 점차 메워지고 있고, 신석기시대에서 청동기시대로의 점진적인 전환과정도 밝혀지고 있어, 이제는 우리 민족의 출발점을 청동기시대가 아닌 구석기시대로까지 끌어올릴 가능성이 점차 커지고 있다. 그럼에도 통설이 아직도 살아서 영향력을 발휘하고 있다.

　그런 사이에 북한에서는 새로운 학설이 등장하였다. 1970년대에 주체사관이 크게 내세워지면서 북방기원설이 비판을 받았다. 외부에서 들어왔다는 주장 자체가 주체적이지 못하다고 생각하였다. 이에 따라 우리 민족은 원래부터 한반도에서 단일한 혈통을 가지고 주체적으로 살아왔다고 주장하기 시작하였다. '본토기원설'이 출현한 것이다. 이 주장은 그 뒤로 더욱 강화되어 지금은 조선민족의 발상지로 평양을 지목하고, 세계 문명의 하나로 대동강문명까지 설정하고 있다.

　"유구한 우리 민족사의 시원이 인류력사의 서막이 열리던 구석기시대 첫 시기에 발단되였으며 조선사람이 우리 조국강토에서 독자적으로 기원한 단일민족이라는것은 이미 오래전에 고고학적 및 인류학적으로 확증되였다. 지난 시기에 신화적인물로 간주되여오던 단군이 실재한 력사적 인물로 확인됨으로써 우리 나라는 유구한 력사를 가진 고대선진문명국이고 우리 민족은 생겨 난 때로부터 하나의 피줄을 이어 온 단일민족이며 혁명의 수도 평양이 조선민족의 원고향이라는것이 밝혀졌다.”(『조선민족의 발상지 평양』 머리말에서, 2000)

이래서 남한의 이동설과 북한의 본토기원설로 양립하게 되었다. 남한 학자들 사이에 후자를 따르는 경우도 있다. 여기에 '중국 북부 기원설'을 추가할 수 있다. 이 주장은 주로 중국 자료에 의존하는 연구자에게서 비롯되었다. 과거 동이족(東夷族)이 중국 북방에서 출발하여 만주를 거쳐 한반도로 들어온 것으로 생각한 적이 있는데, 이를 고고학적으로 뒷받침하려 하고 있다.

이에 따라 이동설로서 시베리아 기원설과 중국 북부 기원설이 제기되어 있고, 여기에 본토기원설을 추가하게 되면 우리 민족의 기원지로서 가능한 지역은 모두 거론된 셈이다. 이 가운데 진실이 있을지 모른다. 그러나 현재 우리 앞에 주어진 자료로서는 어느 것이 옳은지 아무도 알 수가 없다.

예맥족과 한족

우리 민족이 어느 계통에 속하는가도 모호하다. 시베리아 기원설을 주장하는 연구자는 알타이족 또는 퉁구스족에 속한다고 하고, 중국쪽에 비중을 두는 연구자는 동이족(東夷族)에 속한다고 주장한다. 그러나 이를 자세히 들여다보면 모두 허점이 있다.

알타이족이나 퉁구스족이란 말은 종족 이름이 아니라 언어학적인 개념이다. 다시 말하면 우리 언어가 알타이어(語) 내지 퉁구스어(語)에 속한다는 말이다. 이것도 어디까지나 가설적인 것으로서 아직도 해명되지 않은 부분이 많다. 그러나 이를 추종한다 해도 우리가 시베리아쪽에서 갈라져 나왔다고 단정할 수는 없다.

알타이어는 몽골 서쪽을 지나는 알타이 산맥에서 따온 용어로서 50개 정도의 언어가 포함된 매우 포괄적이고 추상적인 개념이다. 그러니 여기에 속한다고 해서 어느 종족 계통인지 밝혀질 문제가 아니다. 더구나 우랄어가 우랄 산맥에서 발원한 것이 아니듯이 알타이어가 알타이 산맥에서 발원한 것도 아니다.

알타이어는 다시 몇 개의 그룹으로 나뉘는데, 그 가운데 하나가 퉁구스어이다. 러시아 바이칼 호수 동부와 만주 일대에는 여기에 속하는 에벤키, 에벤, 허저(나나이), 오로치 등 10여 개의 종족들이 살고 있다. 그러나 이들은 모두 소수민족으로 전락해 있다. 1970년 자료에 따르면 러시아에 9개 종족을 모두 합해서 5만여 명이 살고 있다고 한다. 이들과 동일 계통에 속하는지도 불분명한 마당에 이제는 사라져가는 이들 종족명을 굳이 내세울 필요가 있는가 해서 차라리 '한국족' 이라 부르자는 견해도 있을 정도이다.

중국 문헌에는 동이족이 초기에 중원의 북부와 동부에서 활동한 것으

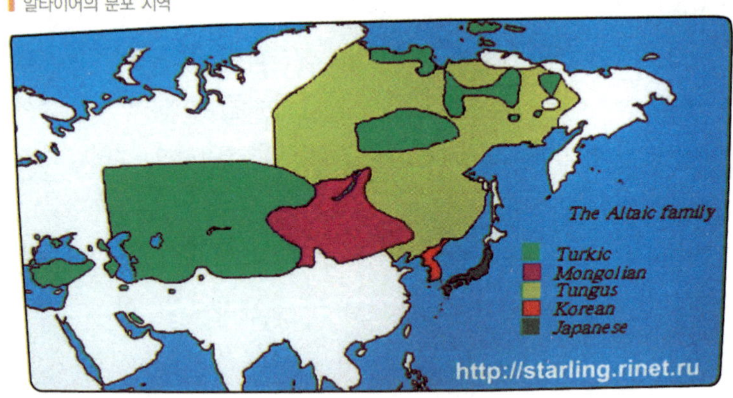

■ 알타이어의 분포 지역

로 기록되어 있다. 그런데 시기가 내려오면서 만주 일대, 나아가 한반도에 살고 있는 종족들을 지칭하게 된다. 이런 변화를 근거로 처음에 동이족이 중원 외곽지대에 살다가 중국의 세력 확장에 밀려서 점차 만주를 거쳐 한반도로 이동해온 것으로 생각하였다. 이것이 '민족의 이동설'이다. 이에 따라 은(殷)나라가 우리처럼 동이족에 속한다고 하고, 공자도 산동성 출신이니 역시 동이족이라 하여 은근히 우리와의 친밀성을 내세우곤 한다. 그러나 고고학이 발달하면서 이 가설도 신빙성을 잃게 되었다. 종족이 이동해왔다면 그 경로를 따라 유사한 문화들이 발견되어야 하는데, 오히려 그 경로에는 상이한 고고문화들이 자리잡고 있을 뿐이다. 이래서 동이족의 대상지역이 시대에 따라 변하는 것은 이들이 이동한 결과가 아니고, 중국이 세력을 확대함에 따라 동쪽의 오랑캐(동이) 설정이 달라지게 된 것이라 생각하게 되었다. 다시 말해서 종족이 이동한 것이 아니라 개념만 이동한 것이다. 오리엔트(동양)가 처음에 지중해 서쪽을 가리키다가 유럽의 동양에 대한 지리 지식이 넓어지면서 그 범주가 우리나라까지 포괄할 정도로 확장되어 온 여정과 비슷하다.

아니 그러면 믿을게 도대체 무엇이 있다는 말인가. 모두 부정하면 허무만 남는게 아닌가 하는 의문이 들 것이다. 그러나 실망할 필요는 없다. 만주와 한반도 일대에 흩어져 살던 예(濊), 맥(貊), 한(韓)의 세 종족이 우리 민족의 뿌리가 된 것은 분명한 사실이기 때문이다. 예족과 맥족은 한강을 경계로 그 이북에 분포하였고, 한족은 그 이남에 거주하였다. 고구려는 맥족의 나라였고, 부여는 예족의 나라였다. 동예란 동쪽 바닷가에 세운 예족의 나라란 의미를 지니고 있다. 이 예족과 맥족은 한반도 북부와 만주 일대에 뒤섞여 살면서 서로 동화되어 나중에는 예맥족으로 합쳐서 불리게 되었다.

그러나 이들의 정체에 대해서는 알려진 게 없다. 예(濊)는 더럽다는 뜻을 가지고 있고, 맥(貊)은 돼지같이 생긴 짐승 이름이다. 중국 사람들은 주변 민족의 명칭으로 좋지 않은 뜻을 가진 글자를 사용하는 악취미를 가지고 있다. 연연(蠕蠕), 남만(南蠻)처럼 벌레[虫]가 들어가거나 북적(北狄)처럼 개[犭, 犬]가 들어간다. 예와 맥도 해당 종족 명칭의 음을 따되 뜻이 좋지 않은 글자를 선택하여 문자화한 것이다. 그렇다면 원래의 종족명은 무슨 의미를 가졌을까. 예족은 물[氵]이란 뜻이 들어 있으니 아마 이들이 살던 강물과 연관된 것이 아닐까 추측하는 데에 그치고 있다. 맥은 '발(發, 鉢)'과 통하는 듯하여 광명족(光明族)으로 해석하거나, 일본어에서 맥(貊)을 '고마'로 읽는 것을 근거로 곰[熊] 토템과 관련된 것으로 추정하기도 한다.

반면에 한반도 남부에 살았던 한족은 그 의미가 확실하다. 지금 청주시 방서동에는 청주 한씨의 집성촌이 있는데 현지에서는 흔히 대머리라 부른다. 1980년대에 답사차 들른 적이 있는데 대머리 상회, 대머리 부동산 등 지명을 딴 가게 이름들이 있었던 기억이 난다. 이 대머리는 머리카락이 없어서 붙인 것이 아니라 대(大)머리 즉 큰 머리로서 우두머리를 가리킨다. '한글'의 의미에는 유일하다는 뜻과 함께 크다는 뜻도 포함되어 있고, 할아버지는 한아버지 즉 큰아버지에서 나왔듯이 우리 말에는 '한'이 크다는 뜻을 지닌다. 징기스칸이라 할 때 칸은 한(汗)으로도 표기되는데 이도 동일한 뜻을 지닌다. 신라시대에 아찬, 이벌찬 하는 관등과 함께 마립간, 거서간이란 왕명이 있었는데, 여기에 쓰인 찬(湌)이나 간(干)도 모두 족장을 의미한다. 이러한 다양한 사례에서 보듯이 한족은 우두머리 종족이란 뜻을 지니고 있다. 이들 종족 집단들이 지역적으로 갈라져 마한, 진한, 변한을 이루었고, 여기서 백제, 신라, 가야가 발생하였다.

따라서 한반도 북부와 만주에 살았던 예맥족들이 고구려, 부여, 동예, 옥저 등의 북방계 국가를 세웠고, 남부에 살았던 한족들이 백제, 신라, 가야와 같은 남방계 국가를 세웠다. 지금 북한에서 고구려-발해를 강조하고, 남한에서는 신라에 비중을 두는 것도 우연한 일은 아니다.

결국 우리 민족의 뿌리를 이룬 것은 예족, 맥족, 한족이었고 이들의 분포 범위는 한반도와 만주 중부 일대이다. 이보다 시대를 더 거슬러올라가면 고고학이나 언어학의 연구 대상이 되는데, 현재로서는 이들이 시베리아로부터 이동해온 것인지 중국 방향에서 온 것인지 아니면 원래부터 여기서 거주한 것인지 확인할 길이 없다. 역사시대의 기록을 토대로 하는 한, 중국이나 시베리아와 독립된 구역에 세 종족이 살면서 서서히 융합되어 한민족의 틀을 만들어갔던 사실만은 분명하다.

34장
한민족의 형성 시기

    2004년 5월 중국 흑룡강성을 방문했을 때였다. 동행했던 조선족 학자가 지나가는 아낙네에게 대뜸 우리 말을 건넸다. 그래서 어찌 조선족인 것을 아느냐고 물었더니, 머리에 빨래감을 이고 가는 것은 조선족뿐이라고 한다. 다른 마을에서도 똑같은 경험을 했는데, 머리에 수건을 두르고 있는 여인은 조선족이라는 표시나 마찬가지라고 하였다.

    몇 년 전에는 다른 조선족 학자와 함께 동네에 들어서면서 대뜸 우리 말로 "계십니까?" 하길래 어떻게 조선족 집인지 아느냐고 하니 집의 분위기로 알 수가 있다고 하였다. 압록강을 따라 가다보면 강 건너 북한 집에는 벽에 회칠을 해서 하얗게 되어 있는데 중국 땅에는 그런 집이 없어서 국경을 구분해낼 수가 있다. 중국인들은 회칠한 벽을 아주 싫어하기 때문이란다.

여러 민족이 섞여사는 중국땅에서 누가 어느 민족인지 우리는 분간할 수 없지만, 그 속에 사는 조선족은 느낄 수 있다고 한다. 만주족은 우리보다 피부가 좀 더 까무잡잡하다고 하지만, 나는 도저히 분간해낼 수가 없었다. 단일민족으로 이루어진 우리로서는 경험할 수 없고 상상할 수도 없었다.

이처럼 중국에서 여러 민족이 뒤섞여 있으면서도 각자 고유한 특성은 나름대로 지키고 있다. 이것이 민족을 구분하는 기준이 될 것이다. 그러면 과연 한국민족이란 것이 언제부터 생성되어 오늘에 이르렀나 하는 점이 궁금하다.

근대인가 전근대인가?

우리 학계는 한국민족의 형성 시기를 근대로 보는 설과 전근대로 보는 설로 갈려 있다. 근대설은 근대사 전공자들이, 전근대설은 고대사 전공자들이 주로 주장하고 있다. 무의식적이든 의도적이든 자기 전공쪽으로 끌어들이려는 것은 어느 분야에나 동일한가보다.

근대형성론은 기본적으로 서양의 이론에 기초하고 있다. 서양 중세에는 지방분권적 봉건제도 때문에 국가라는 것이 의미가 별로 없었고, 정신적으로는 기독교 세계를 이루었으니 이 또한 국가 경계를 뛰어 넘는 것이었다. 그러니 국가 단위의 민족이란 것이 형성된 것은 근대에 들어와서였다. 이 때 비로소 민족 단위의 국가, 즉 민족국가(nation state)가 출현한 것이다.

1794년 프랑스에서는 약 2600만 명이 30가지의 방언을 사용하고 있었는데, 600만 명이 프랑스어를 몰랐고 600만 명이 겨우 한 마디 할 정도였고 300만 명만 프랑스어가 가능하였다고 한다. 또 1861년 이탈리아 통일시에 전체 인구의 2.5%만이 이탈리아어를 사용하고 있었다고 한다. 이처럼 언어의 통일이 이루어지지 않은 상태에서 민족이 형성될 리가 없다. 이런 상황이었으니 민족은 근대에 형성되었다는 논리가 나올 수밖에 없다.

근대형성론자 가운데에는 내부적인 근대화, 즉 반봉건(反封建)을 중시하는 견해가 있는가 하면, 외부적인 대응, 즉 반침략 민족운동에 무게를 두는 견해가 있다. 전자의 경우에, 근대적인 국가체제가 마련되어야 민족이 형성될 수 있다고 보고 있다. 이에 따라 전국적인 시장 네트워크가 형성되는 시점이나 신분제의 전면적인 소멸 시점을 기준으로 제시하기도 한다. 후자의 경우에, 외부로부터의 침략에 공동으로 저항하면서 내부결속이 다져져서 민족이 형성되는 것으로 보고 있다. 이에 따라 근대 이전에는 민족에 근접한 존재만 있었으니 이를 준민족(準民族) 또는 민족체(民族體, nationality)라 부른다.

그러나 이런 주장에 대해 너무 서구적이라는 비판도 가해지고 있다.

동양사회는 일찍부터 중앙권력의 통제를 받는 중앙집권적 통일국가를 유지해왔다. 이런데도 왜 역사 경험이 다른 서양의 이론을 끌어올 필요가 있는가 하는 의문이 당연히 제기될 수 있다. 전근대형성론은 이러한 동양적 상황에 바탕을 두고 있다.

근대 이전에 이미 민족이 형성되었다는 주장은 근대형성론보다 뿌리가 깊다. 과거부터 삼국통일을 중요한 역사적 사건으로 다루면서 최초의 민족 통일로 평가해왔다. 이에 따라 현재 쓰이는 중학교 교과서에도

"신라의 삼국통일은, 그 과정에서 중국 세력인 당의 도움을 얻었다는 점과, 대동강 이남 지역에 한정되었다는 점에 한계가 있으나, 우리 역사 상 커다란 의미를 지니는 중요한 사건이었다. 그것은 비록 불완전하지만 우리 민족이 이룬 최초의 통일로서, 새로운 민족 문화를 이루는 중요한 계기가 되었다. 특히, 신라가 당의 야욕을 물리치고 통일을 완수하였다는 사실은 신라인의 자주적 성격을 보여 주는 것이다."

고 서술되어 있다.

이 교과서 문장에서 알 수 있듯이 삼국통일을 계기로 한국민족이 형성되었다는 설이 주류를 이룬다. 종래에 독립적이었던 고구려, 백제, 신라 또는 예족, 맥족, 한족이 이를 계기로 비로소 하나의 국가체제 아래 놓이게 되었고, 그 결과 상호 통합과 동화를 이루는 전환점이 되었다고 보기 때문이다. 민족의 형성에는 당연히 공동의 영토와 공동의 국가 체제가 전제되어야 하는 것이다.

그러나 근래에 북한의 주장이 알려지면서 다른 변수가 생겼다. 북한에서는 처음에 삼국통일을 수긍하였다. 그러나 신라의 사대주의적 통일은 인정할 수 없다고 주장하면서 발해까지 아우르는 후삼국통일이 최초의 통일이라는 주장을 새삼 제기하였다.

단일민족의 형성은 그 계기가 중요한 것이다. 한 번도 그런 적이 없다

가 삼국통일을 이룸으로써 한 지붕 아래 살게 되었으니, 이 사실이 중요하다. 발해는 이 통일이 이루어진 뒤에 뒤늦게 일어난 나라이므로 불완전한 영토적 통일을 보완해주는 역할을 하였다. 또한 후삼국통일이 발해까지 포함한 것이 아니니 불완전한 통일이라는 점에서는 삼국통일과 별반 차이가 없다. 그런 점에서 후삼국통일보다는 삼국통일이 역사의 중요한 전환점이 되었다는 사실을 부인하기 어렵다. 사실 이 주장은 북한 정권의 정통성을 강조하기 위한 정치적 목적으로 나온 것인데도 일부 연구자들은 심정적으로 동조하여 고려의 통일이 최초의 민족 통일이라고 주장하기도 한다.

그러면서도 북한에서는 한민족의 시작을 민족 통일시기와 별개의 것으로 보고 있다. 시대를 더 끌어올려 고조선 시기에 한민족이 형성되었다고 한다. 북한에서는 전체 역사의 흐름을 기본적으로 반봉건과 반외세에서 찾고 있는데, 민족이 형성되지도 않았다고 하면서 반민족, 반외세, 반침략을 언급할 수가 없기 때문이다. 이렇게 되니 민족 통일도 되기 전에 한민족이 먼저 형성되었다고 하는 모순이 생겨버린다. 그러나 이 문제점에 대해서는 눈을 감고 있다.

지금까지 보았듯이 한민족의 형성은 대체로 전근대 시기, 특히 삼국통일이 기점이 되었다고 보는 것이 일반적이다. 그렇지만 고려의 후삼국통일이나 근대를 시작으로 삼는 연구자들도 있어 의견이 통일된 것은 아니다.

역사적 사실의 평가

언제 민족이 형성되기 시작하였는가 하는 것은 역사적 사실의 평가와도 깊은 관련이 있다. 삼국통일을 계기로 한민족이 형성되었다고 한다면, 그 이전에 일어난 역사적 사실을 가지고 민족의 자부심 운운 하는 것은 사리에 맞지 않기 때문이다.

예를 들어서 한국 역사서에는 고대에 우리 문물을 일본열도에 전해준 사실이 필요 이상으로 강조되어 있다. 전라남도 영암에 가면 일본에 『논어』와 『천자문』을 전해주고 해박한 지식으로 일본 태자의 스승이 되었다는 왕인(王仁) 박사 유적지가 있다. 근래에 대대적으로 사적지로 꾸며서 매년 축제까지 열고 있다. 그러나 우리나라 역사에는 그에 관한 기록이 없다. 쌍기(雙冀)란 중국 사람이 고려에 와서 과거제도를 실시하게 하였으나, 중국 기록에는 전혀 보이지 않는 것과 같다. 쌍기가 중국보다는 우리에게 중요하듯이, 왕인은 우리보다는 일본에서 소중한 인물이다. 그럼에도 일본보다 우리가 크게 부각시키려 하는 것은 무엇 때문일까?

일본으로의 고대 문물 전수를 강조하는 것은 당시의 역사적 사실을 있는 그대로 드러내려는 것보다는 일본에 대해서 우리의 민족 자긍심을 강조하려는 측면이 더욱 강하다. 임나일본부설을 둘러싸고 한·일간에 첨예하게 대립되어 있는 것도 사실은 현재의 민족 자존심 싸움이란 의미가 더 크다. 일본은 임나일본부가 존재했다고 주장하여 내심 근대 일본의 식민지 지배를 정당화하려 하는 반면에, 우리는 백제가 고급문화를 일본에 전해주었다고 해서 우리 민족의 우수성을 입

▌전남 영암의 왕인 사당

증하려 한다. 일제시대로 상처받은 자존심을 고대 역사에서 위안받으려
는 심리가 다분히 들어가 있다. 그러나 민족 형성 이전의 역사에서 민족
의 우수성을 논하는 것은 뭔가 앞뒤가 맞지 않는다.

사실을 따진다면, 우리가 중국으로부터 전수받은 문화가 훨씬 더 많
다. 심지어는 삼국시대가 아니라 5국시대라 주장하면서 가야와 함께 일
본 열도의 역사도 한국사에서 함께 다루어야 한다는 연구자도 있는데,
똑같은 논리로 중국인들이 한반도 역사에 기웃거리면 우리는 아무 할 말
이 없게 된다. 문화는 높은 곳에서 낮은 곳으로 흐르게 마련이고, 중국에
서 한반도를 거쳐 일본으로 건너가는 것이 고대의 자연스런 현상이었다.
그 연장선에서 일본에의 문화 전수를 다루어야지 민족문화의 우수성에
서 접근하면 역사가 왜곡되기 쉽다.

삼국통일에 대한 평가도 마찬가지다. 북한에서는 외세의존적이고 반
민족적인 사건으로 규정하고 있으며, 애국 명장 연개소문과 민족 반역자
김춘추를 대비시키고 있다. 그러나 민족과 자주의 관점에서 삼국통일을
깎아내리려는 것은 현재의 민족주의적 관점일 뿐이다. 남한이 미군세력
을 등에 업고 통일을 이루려 하는 반면에 자신들은 자주적 통일을 이루
려 한다는 현재의 정치의식을 과거 역사에 투영시킨 것에 불과하다. 민
족 의식이 이제부터 형성되려고 할 즈음의 외세와 우리 시대의 외세는
분명히 다르다.

나아가 고려와 조선시대에 외세의 침략에 맞선 것은 무슨 의식의 발로
인가도 문제이다. 임진왜란과 병자호란 때에 일어난 의병은 무슨 생각을
하고 있었을까? 근대형성론의 입장에 서 있는 연구자는 신분제가 완전
히 철폐되어야 민족 형성이 가능하다고 하면서, 농민과 천민의 반란이
일어났던 고려시대에는 민족의식을 가지기 어려웠다고 주장한다.

1253년 충주성 전투에서 몽고군의 포위 공격을 받아 70여 일을 버티

다가 성 안의 양식이 떨어지자, 지휘관 김윤후가 노비 장부를 불태워 버리고 귀천의 차별 없이 모두 벼슬과 작위를 주겠다고 하니 사람들이 모두 있는 힘을 다하여 적을 꺾었다. 이를 두고 계급모순에 대해서 당시 사람들이 민감하였고 이것은 민족의식이 형성되기 이전의 상황이라 생각한다. 이에 따라 조선시대에 평민이나 천민들이 외세 침략에 저항한 것은 민족의식에 기초한 것이 아니라 다만 자기 고향을 수호하기 위한 투쟁이었으니, 다시 말해서 민족주의(nationalism)가 아니라 애국주의(patriotism)의 소산이라 주장한다.

그러나 여기에는 의문이 없지 않다. 신분제가 완전히 사라져야만 한다는 전제 조건 제시는 서양처럼 아직도 왕족이 존재하거나 일본처럼 아직도 차별대우를 받는 부라쿠민(部落民)이 남아 있다는 사실에서 설득력을 잃게 된다. 또한 조선시대의 신분 차별이 서로 별개의 종족을 보듯이 하는 차원은 아니었다. 만일에 신분 대립이 심각하였다면 오히려 적군에 호응하였을 것인데, 이보다는 나라를 위해 목숨을 바친 사례가 훨씬 많다. 『세종실록』에는 궁전에서 양로 잔치를 베풀 때에 사대부의 아내에서 천한 백성까지 모두 362인을 초청하였다는 기록이 보인다. 천민까지도 내 백성으로 감싸 안는 신분제였던 것이다. 따라서 신분을 초월하여 외세에 항거한 것은 민족의식에서 비롯된 것이지 다른 명칭을 갖다 붙일 수가 없는 것이다.

우리 역사학의 수준이 지금까지의 논의를 뒷받침할 만한 정신사 연구에까지 미치지 못하고 있다. 이 때문에 전근대시기의 민족의식을 추출하는 작업도 제대로 이루어지지 못하고 있다. 아직도 사료의 정리에 매달려야만 할 정도로 연구 상황이 열악한 실정이다. 따라서 이 방면의 정신사적 연구는 앞으로 진행되어야 할 새로운 과제에 속한다.

35장
민족의식과 민족주의

　　1980년대에 중국에 사는 박씨들이 스스로 조선족으로 고쳤다는 사실이 뒤늦게 국내에 알려지면서 한민족이란 무엇인가 하는 것이 새삼 부각되었다. 중국에는 박씨가 없으니 신라 박혁거세의 후손인 것은 분명하다. 이들이 중국으로 들어간 것은 수백년 전으로 추정되고 있다. 대체로 명나라가 망하고 청나라가 들어서던 시기인 350년 전쯤으로 생각된다. 그러나 지금은 한국의 풍습을 잃어버리고 한국말도 하지 못한다.

　　조선족임을 자처한 박씨 마을은 하북성에 1개, 요령성 개주시와 본계시에 1개씩 모두 세 군데에 있다. 2002년 8월에 개주시에서 50여 km 떨어져 있는 박가구(朴家溝) 마을을 물어물어 찾아갔다. 주민들은 우리 말을 하나도 하지 못하였지만 반가움을 표하는 데에는 말이 필요 없었다. 우리 일행의 박씨와 반가운 해후를 하였다. 주민 말에 따르면 400호 가운

▎박가구 마을

데 100호가 박씨 집이라 하였다.

이렇게 한국 언어와 생활을 잃어버렸으면서도 자기들을 한국인으로 생각하고 있는 사람들이 있다. 이들은 19세기 후반부터 중국으로 이주해 간 다른 조선족들과는 구별된다. 이 때문에 이들을 조선족의 역사에 넣어야 할지 중국 역사학계에서도 혼란스러운 것 같다. 아무튼 이것은 민족의식이 다른 어느 요소보다 중요하다는 점을 반영하고 있다. 그런 민족의식은 어떤 과정을 통해 형성되었을까?

민족의식의 형성

당연한 일이지만 애초부터 한민족 의식이 형성되어 있었던 것은 아니다. 고구려와 백제는 동일하게 부여에서 갈라져 나온 집단으로 인식하고 있었다. 그러기에 두 집단을 양맥(兩貊), 즉 '맥족이 세운 두 나라'로 부르기도 하였다. 반면에, 신라는 고조선에서 내려와 정착한 토착민과 하늘에서 내려온 건국자가 모체가 된 것처럼 서술되어 있다. 따라서 고구려·백제와 신라 사이에는 동족의식이 형성되어 있지는 않았을 것이다.

414년에 세워진 유명한 광개토왕릉비에도 단일 민족의식은 존재하지 않는다. 광개토왕이 정복하면서 약탈해온 사람들을 백제 사람, 신라 사람으로 부르지 않고 예족(濊族), 한족(韓族)으로 구분하고 있다. 비문 말미에는 정복했던 성(城)들이 나열되어 있다. 그 가운데 두비압잠성에는 한족이 표시되어 있는 반면에 사조성에는 한·예족이 함께 표시되어 있는 것으로 보아서 하나의 성 안에 서로 다른 종족 집단도 살고 있었다.

이처럼 5세기 고구려에서는 어느 나라 사람이냐보다 종족적 구분이 더 중요했음을 알 수 있다. 이렇게 한족, 예족, 맥족으로 구분되어 인식되는 한 아직은 한민족 공동체가 형성되었다고 보기는 어렵다.

아마 하나의 민족의식이 형성되는 계기는 삼국 말기가 아닐까 생각된다. 이 무렵에 삼국 대신에 삼한(三韓)이란 용어가 등장한다. 원래 삼한은 마한, 진한, 변한으로서 백제, 신라, 가야의 모체가 되었지만, 이 개념이 확대되어 각각 고구려, 신라, 백제와 대응시키기도 한다. 그런 출발점이 삼국 말기에 나타난다. 당나라에 항복한 고구려 장수를 마한 장수로 표현한 사례에서 보듯이 고구려는 삼한과 전혀 무관한데도 이를 마한으로 표기한 것이 이 때에 처음 등장한다. 이것이 정착되어 9세기에 최치원이 "마한은 고구려요, 변한은 백제요, 진한은 신라"라는 글을 남기게 된다.

점차 예족과 맥족 계승의식은 탈락되고 한족 계승의식만 남아 삼국은 삼한, 즉 모두 한족의 국가인 것처럼 인식됨으로써 단일 민족의식의 단초를 이루게 되었다. 신라가 삼국을 통일한 뒤에 스스로 "삼한을 통일하였다(三韓一統)"고 표방하였다. 신라는 고구려와 백제를 멸망시켰지만 이민족을 정복한 것으로는 생각하지 않았다. 신라는 전국에 걸쳐 천하를 상징하는 9주를 두었는데, 삼국 땅에 고르게 각각 3개씩 배분하였다. 신라 왕경을 지키는 군대에 신라인과 함께 고구려, 백제, 말갈인을 배치한 것은 이들을 믿고 수도 방비를 맡겼다고 생각할 수 있다. 이처럼 망한 고구려·백제나 이긴 신라나 모두 동족으로 인식하였다. 이로써 마침내 1민족 1국가의 토대가 처음으로 마련되었다.

이런 의식이 빨리 형성될 수 있게 된 데에는 당나라의 역할도 컸다. 삼국 통일 직후에 당나라가 한반도 땅에 대해서 야심을 드러내자 신라가 항거하였고 고구려인과 백제인들도 합세함으로써 이들의 정신적 융합을 촉진시켰다. 나당전쟁이 가져온 중요한 성과물이었다.

그러나 삼국인의 완전한 융합을 가져오려면 시일이 더 필요하였다. 신라 말기에 후삼국으로 분리되면서 후고구려, 후백제를 내세웠던 것은 유민들 사이에 과거에 대한 그리움이 컸던 사실을 반영한다. 이를 정치적으로 이용한 것이 궁예와 견훤이었다.

고려시대에도 신라계 사람들과 고구려계 사람들 사이에 알력이 있었다.『삼국사기』를 지은 김부식은 경주 김씨였다. 그러니 그의 책에서 고구려와 백제 앞에 신라사를 먼저 내세울 정도로 신라 중심으로 저술되었다. 반면에 그의 라이벌이었던 정지상, 그리고 묘청은 평양을 중시하는 고구려계 인식을 대표하였다.

그러다가 고려 후기에 들어 몽고지배를 받으면서 민족의식이 한 단계 더 높아졌다. 일연이 지은『삼국유사』에는 삼국 앞에 고조선이 놓였다. 이것은 삼국 모두 고조선의 후예요 단군의 자손이란 의식을 반영한 것이다.『삼국사기』를 펴자마자 신라사부터 나오는 것과는 차원이 다르다. 삼국을 아우르는 역사의 뿌리를 새삼 찾아낸 것이다.

이를 계승하여 이성계가 세운 나라는 조선으로 낙착되었다. 고려는 삼국의 일부인 고구려를 계승한다는 말인 데에 비해, 조선은 삼국의 공

동 뿌리인 고조선을 계승한다는 말이 된다. 이에 따라 조선시대에는 단군을 우리 나라 최초의 임금이라 하여 제사를 드렸다. 이런 과정을 통해서 비로소 단군을 시조로 인식하는 한민족이 탄생하였다.

이 민족의식은 그 뒤에 외세 침략을 겪을 때마다 더욱 강화되어 오늘에 이르고 있다. 그리하여 지금에 와서는 경주 김씨, 김해 김씨와 허씨 등 일부 성씨를 제외하고는 자기가 삼국이나 가야 어느 나라 후손인지 알지 못할 정도로 하나의 용광로에 완전히 용해되어 버렸다.

한국의 민족주의

민족주의란 민족의식을 먹고 사는 이데올로기를 말한다. 민족의식이란 자의식이 이념화될 때에 이를 민족주의라 하는 것이다.

몇 년 전에 학부 학생들에게 국사 교과서를 평가하는 과제를 낸 적이 있다. 이 때 제일 비판 대상이 된 것이 민족주의적 시각이었다. 우리가 잘 났다고 하면 얼마나 잘 났느냐는 것이다. 한 학생은 "국사 교과서에 우리 나라의 문화가 다른 나라의 문화보다 아주 뛰어난 것이라고 서술되어 있다. 각 왕조의 문화를 설명하는 부분마다 '독자성, 걸작품, 외부의 것을 받아들여서 독특하게 발전시킴, 일본에 전파함, 우아, 세련' 등의 말이 나온다. 독립 운동 서술에서는 우리 문화가 일본의 문화보다 우월

하다는 생각이 나타난다. 하지만 객관적인, 세계사적인 관점으로 볼 때 민족 문화의 우월성을 고집할 수는 없다. 어떤 사회의 문화나 그 나름대로의 의미와 가치를 지니고 있기 때문이다."고 꼬집었다.

이렇게 다소 치우친 민족주의에 입각하고 있는 것은 다름 아니라 일제 식민지시대에 대한 반작용이었다. 지난 세기에 그것은 민족의 자긍심을 일깨우는 데에 나름대로 역할을 해왔다. 그러나 지금 세기에는 이것도 다시 극복의 대상이 되어야 할 것이다. 일제시대에 마이너스로 끌어내린 것을 플러스로 너무 당겨 놓았으니 이제는 원래의 자리인 제로의 상태로 되돌려 놓아야 한다.

작년(2003)부터 불거진 동북공정은 민족주의 열풍을 다시금 불러 일으켰다. 1982년과 2001년도에 일본 교과서의 왜곡 문제로 들끓더니 이제는 중국의 왜곡 문제가 현안이 되어 있다. 이미 까마득한 옛 이야기가 되었지만, 1982년에 일본의 대외 '침략'을 '진출'로 바꾸면서 불거진 민족주의 열풍은 국내 군부세력의 이용 대상이 되었다. 국민성금을 모아서 독립기념관을 세웠고, 또한 민족의식을 일깨운다고 하면서 아마추어 사학자들을 동원하여 지금의 북경뿐 아니라 시베리아까지 우리 땅이었다는 웅비사관을 만들었다.

이러한 과장된 역사에 대한 역풍이 지금 중국으로부터 불어온 것이다. 한국에서 만주 수복을 주장하고 중국 땅에 가서 만주는 우리 땅이라 외치고 다니는데, 가만히 있을 리가 없다. 통일이 되면 그 다음에 만주 땅과 조선족을 손에 넣으려 할 것이라고 판단한 중국은 거꾸로 고조선, 고구려, 발해가 모두 중국사라고 역공을 해오고 있다. 한반도 북부, 다시 말해 북한 땅까지 연고권을 가지고 있다고 주장하는 것이다. 이러니 양국간에 싸움이 붙지 않을 수 없다. 동북공정의 이론을 제공하고 있는 중국학자 쑨진지[孫進己]의 최근 글에는 한국 민족의 구성 요소에 한족(漢族)을

끼워넣기 시작하고 있다. 우리 민족도 기본적으로는 중국으로부터 왔다
는 주장을 하기 위한 사전 포석으로 여겨진다.

민족주의가 폐쇄적, 광신적, 맹목적으로 변하면 국수주의, 쇼비니즘
이 된다. 그런 국수주의가 우리 사회에 상당히 만연해 있다. 그리고 이를
정치에서 이용하기도 한다. 이에 반발하여 일부 연구자들은 민족을 해체
해야 세계적이고 보편적인 사회로 나아갈 수 있다고 주장한다. 민족주의
는 반역이라는 극단적인 말까지 서슴지 않고 있다. 이런 말까지 나올 정
도로 우리 사회가 국수주의에 경도되어 있는 것은 사실이지만, 그렇다고
민족을 해체하자는 말은 조금 심하다.

서양에서는 나치즘, 파시즘을 겪었으므로 민족주의라 하면 상대방을
공격하는 무기처럼 느껴진다. 그러나 우리는 제국주의 침략에 저항하면
서 형성된 방어적인 민족주의이다. 외세로부터 우리 민족을 지탱해온 이
념이었다. 그러기에 침략을 자행했던 일본의 민족주의와 성격이 다른 것
이다. 지난 세기에는 민족주의가 우리를 지켜주는 울타리가 되었다.

한국 민족주의 특징으로 피해의식, 동일혈연체 의식, 이념적 근거지
를 든 글이 있다. 외세 저항과 분단을 겪으면서 형성된 피해의식이 민족
주의 저변에 깔려 있기 때문에, 민족이란 원래 유동적인 데에도 불구하
고 고정 불변하고 초역사적인 존재로 인식하는 경향이 있다고 한다. 사
실 우리는 한민족의 유구성과 영원성을 강조하곤 한다. 다음으로 배달민
족, 백의민족 이념을 통해서 동포의식을 일깨면서 다른 한편으로 외부인
을 경계하고 멀리 하는 성격을 띠고 있다. 그러기에 화교나 혼혈아, 외국
인 노동자들에 대해서 배타적인 태도를 취하게 된다.

또한 우리 역사를 되돌아보면 좌파이든 우파이든 중도파이든 모두 자
신의 이념적 정당성을 민족에서 찾고 있다. 어떤 이데올로기든 한국 사
회에서는 민족적이냐 반민족적이냐가 평가 기준이 된다. 모든 정치가는

민족을 위해서 일한다고 떠벌이며 상대방은 반민족적인 것으로 매도한다. 지금의 정치권도 잘 보면 이와 다르지 않다.

반공을 내세웠던 어느 종교 단체가 가장 먼저 북한과 소련 땅에 진출하였고, 남한에서 극우적이고 국수주의적인 역사를 내세웠던 단체가 평양에 가서 북한 당국자와 함께 단군릉에서 개천절 행사를 공동으로 치렀다. 모두 민족의 이름으로 이루어진 일이다. 그리고 노무현 대통령의 방미에 대해서는 반미와 친미로 갈라졌지만 방일시 역사 청산 문제를 한마디도 언급하지 않은 것에 대해서는 조선일보부터 한겨레, 오마이뉴스까지 비판 일색이었다. 우리가 통일의 당위성을 운위할 때에도 하나의 민족이기 때문이라는 사실을 되뇌곤 한다.

그러나 우리만 민족주의에 발목을 잡힌 것이 아니다. 일본의 극우 보수세력이나 중국의 중화 팽창주의도 역시 민족주의를 등에 업고 있다. 유럽과 북미는 거대한 경제 공동체를 형성하면서 상호 번영의 길로 나아가고 있는데, 동아시아 3국은 민족주의 문제 때문에 공동체 형성에 한 걸음도 나아가지 못하고 있다.

한국에서의 민족주의는 이처럼 양면성을 지니고 있다. 과거에는 우리를 지탱해준 버팀목 역할을 했지만, 이제는 개방적인 민족주의로 나아가야 할 단계에 이른 것이다. 그러나 우리보다 강대국인 중국과 일본이 민족주의 기치를 들고 공세적으로 나오고 있는데, 우리만 민족주의 옷을 벗어던질 수가 없는 딜레마에 빠져 있다. 우리가 저들을 감당할 만큼 힘이 강하지 못하기 때문이다. 이런 딜레마를 어떻게 헤쳐나아가느냐에 따라 장차 우리 민족의 운명이 결정될 것이다.

1_ 역사의 무대 : 95 전통문화학교 교재, 한국문화재보호재단

2_ 한국사의 미아 :「한국사의 미아(迷兒) −발해−」『人材第一』1990년 3 · 4월호, 삼성물산주식
회사, 1990

3_ 발해의 이미지, 발해의 꿈 :「발해의 이미지, 발해의 꿈」『시안』겨울호, 詩眼社, 1998

4_ 건국자 대조영 :「발해의 건국자 대조영 : 탁월한 국제감각과 用兵術로 2백30년 大帝國 건
설」『시사월간 원』중앙일보사, 1996년 12월호

5_ 230년의 역사 : 95 전통문화학교 교재 및「발해의 이미지, 발해의 꿈」

6_ 대제국의 영토 :「渤海의 盛衰와 疆域」『白山學報』47, 1996

7_ 문화 유적 :「발해시대의 문화유산」『한국의 문화유산』'97 문화유산의해조직위원회 · 한국문
화재보호재단, 1997

8_ 유학과 한문학 :『한국사』10, 발해, 국사편찬위원회, 1996

9_ 회화, 음악과 무용 :『한국사』10, 발해, 국사편찬위원회, 1996

10_ 불교의 전통 :「발해불교의 성격과 전개」『韓國佛敎史의 再照明』불교신문사 편, 불교시대
사, 1994

11_ 다양한 문화 성격 : 국립중앙박물관 초 · 중등교사 연수 교재, 1994. 8. 2.

12_ 생활의 이모저모 :「渤海人의 生活 −服飾을 중심으로−」『服飾』28, 1996

13_ 남북국시대 :「南北國時代論의 기초적 검토」『한국고대사연구회 회보』24호, 1992

14_ 삼국통일과 발해 : 위와 같음

15_ 꿈의 땅을 찾아서 :「꿈의 땅을 찾아서」『弘益』1996년 6월호, 신호그룹 사보

16_ 만주와 연해주의 터전 :「民族魂의 맥박이 지금도 뛰고 있었다」『월간 중앙』1992년 10월호

17_ 최북단의 성터 :「연해주의 渤海 유적」『古美術』1994년 봄 · 여름호, 한국고미술협회, 1994

18_ 우리 나라의 발해 자취 :「우리나라의 渤海 자취」『古美術』1993년 가을 · 겨울호, 한국고미
술협회, 1993

발해를 다시 본다

(개정증보판)

저　　　자	송기호
발 행 인	주류성출판사 최병식
초판발행일	1999년 8월 10일
1 판　3 쇄	2003년 8월 5일
2 판　1 쇄	2008년 2월 15일
등 록 일	1992년 3월 19일 제 21-325호
주　　　소	서울특별시 서초구 서초동 1308-25 강남오피스텔 1212호
e - m a i l	juluesung@yahoo.co.kr
Homepage	www.juluesung.co.kr / www.juluesung.com / www.주류성.com
전　　　화	02)3481-1024
팩 시 밀 리	02)3482-0656

©1999. 송기호

값 15,000원

잘못된 책은 교환해 드립니다.

ISBN 978-89-87096-95-7